旅游酒店服务与管理

主　编　阎文实　陈士奇

副主编　冯　蕾　唐　昊

　　　　林美彤　冯　雷

科学出版社

北京

内 容 简 介

本书是一本以操作为主、理论与实践一体化的教材，在内容组织上，共分为四个模块，模块一为酒店基层管理，按岗位工作任务进行管理设计（并列式），包括计划管理、组织管理、人力资源与培训管理、质量管理、营销管理、价格管理。模块二为酒店前厅服务与管理、模块三为客房服务与管理、模块四为餐饮服务与管理，均按酒店经营部门岗位工作任务进行管理设计（并列式）。通过学习本书，使学生熟悉旅游酒店服务与管理的基本程序和方法，了解并掌握相关岗位的基本要求和职业技能。

本书可作为高职高专旅游管理和酒店管理专业的教材，也可作为旅游酒店基层服务和管理人员的培训参考书。

图书在版编目（CIP）数据

旅游酒店服务与管理/阎文实，陈士奇主编. —北京：科学出版社，2024.3
ISBN 978-7-03-077119-3

Ⅰ. ①旅⋯　Ⅱ. ①阎⋯ ②陈⋯　Ⅲ. ①旅游饭店-商业服务-高等职业教育-教材 ②旅游饭店-商业管理-高等职业教育-教材　Ⅳ. ①F719.3

中国国家版本馆 CIP 数据核字（2023）第 219032 号

责任编辑：宋　丽　袁星星 / 责任校对：王万红
责任印制：吕春珉 / 封面设计：东方人华平面设计部

科学出版社出版
北京东黄城根北街 16 号
邮政编码：100717
http://www.sciencep.com

天津市新科印刷有限公司印刷
科学出版社发行　　各地新华书店经销
*
2024 年 3 月第 一 版　　开本：787×1092 1/16
2024 年 3 月第一次印刷　　印张：21 1/4
字数：501 000

定价：**69.00 元**
（如有印装质量问题，我社负责调换）
销售部电话 010-62136230　编辑部电话 010-62135397-2047

前　言

党的二十大报告提出："坚持以文塑旅、以旅彰文，推进文化和旅游深度融合发展。"这为旅游酒店数字化发展带来新机遇，旅游酒店企业要在提升酒店产品和服务，实现旅游酒店数字化运营模式转型上下功夫。旅游酒店行业从业人员的主力军来源于职业院校，这对职业院校旅游酒店人才培养提出新的要求。

酒店管理专业是与实践紧密结合的专业，为此，在编写过程中，本书坚持适应高职院校教育改革和发展的需要，立足于提高学生的整体素质和培养学生的综合能力，贯彻了科学性、实用性、先进性、规范性原则，吸取了国内外酒店管理与服务的新知识和技术，注重知识的应用性和可操作性。本书侧重于理论指导下的管理实务与运作，简化以学科知识新体系为背景的知识要点的陈述，着眼于旅游企业新岗位群的诸多最新现实需要。本书还坚持全面系统、先进实用的原则，既注重阐述有关管理理论，又系统地介绍对客服务的内容和要求，力求理论联系实际，并考虑与国际市场接轨的要求，充分吸收反映学科发展和中外旅游实践新动态的国内外研究新成果，强化知识的应用性和可操作性。本书根据教学需要，嵌入丰富数字化资源，有利于组织学习活动；注重突出高职教材的特征，适应高等职业教育以能力为核心，以培养技术应用型人才为根本任务，使学生达到基础理论适度，技术应用能力强，知识面宽，综合素质高的要求。

本书由辽宁生态工程职业学院的阎文实、陈士奇担任主编，由冯蕾、唐昊、林美彤、冯雷担任副主编。具体分工如下：阎文实负责书稿整体统筹和策划；陈士奇负责模块一，唐昊负责模块二，冯蕾、冯雷负责模块三，林美彤负责模块四；同时，满姝、马芙、程芳、李思巧为本书提供前期编写指导，上海锦江国际旅馆投资有限公司沈阳于洪区分公司的吴迪、沈阳瑞士酒店有限公司的王星提供了实践指导。

在编写本书的过程中，编者参考了国内外有关论著，并得到了许多业内人士的帮助，在此一并表示感谢。由于作者水平所限，书中难免存在不足之处，敬请广大读者批评指正。

编　者

2023 年 4 月

目 录

模块一 酒店基层管理

项目一 酒店认知 ·· 3
    工作任务一 介绍酒店 ··· 3
    工作任务二 介绍酒店集团 ·· 9
    项目小结 ··· 14

项目二 酒店计划的制订 ··· 15
    工作任务 酒店计划的编制 ·· 15
    项目小结 ··· 21

项目三 酒店组织结构设计 ··· 22
    工作任务 设计酒店组织结构 ··· 22
    项目小结 ··· 28

项目四 酒店人力资源开发 ··· 29
    工作任务一 为天王星酒店制订招聘计划 ································· 30
    工作任务二 制订培训计划并做入职培训 ································· 39
    工作任务三 考核评估 ··· 46
    项目小结 ··· 51

项目五 酒店质量管理 ··· 52
    工作任务 分析并解决酒店服务质量问题 ································· 52
    项目小结 ··· 61

项目六 酒店产品的推广销售 ··· 62
    工作任务 制订推销计划 ··· 62
    项目小结 ··· 76

项目七　酒店产品价格制订 ··· 77

　　工作任务　合理制订酒店产品价格 ·· 77

　　项目小结 ·· 85

模块二　酒店前厅服务与管理

项目一　前厅部认知 ··· 89

　　工作任务　前厅部认知 ··· 89

　　项目小结 ·· 96

项目二　客房预订服务与管理 ·· 97

　　工作任务一　制作预订相关表格 ·· 98

　　工作任务二　酒店预订 ··· 103

　　项目小结 ·· 108

项目三　前厅接待服务与管理 ·· 109

　　工作任务一　办理散客入住登记 ·· 110

　　工作任务二　办理团队入住登记 ·· 115

　　项目小结 ·· 119

项目四　前厅收银服务与管理 ·· 120

　　工作任务一　为外宾兑换外币、为客人提供贵重物品寄存 ················ 121

　　工作任务二　前台账务处理、为宾客离店结账服务 ························· 124

　　项目小结 ·· 130

项目五　前厅问讯服务与管理 ·· 131

　　工作任务　为客人提供保密、留言与问讯服务 ······························· 131

　　项目小结 ·· 137

项目六　前厅礼宾服务与管理 ·· 138

　　工作任务　为客人提供迎送、行李服务 ··· 139

　　项目小结 ·· 147

项目七　总机服务与管理 ·· 148

　　工作任务　电话转接、叫醒、电话留言等服务 ······························· 148

项目小结 ·· 154

项目八　商务中心服务与管理 ·· 155

工作任务一　为客人提供文印等服务 ································· 156

工作任务二　为客人提供设备出租、票务等服务 ··············· 161

项目小结 ·· 164

项目九　大堂副理日常管理工作 ·· 165

工作任务一　大堂副理接待 VIP 客人服务 ························· 166

工作任务二　大堂副理处理客人投诉 ································· 169

项目小结 ·· 174

项目十　前厅部基层日常管理工作 ··· 175

工作任务一　前厅部各部门领班完成各自基层管理单项工作 ········ 176

工作任务二　学习前厅部主管岗位职责 ····························· 181

项目小结 ·· 183

模块三　客房服务与管理

项目一　客房部认知 ·· 187

工作任务一　客房部认知 ··· 188

工作任务二　认识客房部设备设施 ································· 195

项目小结 ·· 203

项目二　客房卫生及质量管理 ··· 204

工作任务一　走客房的清洁 ·· 204

工作任务二　做夜床服务 ··· 212

项目小结 ·· 216

项目三　客房对客服务 ·· 217

工作任务一　VIP 楼层接待服务 ····································· 218

工作任务二　洗衣与擦鞋服务 ·· 227

工作任务三　离店查房 ·· 231

工作任务四　送餐服务及私人管家服务 ···························· 234

项目小结 ·· 237

项目四　公共区域清洁与管理 ·· 238

　　工作任务　酒店大堂公共洗手间的清洁 ························· 238

　　项目小结 ··· 243

项目五　客房部基层日常管理 ·· 244

　　工作任务一　制订客房部周期清洁计划 ······················· 245

　　工作任务二　培训客房部员工 ································· 248

　　项目小结 ··· 255

模块四　餐饮服务与管理

项目一　餐饮服务基本技能 ·· 259

　　工作任务一　托盘端托服务 ··································· 260

　　工作任务二　餐巾折花 ··· 263

　　工作任务三　斟酒 ··· 270

　　工作任务四　摆台 ··· 275

　　工作任务五　中餐圆桌餐台花艺插制 ························· 282

　　工作任务六　西餐长桌餐台花艺插制 ························· 284

　　项目小结 ··· 287

项目二　中餐服务 ·· 288

　　工作任务　中餐服务 ··· 289

　　项目小结 ··· 305

项目三　西餐服务 ·· 306

　　工作任务　西餐服务 ··· 307

　　项目小结 ··· 321

项目四　宾客投诉的处理 ·· 322

　　工作任务　宾客投诉的处理 ··································· 323

　　项目小结 ··· 330

参考文献 ·· 331

模块一　酒店基层管理

项目一　酒店认知

项目描述 —•••••

　　酒店业是旅游业的三大支柱产业之一。作为酒店管理专业的学生，必须学会介绍酒店和酒店集团，为未来从事酒店服务与管理工作奠定基础。

项目目标 —•••••

※　**能力目标**

- 能用专业术语介绍与评价酒店。
- 能介绍与分析所在地区知名的酒店集团。

※　**知识目标**

- 掌握酒店的含义和功能。
- 了解酒店的类型和等级。
- 掌握酒店集团的含义和优势。

※　**素质目标**

- 树立良好的职业形象。
- 具有良好的服务意识。
- 具有较好的身体素质和较强的责任心及开拓创新精神。

工作任务一　介绍酒店

任务分析

　　用专业术语介绍一家酒店，是酒店从业人员的基本功。无论是一名前台的接待员、销售部的营销员，还是人力资源部的培训员，都应学会熟练介绍你所工作的酒店。介绍一家酒店，首先要对酒店做一份简要叙述，内容包括酒店的业主方、管理方、酒店的类型、等级等，其次要详细介绍酒店的功能，最后可以介绍酒店的特色和其他方面的内容等。

任务布置

（1）教师课前选择好两家酒店：一家星级酒店和一家经济型酒店，给学生提供酒店的官方网址，让学生上网了解这两家酒店。

（2）让学生带着"各星级酒店的差别和星级酒店与经济型酒店的异同"等问题到酒店现场参观，收集不同酒店的案例，并完成酒店介绍报告。

相关知识

一、酒店概述

（一）酒店的含义

酒店概述

酒店（hotel）一词源于法语。原意是指贵族在乡间招待贵宾的别墅。目前，hotel 已成为一个国际性的概念，其含义也发生了深刻的变化。

综合一些权威词典的定义，可将酒店定义为：酒店是以接待型建筑设施为依托，为公众提供食宿及其他服务的商业性服务企业。

2024 年 3 月 1 日正式实施的国家标准《旅游饭店星级的划分与评定》（GB/T 14308—2023）将旅游饭店（tourist hotel）定义为：以间（套）夜为时间单位出租客房，以住宿服务为主，并提供商务、会议、休闲、度假等相应服务的住宿设施。按不同习惯，旅游饭店可能也被称为宾馆、酒店、旅馆、旅社、宾舍、度假村、俱乐部、大厦、中心等（本书所述旅游酒店即是 GB/T 14308—2023 中的旅游饭店）。

（二）酒店的星级划分及标志

1. 星级

用星的数量和颜色表示旅游酒店的星级。旅游酒店的星级分为五个级别，即一星级、二星级、三星级、四星级、五星级（含白金五星级）。最低为一星级，最高为五星级。星级越高，表示旅游酒店的等级越高。

2. 星级标志

星级标志由长城与五角星图案构成，用一颗五角星表示一星级，两颗五角星表示二星级，三颗五角星表示三星级，四颗五角星表示四星级，五颗五角星表示五星级（图 1.1.1），五颗白金五角星表示白金五星级（图 1.1.2）。

（三）酒店的功能

酒店的功能包括住宿功能、餐饮功能、商务功能、家居功能、度假功能和会议功能等。

图 1.1.1　中国五星级饭店标识

图 1.1.2　中国白金五星级饭店标识

二、酒店的主要类型

（一）根据客源市场和接待对象划分

1. 商务型酒店

商务型酒店是指以商务客人而非旅游度假客人为主的酒店。商务型酒店在地理位置、酒店设施、服务项目、价格等方面都以商务为出发点，尽可能地为商务客人提供便利。商务型酒店的位置主要处在城市的中央商务区（central business district，CBD），即比较繁华的地段，以接待商务人士为主。商务型酒店的相关商务设施必须配备齐全，如网络宽带、传真机，在酒店的发展历程中，商务型酒店不断完善与发展，酒店可进一步发展为有独立的商务楼层。

2. 长住型酒店

长住型酒店可为租居者提供较长时间的食宿服务。此类酒店的客房多采取家庭式结构，以套房为主，房间大者可供一个家庭使用，小者有仅供一人使用的单人房间。它既提供一般酒店的服务，又提供一般家庭的服务。

3. 会议型酒店

会议型酒店是接待会议最主要的场地，主要是指那些能够独立举办会议的酒店。在我国国际会议 30 多年的发展历史中，会议型酒店起着重要作用。

4. 度假型酒店

度假型酒店又称为度假村酒店，主要是为宾客旅游、休假、开会、疗养等提供食宿及娱乐活动的一种酒店类型，此类酒店一般建在风景优美的地区。

5. 观光型酒店

观光型酒店主要为观光旅游者服务，多建造在旅游景点，其经营特点不仅要满足旅游者食住的需要，还要求有公共服务设施，以满足旅游者休息、娱乐、购物的综合需要，以使旅游者的旅游生活丰富多彩，在精神和物质上得到双重享受。

（二）根据客房数量划分

目前，旅游行政部门对酒店的规模还没有形成一个统一的划分标准，但较通行的分类方法是以客房和床位的数量多少区分大、中、小型 3 种酒店类型。

（1）600 间客房以上为大型酒店。

（2）300 间至 600 间客房为中型酒店。

（3）300 间客房以下为小型酒店。

（三）根据地理位置划分

根据地理位置可将酒店划分为城市酒店、城郊酒店、景区酒店、公路酒店（汽车旅馆）、机场酒店等。

 拓展阅读

全国旅游星级饭店评定委员会办公室五星级旅游饭店
评定结果公示（2023 年第 2 号）

经酒饭店自愿申报、省级旅游星级饭店评定委员会初评，全国旅游星级饭店评定委员会最终评定后，认定诗城皇廷大酒店等 3 家酒店，基本达到五星级旅游饭店标准。根据《旅游饭店星级的划分与评定》（GB/T 14308—2010）实施工作规程的相关规定，现公示如下：

序号	地区	酒店名称	评定时间
1	重庆	诗城皇廷大酒店	2023 年 2 月 12 日
2	山东	泰安一滕开元名都酒店	2023 年 2 月 19 日
3	河北	崇礼翠云山皇冠假日度假酒店	2023 年 2 月 21 日

公示期为 2023 年 3 月 1 日～2023 年 3 月 14 日。凡对该酒店评定五星级旅游饭店结果有意见者，请及时以书面或口头形式向全国旅游星级饭店评定委员会办公室反馈。

接待时间：工作日 8:00～11:00，13:30～17:00

联系电话：010-65126688-7536

全国旅游星级饭店评定委员会办公室

2023 年 3 月 1 日

（资料来源：中国旅游酒店协会网站）

任务实施

步骤一 课前准备任务。

学生带着"各星级酒店的差别和星级酒店与经济型酒店的异同"等问题到酒店现场参观，收集不同酒店的案例，并完成酒店介绍。

步骤二 发放任务书。

由教师（总经理）提出要求：

（1）全班分成 4 个小组（酒店），各组选出一名组长（培训经理）。

（2）每组（培训经理）分别介绍一家酒店。

（3）要求介绍时必须包含酒店的位置、产品、服务、价格（即四大要素）。

（4）可以分工合作，也可以进行讨论。

步骤三 学生酒店介绍展示。

课前将全班学生分为 4 组，在课堂上由不同小组的学生代表，分别就收集到的酒店案例进行介绍，每一小组介绍各自参观的酒店。

步骤四 教师点评。

针对学生所介绍的不同酒店，教师做出点评，归纳总结酒店的概念并引入相关的知识点。

步骤五 案例分析。

教师对典型案例（如洲际酒店集团旗下的北京临空皇冠假日酒店）进行详细分析，同时引发同学进行讨论，从而引出介绍酒店的四大要素，让学生加深印象。

步骤六 撰写酒店介绍报告。

各组分工合作，完成一家酒店的介绍报告，并充分讨论。

步骤七 酒店介绍成果展示。

各小组派代表介绍本小组所完成的酒店内容，其他小组成员或教师可对其进行提问，由介绍人进行解答。

步骤八 总结评估。

教师归纳总结，回顾本任务知识，布置下一任务的课前准备任务。

学习考核与评价

一、课内实训

学生按小组进行介绍酒店的情境模拟。

二、课外实训

个人作业：用专业术语撰写一份酒店的介绍报告。

各小组完成实训任务后，教师根据表 1.1.1 对任务成果进行评估赋分。

表 1.1.1　任务成果评估表

小组编号：　　　　　　学生姓名/学号：

评分项目	分值	赋分
收集资料及资料展示	10	
小组酒店介绍（酒店业主方、管理方、酒店的类型、等级和功能、特色等）	40	
个人酒店介绍（酒店业主方、管理方、酒店的类型、等级和功能、特色等）	40	
学习态度、完成效率及整体质量	10	
总分	100	

各项打分标准：

1．各项工作能够按时保质完成的小组，给予各项评分的满分。

2．各项工作能够按时完成的小组，错误在 1～2 处的给予各项满分的 85% 的分值作为该项赋分。

3．各项工作能够按时完成的小组，错误在 3 处的给予各项满分的 70% 的分值作为该项赋分。

4．各项工作能够按时完成的小组，错误在 4～5 处的给予各项满分的 60% 的分值作为该项赋分。

思　考　题

1．酒店的功能有哪些？

2．酒店的类型有哪些？

3．如何介绍一家酒店？

工作任务 二　介绍酒店集团

任务分析

　　用专业术语介绍一家酒店集团，是每一位酒店从业人员的基本功。为此，应学会熟练介绍你所工作的酒店集团。介绍一家酒店集团，首先要对该酒店集团做一份简要叙述，内容包括酒店集团所属的国家、总部所在、分布的国家和地区以及拥有的酒店和房间数目等，其次详细介绍酒店集团的历史、品牌、经营理念，最后介绍该酒店集团在中国的发展和其他方面的内容等。

任务布置

　　（1）教师课前选择好两家酒店集团：一家国际酒店集团和一家民族酒店集团，给学生提供酒店集团的官方网址，让学生上网了解该酒店集团。

　　（2）学生收集不同酒店集团的案例，并完成酒店集团介绍报告。

相关知识

一、酒店集团的含义

　　酒店集团（hotel chain）称为酒店联号、连锁酒店，是指以经营酒店为主的联合经营的经济实体，它在本国或世界各地以直接或间接的形式控制多个酒店，以相同的店名和店标、统一的经营程序、同样的服务标准和管理风格与水准进行联合经营。

　　酒店集团和连锁经营形式发源于美国。1907 年美国里兹公司出售特许经营权给酒店，从此开始了酒店联号的形式。

二、酒店集团的优势

　　（1）市场方面的优势。酒店集团一般规模大，经营较专业，在国际上享有较高声誉，在公众中能产生深刻的印象，能有效地推广品牌，开拓市场。

　　（2）财务方面的优势。酒店集团规模庞大，资本雄厚，具有一定的信誉，能为所属酒店筹措资金，提高其资信度。

　　（3）经营管理方面的优势。酒店集团通常拥有较为先进和完善的管理体制，包括成熟的经营管理方法和程序，能够帮助其所属酒店达到一致的高标准管理要求。

　　（4）人力资源方面的优势。酒店集团能够集中招聘和管理各类人才，如为所属酒店进行员工培训，这对集团的发展壮大极为重要。

　　另外，酒店集团一般会自主开发一个订房系统，有高效率的技术中心和营销部门，为集团做好预订客房工作，并处理集团中酒店间推荐客源的业务。

三、酒店集团的规模

（一）中国酒店集团的规模

中国饭店协会联合上海盈蝶企业管理咨询有限公司和北京第二外国语大学旅游科学学院共同发布了《2022 中国酒店集团及品牌发展报告》，该报告对全国酒店类住宿业设施的发展规模和档次情况进行总结，并从各大集团的客房总数进行综合排序，对此，智研咨询数据中心推出《智研年榜：2022 年中国酒店集团规模排行榜单 TOP50》，本文节选 2022 年中国酒店集团十强榜单（表 1.1.2）。数据截至 2022 年 1 月 1 日，数据来源：中国旅游饭店协会。

表 1.1.2　2022 年中国酒店集团十强榜单

排名	集团名称	客房数	门店数
1	锦江国际集团	1043705	10694
2	华住酒店集团	753216	7830
3	首旅如家酒店集团	475124	5916
4	格林酒店集团	337153	4659
5	东呈集团	192210	2235
6	尚美生活集团	191166	3979
7	亚朵集团	86654	745
8	德胧集团	18093	466
9	逸柏酒店集团	65287	1024
10	凤悦酒店及度假村	55932	206

（二）国际酒店集团的规模

酒店行业权威媒体美国 *HOTELS* 杂志公布 2021 年"全球酒店 225"排行榜（HOTELS225）。在其中的"全球酒店集团 200 强"中，万豪国际集团、锦江国际集团和希尔顿酒店集团蝉联前三名。中国的华住和首旅如家两大酒店集团稳居十强（详见表 1.1.3）。

提示：*HOTELS* 是国际酒店与餐厅协会会刊，是全球酒店业广泛关注的杂志之一。*HOTELS* 主要是对酒店管理公司进行排名，而不是酒店投资公司，那些只拥有酒店物业而不经营酒店的不动产投资公司和信托基金被排除在排名之外。

表 1.1.3　2021 年全球酒店集团十强榜单

排名	集团名称	总部	门店数	客房数
1	万豪国际集团（Marriott International）	美国	7795	1446600
2	锦江国际集团（JinJiang International Holdings Co., Ltd.）	中国	11959	1239274

续表

排名	集团名称	总部	门店数	客房数
3	希尔顿酒店集团（Hilton Hotels & Resorts）	美国	6777	1065413
4	洲际酒店集团（IHG Hotels & Resorts）	美国	6032	885706
5	温德姆酒店集团（Wyndham Hotels&Resorts）	美国	8950	810051
6	雅高酒店集团（Accor）	法国	4800	704000
7	华住酒店集团（Huazhu Group Ltd.）	中国	7830	753216
8	精选国际酒店集团（Choice Hotels International）	美国	7139	575735
9	首旅如家酒店集团（BTG Hotels（Group）Co.Ltd.）	中国	5916	475124
10	贝斯特韦斯特国际酒店集团（BWH Hotel Group）	美国	3963	34807

拓展阅读

洲际酒店集团介绍

1. 概况

洲际酒店集团（IHG Hotels & Resorts）的历史可以追溯到 1777 年。当时威廉·巴斯（William Bass）先生在英国波顿建立了一个酿酒厂，并以他自己的名字为公司命名，该公司逐渐发展成为一个在国内领先的酿酒商。1876 年，这个红色三角形商标成为英国的第一个注册商标。BASS 公司第一次向酒店业的重大进军是在 1988 年收购了 Holiday Inns International Inc.。1990 年，BASS 公司又购买了北美地区的假日酒店业务，从此假日酒店逐渐成为国际品牌。1991 年，BASS 公司隆重推出快捷假日酒店品牌，提供有限服务，价格更具竞争力。1994 年，BASS 公司旗下的皇冠假日酒店品牌作为独立的品牌在美国建立，从此皇冠假日酒店品牌逐渐进入高端酒店市场。1997 年，BASS 公司隆重推出 Staybridge Suites By Holiday Inn 酒店品牌，从此 BASS 公司打入了北美地区的酒店长期住宿市场。1998 年，BASS 公司收购洲际酒店，洲际酒店的加入给集团增添了一个高档品牌。2000 年，BASS 公司出售 BASS 酿酒厂给比利时著名的酿酒公司，这标志着BASS 集团真正地从国内的酿酒行业转向世界领先的国际酒店公司。卖掉 BASS 这个名字，改名为六洲酒店集团（Six Continents PLC）。2001 年，六洲酒店集团买下香港洲际酒店，奠定了中国及亚太区酒店市场地位。2002 年 10 月 1 日，由于公司改组，其正式更名为：洲际酒店集团。

洲际酒店集团是集团控股公司，成立于英国，分别在英格兰及威尔士注册。截至 2023 年底，洲际酒店集团在全球拥有约 34.5 万名员工，分别在各地的酒店及集团办公室工作。洲际酒店集团旗下现有 19 个品牌，并运营着全球规模最大的忠诚客户计划，全新开发的 IHG 优悦会，洲际酒店集团旗下拥有 6000 多家酒店，遍及世界 100 多个国家和地区，另有 2000 多家在建酒店。

2. 洲际酒店集团品牌家族

奢华精品：六善酒店、度假村及水疗，丽晶酒店及度假村，洲际酒店及度假村，金普顿酒店及餐厅，洲至奢选，英迪格酒店。

高端：voco 酒店，华邑酒店及度假村，皇冠假日酒店及度假村，逸衡酒店。

品质：假日酒店及度假村，智选假日酒店，Avid Hotels。

长住：Atwell Suites，Staybridge Suites，Holiday Inn Club Vacations，Candlewood Suites。

独家合作伙伴：Iberostar Beachfront Resorts。

3. 洲际酒店集团的服务宗旨

秉持"以善为本，以诚待客"的服务理念，为宾客打造令人难忘、精彩纷呈的住宿体验，彼此尊重和关心。这种关怀不仅是对宾客、同事和合作伙伴，还包括对周围的社区。

4. 洲际酒店集团的企业社会责任

洲际酒店集团宣布在全球范围内启动"明日方州（Journey to Tomorrow）"计划，通过一系列清晰而富有远见的可持续发展新承诺，助力其在未来为员工、社区和地球带来积极影响。

秉持"以善为本，以诚待客（True Hospitality for Good）"的企业使命，洲际酒店集团将联结员工、宾客与合作伙伴，为定义和创造未来"富有责任感的旅行"而不懈努力——坚持以人为本，关注人类福祉；为各地社区发展做出贡献；保护地球环境，珍爱自然之美及文化多样性，着眼长远繁荣。

5. 洲际酒店集团的员工价值主张

享同洲之谊：IHG 给员工尽展才华的舞台。集团提供全面的支持，让员工能够专注于实现自我，并对员工的努力和成就，表达认可，予以奖励。

共成长无际：IHG 给员工蓬勃发展的机会。集团为每个不同的员工，提供专业知识与广阔视野，让员工获得个人与专业的全面发展。

筑非凡天地：IHG 给员工创造非凡的可能。集团与你共享对美好世界的热情和追求，员工能看到，因为员工，世界将大有不同。

6. 洲际酒店集团的制胜之道

IHG—— Our Winning Ways 我们的制胜之道
Do the right thing 做对的事
Show we care 体现关爱
Aim higher 追求卓越
Celebrate difference 求同存异

Work better together 协作共赢

We trust and support each other 我们彼此信赖，互相支持。

（资料来源：根据洲际酒店集团官方网站内容整理）

任务实施

步骤一 课前准备任务。

学生分组收集不同酒店集团的案例。主要为洲际酒店集团、雅高酒店集团、香格里拉酒店集团、喜达屋酒店及度假村等。

步骤二 发放任务书。

由教师提出要求：

（1）全班分成 4 个小组，各组选出组长 1 名。

（2）每组分别介绍一家酒店集团，即洲际酒店集团、雅高酒店集团、香格里拉酒店集团、喜达屋酒店及度假村。

（3）要求介绍时必须包含酒店集团的四大要素。

（4）可以分工合作，也可以进行讨论。

步骤三 学生介绍。

课前将全班学生分为 4 组，在课堂上由不同小组的学生代表，分别就收集到的案例进行介绍，每一小组介绍一个酒店集团。

步骤四 教师点评。

针对学生所介绍的不同酒店集团，老师做出点评，归纳总结酒店集团的含义及优势等，并引入相关的知识点。

步骤五 案例分析。

教师对典型案例（如洲际酒店集团）进行详细分析，同时引发同学进行讨论，从而引出介绍酒店集团的四大要素（概况、历史、品牌、经营理念），让学生加深印象。

步骤六 撰写酒店集团介绍报告。

每一小组分工合作，完成一家酒店集团的介绍报告，并充分讨论。

步骤七 酒店集团介绍成果展示。

各小组派代表介绍本小组所完成的酒店集团内容，其他小组或教师可对其进行提问，由介绍人进行解答。

步骤八 总结评估。

教师归纳总结，回顾本任务知识，布置下一个任务的课前准备任务。

学习考核与评价

一、课内实训

学生按小组进行介绍酒店集团的情境模拟。

二、课外实训

个人作业：用专业术语撰写一份酒店集团的介绍报告。

各小组完成实训任务后，教师根据表1.1.4对任务成果进行评估赋分。

表1.1.4　任务成果评估表

小组编号：　　　　　　学生姓名/学号：

评分项目	分值	赋分
收集资料及资料展示	10	
小组酒店集团介绍（概况、历史、品牌、经营理念）	40	
个人酒店集团介绍（概况、历史、品牌、经营理念）	40	
学习态度、完成效率及整体质量	10	
总分	100	

各项打分标准：

1. 各项工作能够按时保质完成的小组，给予各项评分的满分。

2. 各项工作能够按时完成的小组，错误在1～2处的给予各项满分的85%的分值作为该项赋分。

3. 各项工作能够按时完成的小组，错误在3处的给予各项满分的70%的分值作为该项赋分。

4. 各项工作能够按时完成的小组，错误在4～5处的给予各项满分的60%的分值作为该项赋分。

 思 考 题

浏览各酒店集团的官方网站，了解并简述各酒店集团的概况。

【项目推荐阅读书目】

1. 范运铭，2019．现代酒店管理[M]．2版．北京：首都经济贸易大学出版社．

2. 孟庆杰，陈学清，唐飞，2020．饭店业导论[M]．2版．北京：中国旅游出版社．

项 目 小 结

本项目主要探讨了酒店的定义、类型、功能，酒店集团的含义、优势、规模等，以及如何运用专业术语介绍一家酒店、酒店集团。

项目二　酒店计划的制订

项目描述

　　酒店计划是酒店管理的首要职能，是酒店管理的核心。一家酒店如果没有切实可行的计划，其管理就是一句空话，就无法实现酒店的预期目标。作为酒店管理专业的学生，必须学会制订酒店的各类计划。

项目目标

※ **能力目标**

● 学会编制酒店的各类计划。

※ **知识目标**

● 了解酒店计划的种类。
● 熟悉酒店计划编制的要素。

※ **素质目标**

● 培养从事酒店管理事务的计划性。
● 具有良好的开拓创新精神。

工作任务　酒店计划的编制

任务分析

　　制订好酒店计划是酒店管理者的一项十分重要的工作。例如，一项好的酒店经营管理计划通常包括 6 个方面的内容：目标、措施、实施时间、负责人、预算和评估控制等。

任务布置

　　学生分组收集不同类型的酒店计划案例，并编制一份酒店计划。

酒店计划

相关知识

一、酒店计划和酒店计划管理

（一）酒店计划

酒店计划是指酒店管理者事先规划做什么，如何做，和谁去做。在酒店计划中，酒店管理者将确定目标或任务，同时，将评价并选择实现目标或任务的不同行动方案。

（二）酒店计划管理

酒店计划管理是指酒店根据其所处内外环境条件，用目标管理的方法通过对计划的编制、执行、控制，确定酒店的经营目标，指导酒店的经营业务活动，以保证酒店能取得经济和社会效益。

酒店计划管理具有双重含义：一是指对计划编制本身的管理；二是指实施计划，用计划指导酒店管理。

二、酒店计划的类型及指标体系

（一）酒店计划的类型

1. 长期计划

长期计划是指酒店在较长时间（一般为五年以上）内从发展方向、规模、设备、人员、经济、技术等方面建设发展的长远性、纲领性计划。酒店长期计划属于战略性计划，它规定了酒店的发展方向和所应达到的目标，如酒店目标、酒店建设与投资、人力资源等的计划。

2. 年度综合计划

年度综合计划是指具体规定计划期全年度和某年度内各时期酒店在各个方面要实现的目标和任务的计划。年度综合计划是酒店在计划期内经营的纲领和依据，是酒店中最重要的计划。该计划的制订一定要慎重，一经制订，就要执行落实，以保证计划的顺利完成。

3. 酒店接待业务计划

酒店接待业务计划分为两类：一类是月计划；另一类是重要任务接待计划。

（1）月计划：月计划是以月为时间单位，根据年度综合计划和各个月预报、预订客源的实际情况，具体规定每个月的计划接待指标和各部门的日常接待业务活动，它是年度综合计划在各个月的具体化。

（2）重要任务接待计划：重要任务接待计划是指酒店针对某一项重要的接待任务而

专门制订的接待计划。

（二）酒店计划指标体系

酒店计划指标是指酒店在计划期内用来表示经营、接待、供应、效益等方面要达到的目标和水平的一系列数值。酒店计划指标确定后才能着手制订酒店计划。

酒店计划指标体系是指根据酒店计划管理的需要而形成的一系列指标。酒店计划指标一般可分为数量指标和质量指标。

1. 数量指标

数量指标是指酒店在计划期内经营活动应达到的总体目标，通常用绝对数表示。酒店的数量指标一般包括客房-床位数和接待人次数。

2. 质量指标

质量指标是指酒店在计划期内经营效率和效益方面应达到的目标，通常用相对数来表示。酒店的质量指标一般包括客房-床位利用率、人均消费额及平均房价。

三、影响酒店计划编制的因素

（一）市场状况

酒店是为了满足宾客需要而存在的，因此在编制酒店计划前，必须要对市场有一个全面、深入的了解，如环境调查、酒店状况调查、客源状况调查、客源渠道调查等。

（二）经济合同签订情况

酒店对外的经济合同是酒店制订计划的又一依据。酒店对外的经济合同是酒店和有关单位签订的具有法律效力的文书，互相具有法律约束，酒店对合同必须严格遵守。因此，在编制酒店计划前，必须充分考虑酒店对外经济合同的签订情况。

（三）酒店综合接待能力

酒店综合接待能力主要是指酒店各部门能够接待宾客、容纳市场、获取效益的能力总和。酒店要按各部门的实际情况核定各部门的计划接待指标，以此作为编制酒店计划的依据。

（四）管理水平和技术水平

酒店的管理水平和技术水平是实现酒店计划的基本保证，在编制酒店计划时必须考虑这些因素。酒店对管理水平和技术水平要进行全面细致的分析和评价，并将自身和国内先进水平及本地区酒店的一般水平进行比较。通过以上比较分析，确定管理水平和技术水平对酒店计划编制的影响程度。

四、酒店计划编制的程序

获取信息→确定目标→拟定前提条件→拟定可供选择的方案（如 A、B、C、D 方案）→评价可供选择方案→选择方案→实施计划。

（一）获取信息

编制酒店计划前，必须进行市场调查，掌握酒店的优劣势、面临的机会和挑战等。

（二）确定目标

在收集并分析了大量的信息资料后，就可为酒店及酒店的每个部门确定目标。

（三）拟定前提条件

前提条件是在编制酒店计划时做出的假设或猜想，是对计划有重大影响的主要因素进行预测。

（四）拟定可供选择的方案

当确定好目标，并确认目标与预测一致之后，再拟定达到目标的各种方案。必须考虑各种可能的方案，切忌只研究一种方案，而忽略了其他可能。

（五）评价可供选择方案

经过一系列的准备工作，拟订出几个方案以后，要根据酒店计划目标和前提条件来权衡各种因素，比较各个方案的优缺点，对各个方案进行综合评价。

（六）选择方案

选择方案是编制酒店计划的关键一步，也是决策的实质性阶段——抉择阶段。编制酒店计划的前几步基本是在为方案的选择打基础。经过研究分析和评估后，找出一个最佳方案。

（七）实施计划

实施计划需要进行大量的具体工作，如政策的制定、实施过程的安排、实施方法的选取等。

五、优秀酒店计划包括的内容

一项好的酒店计划通常包括 6 个方面的内容：目标、措施、实施时间、负责人、预算和评估控制等。

（一）要确立目标

酒店计划中如果没有目标，酒店经营就可能会偏离既定的方向，或是选择了错误的方法，就不能像预期那样有效地进行经营管理。

（二）要有行动计划

制订好了酒店计划，但如果没有行动，目标也就成了一句空话。目标是说明"要完成什么计划"，而行动计划则进一步说明"由谁去完成，在什么时间完成，如何去完成"。

（三）要有预算

预算是指对计划活动将产生的效果与支出的损益估计，做好预算才能在此基础上控制支出，增加产出。

（四）要及时评估控制

评估控制贯穿于整个酒店经营管理中，不只是体现在编制酒店计划时。及时评估控制，既可以使酒店计划保持最优，也可使酒店计划能根据不断变化的环境进行动态调整，并为以后酒店计划的制订提供经验教训。

拓展阅读

某酒店的宴会销售计划如表 1.2.1 所示，结合所学知识熟悉该计划制定的内容。

表 1.2.1 某酒店宴会销售计划

目标	措施	实施时间	负责人	预算	评估控制
12 月份的宴会收入比去年同期提高 12%，即 21.6 万元	1. 收集有关公司、机构和商会的名单和联系地址	6 月 1 日~6 月 15 日	销售部经理	收入：12 桌/天×600 元/桌×30 天/月=216000 元/月	由总经理负责定期评估控制
	2. 从历年地方报纸和上述公司、机构、商会的资料中了解他们举办商务、公务宴会的规律与计划，并做成档案	6 月 1 日~6 月 15 日	宴会部经理	员工奖励：按营业收入的 5%提取，即 216000 元/月×5%=10800 元/月	
	3. 设立员工推销宴会的奖励计划	8 月 1 日前完成	宴会部经理助理	差旅交际费 500 元电台广告费 300 元报纸广告费 3375 元电视广告费 2100 元支出：17075 元净收入：198925 元	
	4. 与上述公司、机构和商会沟通联系	7 月 1 日开始	销售部经理		
	5. 与公关人员一起，将酒店推销为商务、公务、家庭宴会的最佳场地	9 月 1 日开始	宴会部经理		

任务实施

步骤一 课前准备任务。

学生分组收集不同酒店计划的编制案例。

步骤二 发放任务书。

由教师提出要求：

（1）全班分成 4 个小组，各组选出组长 1 名。

（2）每组分别介绍一类酒店计划。

（3）要求必须包含酒店计划的各大要素。

（4）可以分工合作，也可以进行讨论。

步骤三 学生介绍。

课前将全班学生分为 4 组，在课堂上由不同小组的学生代表，分别就收集到的案例进行介绍，每一小组介绍不同的酒店计划。

步骤四 教师点评。

针对学生所介绍的不同酒店计划，做出点评，归纳总结计划的概念及特点。

步骤五 案例分析。

教师对典型案例（如酒店餐饮销售计划）进行详细分析，同时引导同学进行讨论，从而引出编制酒店计划的六大要素，让学生加深印象。

步骤六 酒店计划制订。

每一小组分工合作，完成一份酒店计划，并充分讨论。

步骤七 酒店计划成果展示。

各小组派代表介绍本小组所完成的酒店计划内容，其他小组或教师可对其进行提问，由介绍人进行解答。

步骤八 总结评估。

教师归纳总结，回顾本任务知识，布置下一任务的课前准备任务。

学习考核与评价

一、课内实训

学生按小组编制一份酒店计划。

二、课外实训

个人作业：编制一份酒店经营管理计划。

各小组完成实训任务后，教师根据表 1.2.2 对任务成果进行评估赋分。

表 1.2.2　任务成果评估表

小组编号：　　　　　　学生姓名/学号：

评分项目	分值	赋分
收集资料及资料展示	10	
小组酒店计划（目标、措施、实施时间、负责人、预算和评估控制）	40	
个人酒店计划（目标、措施、实施时间、负责人、预算和评估控制）	40	
学习态度、完成效率及整体质量	10	
总分	100	

各项打分标准：

1. 各项工作能够按时保质完成的小组，给予各项评分的满分。

2. 各项工作能够按时完成的小组，错误在 1～2 处的给予各项满分的 85%的分值作为该项赋分。

3. 各项工作能够按时完成的小组，错误在 3 处的给予各项满分的 70%的分值作为该项赋分。

4. 各项工作能够按时完成的小组，错误在 4～5 处的给予各项满分的 60%的分值作为该项赋分。

思 考 题

1. 酒店计划的类型有哪些？
2. 如何编制一份酒店计划？

【项目推荐阅读书目】

1. 范运铭，2019. 现代酒店管理[M]. 2 版. 北京：首都经济贸易大学出版社.
2. 孟庆杰，陈学清，唐飞，2020. 饭店业导论[M]. 2 版. 北京：中国旅游出版社.

项 目 小 结

本项目主要探讨了酒店计划、酒店计划管理的含义，影响酒店计划编制的要素，编制酒店计划的程序，以及酒店计划包含的内容等。

项目三 酒店组织结构设计

项目描述 ——●●●●●●

　　酒店组织结构是指酒店组织内部的管理系统、信息沟通网络和人际关系等各部分之间的一种组成关系。它体现了人们工作中的相互关系，而且还反映了组织不同层次、不同部门、不同职位的职责与权力，同时也为各部门、各环节之间的沟通与协作提供了框架，为整个酒店管理奠定了基础。酒店组织结构的模式将随着组织任务的发展而更新演变，并最终影响组织效能的发挥。

项目目标 ——●●●●●●

※　能力目标

　●　能够根据酒店组织结构的构成四要素和设计原则，设计一家中型酒店的组织结构图。

※　知识目标

　●　了解酒店组织结构的构成要素。
　●　熟悉酒店组织结构设计的原则及内容。

※　素质目标

　●　树立良好的职业形象。
　●　具有良好的服务意识。
　●　具有良好的身体素质和较强的责任心及开拓创新精神。

工作任务　设计酒店组织结构

任务分析

　　酒店的组织结构设计是酒店管理的一项基础工作，它决定着整个酒店管理工作的运行效率。一个好的酒店组织结构需要遵循一定的原则。

任务布置

（1）教师课前选取两家校企合作星级酒店，组织学生了解其组织结构。

（2）学生分组收集不同类型的酒店组织结构的案例，并设计一家酒店组织结构。

相关知识

一、酒店组织结构形式

酒店的组织结构形式，经历了由简单到复杂、由一维到多维的发展过程，主要有直线制、直线-职能制、事业部制、超事业部制、矩阵制、多维立体等多种组织结构形式，下面主要介绍 3 种。

（一）直线制

直线制，顾名思义，是指按直线垂直领导的组织形式，这是一种最简单的组织形式，又叫层级制。直线制组织结构可以非常形象化地用一个金字塔表示，如图 1.3.1 所示。

图 1.3.1 直线制组织结构

（二）直线-职能制

直线-职能制又称混合制，它以直线制中的控制严密为基础，吸取职能制中充分发挥专业人员作用的优点综合而成的一种组织结构。目前，我国单体酒店普遍采用这种组织结构形式。直线-职能制组织结构如图 1.3.2 所示。

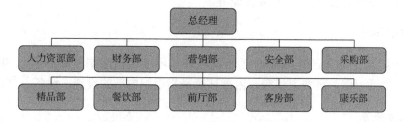

图 1.3.2 直线-职能制组织结构

（三）事业部制

事业部制组织结构由美国通用汽车公司经理斯隆在 20 世纪 20 年代创建，是一种适用于酒店集团的分权式组织结构形式，实行集中决策下的分散经营。采取此种组织结构的多数为多元化经营的酒店集团。除了传统的酒店业务外，集团通常还可能从事旅行社、汽车公司等经营活动，甚至还涉及房地产等其他经营领域。事业部制组织结构如图 1.3.3 所示。

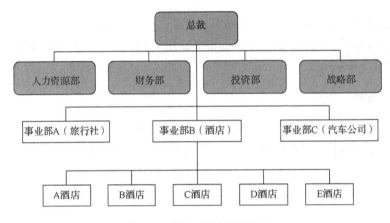

图 1.3.3　事业部制组织结构

二、酒店组织结构设计

（一）酒店组织结构的构成要素

1. 特定的目标

任何组织的存在都是为完成某种目标而存在的，不论这种目标是明确的还是模糊的，目标总是组织存在的前提。

2. 人员与职务

组织是由一群人所组成的，不同层次的人群形成了组织的有机体。人既可以是组织中的管理者，又可以是组织中的被管理者。

3. 组织环境

组织环境可分为外部环境和内部环境。外部环境是指组织所处的国家和地区的政治、文化、生活习俗、消费习惯等。内部环境是指组织内部的设施、设备、文化蕴含等。

4. 人际关系

在一个组织中，存在上下级之间、同级之间、部门与部门之间等各种关系。一个组织能否协调一致，发挥组织的优势，很大程度上取决于组织的领导者能否带领组织成员处理好各种关系。建立良好的人际关系，是建立组织结构的基本条件和要求。

（二）酒店组织结构设计的原则

酒店组织结构设计是指以组织结构安排为核心的组织系统的整体设计工作。组织结构设计的原则是对酒店组织结构建立的准则和要求，具体分为以下几条原则：

（1）目标明确化原则。

（2）等级链原则：强调层次管理，强调责权统一，强调命令统一。

（3）分工协作原则。

（4）管理幅度原则。

（5）精简高效的原则。

（三）酒店组织结构设计的内容

酒店组织结构设计是酒店组织管理工作的要点所在，通过酒店组织结构的设计，确定和维护酒店组织内部的相互关系，形成一定的酒店组织模式，并且还要建立酒店内部管理体制，以利于企业组织的内部协调。酒店组织结构设计的内容主要包括以下几方面。

1. 选择酒店组织管理总体模式

酒店组织管理总体模式有直线制、直线-职能制、事业部制、超事业部制、矩阵制、多维立体及委员制组织结构等。酒店组织管理总体模式的选择既应根据酒店的性质、规模、环境等客观条件，又要充分认识酒店的战略、目标和任务等要求。与此相联系的是内部的组织结构管理形式，目前主要有以下3种方式：一是总经理领导下的驻店经理制；二是总经理领导下的副总经理分工负责制；三是总经理负责制。

2. 酒店组织机构的设置

任何一个酒店组织机构，不仅要与外部保持必要的联系（即输出与输入），而且在组织机构内部也要形成一个封闭的回路。只有形成封闭的回路，才能形成相互制约、相互作用的力量，从而保证酒店各部门正常运转，才能达到有效管理的目的。为此，酒店组织机构必须具有决策机构、执行机构、监督机构和反馈机构这四类基本的职能机构。

3. 岗位设计

岗位设计是将实现企业目标必须进行的活动划分成最小的有机相连的部分，以形成相应的工作岗位。设计工作岗位时需要注意以下几个问题：

（1）合理分工是岗位科学设置的基础。

（2）岗位设计必须以责任为中心。

（3）岗位设计要以目前酒店员工的素质为基础，兼顾人力资源市场供求状况。

（4）岗位设计要注意新技术的影响。

4. 管理层次和管理幅度的确定

管理层次和管理幅度的确定，主要取决于以下几个因素：
（1）管理者的能力。
（2）下属的专业程度。
（3）工作的标准化程度。
（4）工作条件。
（5）工作环境。

5. 建立信息沟通网络

信息沟通是酒店组织形成及保持的重要条件。酒店组织内的信息沟通有多种形式，其中，正式沟通主要包括自上而下的沟通、自下而上的沟通、横向沟通、斜向沟通 4种形式。

6. 建立组织管理制度

酒店组织是一个复杂的系统。为了保证这个系统的正常运转，发挥出组织的最大效能，必须有一套严格的规章制度。组织管理制度主要包括各级组织及相关管理者的职责等。

🌲 任务实施

步骤一 课前准备任务。
学生分组收集不同酒店组织机构的设计案例。
步骤二 发放任务书。
由教师提出要求：
（1）全班分成 4 个小组，各组选出组长 1 名。
（2）每组分别介绍一种酒店组织机构。
（3）要求介绍必须遵循酒店组织机构设计的四大原则。
（4）可以分工合作，也可以进行讨论。
步骤三 学生介绍。
课前将全班学生分为 4 组，在课堂上由不同小组的学生代表，分别就收集到的案例进行介绍，每一小组介绍不同酒店的组织机构。
步骤四 教师点评。
针对学生所介绍的不同酒店的组织机构，做出点评，归纳总结出组织机构的概念及特点。

步骤五 案例分析。

教师对典型案例进行详细分析，同时引发同学进行讨论，从而引出酒店组织机构设计的原则，让学生加深印象。

步骤六 酒店组织机构设计。

每一小组分工合作，完成一家酒店组织机构，并充分讨论。

步骤七 酒店组织机构设计成果展示。

各小组派代表介绍本小组所完成的酒店组织机构内容，其他小组或教师可对其进行提问，由介绍人进行解答。

步骤八 总结评估。

教师归纳总结，回顾本任务知识，布置下一任务的课前准备任务。

 **学习考核与评价**

一、课内实训

学生按小组调研校企合作酒店的组织结构。

二、课外实训

个人作业：为某中型酒店设计酒店组织结构，并说明理由。

各小组完成实训任务后，教师根据表 1.3.1 对任务成果进行评估赋分。

表 1.3.1 任务成果评估表

小组编号： 　　　　学生姓名/学号：

评分项目	分值	赋分
收集资料及资料展示	10	
小组设计酒店组织结构	40	
个人设计酒店组织结构	40	
学习态度、完成效率及整体质量	10	
总分	100	

各项打分标准：

1. 各项工作能够按时保质完成的小组，给予各项评分的满分。

2. 各项工作能够按时完成的小组，错误在 1～2 处的给予各项满分的 85%的分值作为该项赋分。

3. 各项工作能够按时完成的小组，错误在 3 处的给予各项满分的 70%的分值作为该项赋分。

4. 各项工作能够按时完成的小组，错误在 4～5 处的给予各项满分的 60%的分值作为该项赋分。

思 考 题

1．酒店组织结构的种类有哪些？

2．如何设计酒店组织结构？

【项目推荐阅读书目】

1．范运铭，2019．现代酒店管理[M]．2版．北京：首都经济贸易大学出版社．

2．孟庆杰，陈学清，唐飞，2020．饭店业导论[M]．2版．北京：中国旅游出版社．

项 目 小 结

本项目主要探讨了酒店组织结构形式、酒店组织结构的构成要素、设计的原则以及设计的内容等。

项目四 酒店人力资源开发

▌项目描述 —••••••

按照天王星酒店 2023 年各部门编制预算中的人员空缺情况部署招聘工作，为各级员工制订相应的培训计划，并能自行编制新员工试用期满评估表、员工升职工作评估表及各级员工年度工作评估表。

▌项目目标 —•••••

※ 能力目标

- 能根据工作任务所需的知识及技能来招聘员工。
- 能运用各种培训方法培训员工。
- 能运用各种考核方法考核员工。

※ 知识目标

- 掌握招聘员工的主要渠道。
- 掌握招聘启事的构成要素。
- 掌握培训员工的主要方法。
- 掌握考核员工工作的主要方法。

※ 素质目标

- 树立良好的职业形象。
- 具有良好的服务意识并形成职业化的思维习惯。
- 具有较强的责任心及团队合作意识。
- 养成吃苦耐劳的工作作风。
- 具备善于思考、勇于开拓创新的工作精神。

工作任务 一 为天王星酒店制订招聘计划

任务分析

根据人员招聘的流程为天王星酒店制订招聘计划，并挑选一个典型的工作岗位进行岗位分析，制作招聘广告及酒店应聘表，并在组内分角色模拟面试过程。

任务布置

（1）学生实地调查酒店人员招聘的工作流程。
（2）了解各种酒店招聘信息的发布渠道。
（3）掌握酒店员工录用流程。

相关知识

人员招聘

一、人员招聘的工作流程

人员招聘工作是一项系统工程。完善的招聘过程或程序是酒店人力资源管理的经验总结，也是每家酒店做好招聘与录用工作的保证。具体而言，人员招聘的工作流程主要包括以下环节：用人部门提出申请，人力资源部确认是否增编，制订员工招聘计划，然后进行公开招聘、接受推荐，应聘者填写岗位申请表，资格审查，初试、面试、录用、外调、政审、开始试工、招聘结束。这个流程中每个环节都是相互关联而又各自独立的。系统运行的每个组成部分都是为了保证酒店人员招聘与录用工作的质量，为企业选拔合格人才。酒店人员招聘的工作流程如图1.4.1所示。

二、酒店招聘信息的发布渠道

（一）校园招聘

一般而言，校园招聘的计划性比较强，招聘新员工的数量、专业往往是结合酒店的年度人力资源规划或者阶段性的人才发展战略要求而定。因此，校园招聘通常适用于大中型酒店。例如，一些国际知名品牌的酒店集团旗下的酒店会定期到各级专业对口院校参加他们所举办的实习生、毕业生实习就业洽谈会。校园招聘不仅能够极大地提高酒店在高校圈的知名度，为酒店储备人才提供人才库，为建立良好的校企合作关系奠定基础，而且校园招聘的费用低，对大型酒店而言几乎是免费入场。校园招聘虽然能够吸引众多的潜在人才，但是这类人员的职业化水平不高，流失率较高，需要酒店投入较多的精力进行系统完整的培训。因此，这类人才进入酒店后，通常要接受比较完整的岗前培训，再被安排到酒店服务的一线进行1个月至3个月的在岗培训才能正式投入工作。通过这样一个过程，那些能够积极融入酒店发展需求的人才会脱颖而出。

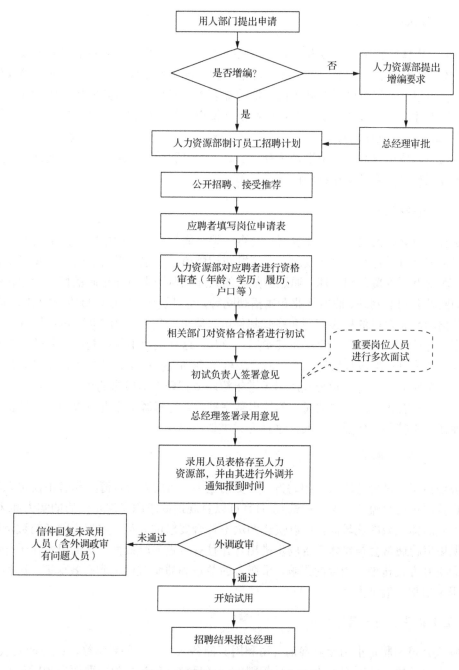

图 1.4.1　酒店人员招聘的工作流程

（二）媒体广告招聘

当前，媒体广告主要有专业的人才招聘报纸、各地主流媒体上的招聘专版或者副刊等。媒体广告是酒店进行品牌宣传和招聘信息传播的重要手段之一。通过电视等媒体上发布招聘信息，不仅可以提升酒店在当地的知名度，而且可以有效宣传酒店的业务，吸引更多的人才关注和投递简历。但是这种招聘渠道获得的应聘者众多，包括很多不符合酒店要求的人员，这就增加了人力资源部门筛选简历的工作量和难度，延长招聘的周期，另外该渠道的费用比较高，特别是选择"醒目"版位和版式费用会更高。通常，酒店采用这种方式招聘有实际工作经验的社会人员。

（三）网络招聘

随着信息化、大数据的日益发展，网络招聘已成为一种企业招聘较为常用的招聘形式，招聘信息可以定时、定向投放，酒店发布招聘信息后也可以自主管理，其费用相对较低，理论上可以覆盖到全球。通过在知名的人才招聘网上发布招聘的信息，如各地人才市场网站公司的网站、酒店行业专属招聘网等，可以快捷、海量地接收求职者的信息，而且各招聘网站提供的格式简历和格式邮件可以降低简历筛选的难度，可加快处理简历的速度。这种形式对于白领阶层尤其实用，但是，这种渠道不能控制应聘者的质量和数量，海量的信息包括各种垃圾邮件、病毒邮件等会加大招聘工作的压力，在信息化不充分的地区招聘效果差。这种形式适用于常年招聘或招聘人员较多的单位。

另外，随着各大人才网站简历库的丰富完善，人力资源工作者可以利用网站提供的简历库在其中搜寻酒店要找的人，这种方式类似于猎头。

（四）现场招聘会

现场招聘会是传统的人才招聘方式，费用适中。酒店人力资源工作者不仅可以与求职者直接面对面交流（相当于初试），而且可以直观地向求职者展示酒店的实力和风采。这种方式总体上效率比较高，可以快速淘汰不符合要求的人员，控制应聘者的数量和质量。现场招聘通常会与媒体广告同步推出，并且有一定的时效性，其局限性在于往往受到展会主办方宣传推广力度的影响，求职者的数量和质量难以得到有效保证。这种方式通常用于招聘一般型人才。

（五）猎头公司招聘

猎头公司招聘是指由专业咨询公司利用其储备人才库、关系网络，在短期内快速、主动、定向寻找企业所需人才的一种招聘方式。目前，猎头公司主要面向的对象是酒店中高层管理人员和酒店所需的特殊人才，如行政总厨、IT经理等，其具体操作基本上是由酒店高层管理者直接负责，求职者信息在招聘成功之前处于保密状态。正规的猎头公司收费比较高，通常按"被猎"成功人员的年薪比例收取。

（六）酒店内部招聘

内部招聘在酒店行业中比较常见，这种招聘方式的特点是费用极少，能极大提高员工士气，申请者对酒店非常了解，已适应酒店的文化和管理，能较快进入工作状态；而且可以在内部培养出"一人多能"的复合型人才。内部招聘的局限性也比较明显，就是人员供给的数量有限，易"近亲繁殖"，形成派系，组织决策时缺乏差异化的建议，不利于管理创新和变革。通常内部招聘的方式适用于那些对人员忠诚度比较高、重要且应熟悉企业情况的岗位。内部招聘也可用于内部人才的晋升、调动、轮岗。

（七）员工推荐

员工推荐在国内外酒店应用比较广泛，其特点是招聘成本小，应聘人员与现有员工之间存在一定的关联相似性，基本素质较为可靠，可以快速找到与现有人员素质技能相近的员工。这种方式对于难以通过人才市场招聘的专业人才尤为适用，因为专业员工之间的关系网络是最直接有效的联系渠道。但是这种方式的选择面比较窄，往往难以招到能力出众、特别优异的人才。

（八）渠道招聘

行业、专业网站及论坛、特定人群组织的网站、工作群等是伴随网络普及、网络市场日益细分而产生的新型、非主流的招聘渠道，其优点类似于人才招聘网站，快速便捷，其更胜一筹的是可以通过网络与对方及时、深入甚至是视频的互动沟通。因此，酒店人力资源工作者们很可能在这里找到梦寐以求的"千里马"。

（九）招聘告示

张贴招聘告示是招聘媒体形成以前广泛采用的招聘方式，目前在中小企业、服务行业、劳动力招聘时采用较多。通常情况下招聘成本不高，招聘告示张贴于店面门口、店面周边或者人流量大的场所等。这种方式的特点是简单易行，满足文化层次不高、经济条件不好的人员求职。

（十）其他

除此以外，现实中还有广播招聘、借助某项活动推广物色人选等不同的招聘渠道及方式。

综上所述，上述招聘渠道及其效果分析，各具特色，各有利弊。酒店人力资源工作者们在招聘时，应结合自己的发展阶段、经济实力、用人规律等，通过多种渠道搜寻适合各种工作岗位所需的人才。

三、酒店员工的录用流程

酒店员工的录用流程主要包括员工入职前、入职手续办理、用人部门手续办理、入职培训 4 个部分，如图 1.4.2 所示。

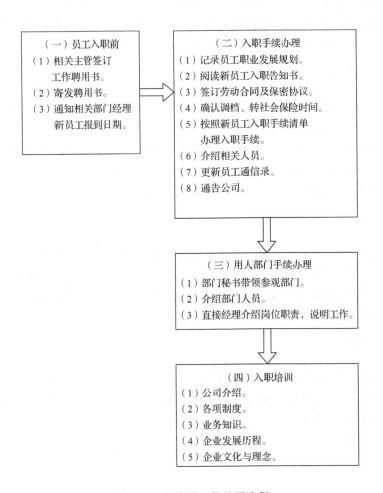

（一）员工入职前
（1）相关主管签订工作聘用书。
（2）寄发聘用书。
（3）通知相关部门经理新员工报到日期。

（二）入职手续办理
（1）记录员工职业发展规划。
（2）阅读新员工入职告知书。
（3）签订劳动合同及保密协议。
（4）确认调档、转社会保险时间。
（5）按照新员工入职手续清单办理入职手续。
（6）介绍相关人员。
（7）更新员工通信录。
（8）通告公司。

（三）用人部门手续办理
（1）部门秘书带领参观部门。
（2）介绍部门人员。
（3）直接经理介绍岗位职责，说明工作。

（四）入职培训
（1）公司介绍。
（2）各项制度。
（3）业务知识。
（4）企业发展历程。
（5）企业文化与理念。

图 1.4.2　酒店员工的录用流程

📂 **拓展阅读**

酒店招聘计划范例

一、本次招聘的目的

满足酒店自身发展的需要，为酒店发展提供强有力的人才支持。

二、预计招聘人数

30人。

三、招聘职位

1. 前厅部（15人）

要求：国、粤语流利，良好的英语或日语表达能力；形象良好、气质佳，女性身高160cm以上，男性身高173cm以上；掌握一门以上外语及酒店管理专业毕业优先。

2. 餐饮部（6人）

要求：形象良好，气质佳，酒店管理或相关专业优先；良好的沟通协调能力。

3. 财务部（3人）

要求：财会类相关专业，具有会计师（或助理）资格优先；掌握财会专业知识及实际操作技能，职业操守佳，能熟练使用会计核算软件。

4. 公关部（3人）

要求：国、粤语流利，大学英语六级或日语二级以上；形象良好、气质佳，女性163cm以上，男性175cm以上；较强的语言表达能力，良好的沟通协调能力；公共关系专业、商务管理或相关专业优先。

5. 人力资源部（3人）

要求：良好的英语基础；良好的公文写作及沟通协调能力，熟练操作计算机。

四、招聘面向对象

在校学生及社会人员。

五、招聘途径

（1）校园招聘。

（2）应届毕业生就业双选会。

（3）招聘广告（网站）。

六、招聘具体时间表

10月上旬制订招聘项目计划书并提交人力资源部总监。

录用通知书

先生/小姐：

　　感谢您应聘本酒店职位，经初审、面试合格，现根据本酒店员工录用规定给予录用，欢迎您加入本酒店。有关报到事项如下，请参照办理。

一、报到时间：

报到日期：＿＿年＿＿月＿＿日＿＿时＿＿分。

地点：＿＿＿＿＿＿＿＿＿＿＿＿＿＿＿＿＿＿。

二、携带资料：

（一）录用通知书；

（二）居民身份证（原件及复印件）；

（三）学历证书（原件及复印件）；

（四）资历、资格证书（或上岗证）；

（五）原工作单位解除劳动合同证明；

（六）体检合格证明；

（七）非本市户口需携带暂住证；

（八）近期一寸彩色照片＿＿张。

三、公司的规定，新员工试用＿＿个月，试用期薪资＿＿元/月。

四、以上事项若有疑问或困难，请与本酒店人力资源部联系。

××人力资源部

年　月　日

员工入职手续清单

请在入职时确认下列项目：

序号	项目	经办人签字	员工签字
1	接收签字聘用书与离职证明		
2	填社会保险情况表		
3	签订劳动合同及保密协议		
4	复印相关证书、身份证、体检表		
5	新员工填写履历表		
6	工资卡号：		
7	更衣柜、餐卡、员工卡		
8	通告酒店（若需要）		
9	介绍酒店高层人员（若需要）		
10	公司规章		
11	名片（若需要）		

此表填写后请交人力资源部留存。

我已办完入职手续，可以开始正常上班。

员工签字：　　　　　　　　日期：　　　年　　　月　　　日

用人部门经理签字：　　　　　　人力资源部经理签字：

入职员工社会保险情况表

姓名		年龄		身份证号		身份	
离职 声明	本人入职之前与原有单位均已解除劳动关系。 签字：　　　　　　　　　　　　　　　日期：　　　年　　月　　日						
保险情况							
1．养老保险办理情况 是否办理过：（　　）是（　　）否 办理地：（　　） 到本酒店后是否停止缴费：（　　）是（　　）否 2．失业保险办理情况 是否办理过：（　　）是（　　）否 办理地：（　　） 到本酒店后是否停止缴费：（　　）是（　　）否 3．工伤保险办理情况 是否办理过：（　　）是（　　）否 办理地：（　　） 到本酒店后是否停止缴费：（　　）是（　　）否 4．生育保险办理情况（女员工） 是否办理过：（　　）是（　　）否 办理地：（　　） 到本酒店后是否停止缴费：（　　）是（　　）否 5．基本医疗保险办理情况 是否办理过：（　　）是（　　）否 办理地：（　　） 到本酒店后是否停止缴费：（　　）是（　　）否 6．住房公积金办理情况 是否办理过：（　　）是（　　）否 办理地：（　　） 到本酒店后是否停止缴费：（　　）是（　　）否							
本人签字：　　　　　　　　　　　日期：　　　年　　月　　日 原单位盖章：　　　　　　　　　　　　　　　年　　月　　日							
备注	新员工请在＿＿月＿＿日前将各项保险转移单或相关证明交至人力资源部，人力资源部在当月可为员工办理相应保险，逾期不交者，如发生补缴，对酒店造成滞纳金、服务费用及相关损失费用由员工本人承担						

🌱 任务实施

步骤一 收集资料及资料展示。

学生在课前分组，以走访、电话咨询及与在酒店实习的本校学生联系等方式来获取3～5家酒店人力资源部人员招聘的工作流程，并形成文本文件及PPT展示文件，在课上由小组发言人进行汇报展示。

步骤二 分组讨论。

学生分组讨论各酒店在人员招聘过程中的相同及不同之处有哪些。

步骤三 教师点评。

教师以酒店人力资源部经理的身份就酒店招聘的工作流程及各项工作细节进行讲解说明。

步骤四 制订招聘计划。

为天王星酒店制订招聘工作计划，内容包括招聘时间、招聘工作岗位及人数、招聘渠道、面试时间及员工入职时间等。

步骤五 模拟面试。

学生分组模拟天王星酒店前台××部门××岗位的应聘者的面试经过，工作中需完成以下任务：

（1）拟订应聘者的身份、个人经历（教育及工作经历）。

（2）拟订面试问题。

（3）按照面试流程对应聘者进行面试，并确定录取的候选人（每组面试时间为 5 分钟）。

步骤六 模拟入职。

模拟新员工入职情境，为通过面试的应聘者办理入职手续。

学习考核与评价

一、课内实训

学生按小组调研校企合作酒店的招聘流程。

二、课外实训

个人作业：为天王星酒店制订一份招聘计划。

各小组完成实训任务后，教师根据表 1.4.1 对任务成果进行评估赋分。

表 1.4.1　任务成果评估表

小组编号：　　　　　　　学生姓名/学号：

评分项目	分值	赋分
收集资料及资料展示	10	
制订天王星酒店招聘工作计划	30	
模拟面试过程	30	
入职手续办理情况	20	
学习态度、完成效率及整体质量	10	
总分	100	

各项打分标准：

1. 各项工作能够按时保质完成的小组，给予各项评分的满分。

2. 各项工作能够按时完成的小组，错误在 1～2 处的给予各项满分的 85% 的分值作为该项赋分。

　　3．各项工作能够按时完成的小组，错误在 3 处的给予各项满分的 70%的分值作为该项赋分。

　　4．各项工作能够按时完成的小组，错误在 4～5 处的给予各项满分的 60%的分值作为该项赋分。

思 考 题

　　1．调查不同招聘渠道招聘信息的发布标准有哪些。
　　2．了解酒店人力资源部所组织的主要培训项目有哪些。

工作任务 二　制订培训计划并做入职培训

任务分析

　　根据前厅部主管岗位所需的专业知识及职业能力为前厅部主管制订一份包括入职培训、岗位相关知识及技能在内的完整的培训计划。

任务布置

　　（1）讨论培训计划制订的依据及过程。
　　（2）为天王星酒店制订一份年度人力资源培训计划。
　　（3）了解当下主流的培训类型及培训方法，结合酒店自身需要，运用至少 3 种培训类型及方法来组织一次入职培训。

相关知识

一、培训计划的制订

　　首先，诊断（diagnosis）培训要求。
　　培训计划的制订以培训发展需求为依据，即在对酒店各部门的目标、知识、技能等方面进行系统分析的基础上，确定是否需要培训及培训的种类和内容等。
　　其次，订立培训目标（objectives）。
　　培训计划的制订以酒店发展目标为依据。组织培训是酒店发展规划的重要内容之一，并服务于酒店的发展目标，培训目标应与酒店发展目标一致。
　　再次，执行培训方法（methods）。
　　目前，酒店所采用的培训方法主要有在岗培训、工作指导、脱产封闭式培训及外派培训等。许多国际化大型连锁酒店还为中高层管理者提供网上培训课程。
　　最后，评估（evaluation）培训绩效。

在培训结束时及培训后的一定时间内，酒店相关部门可以从工作质量是否得到提高、业绩是否有所增加等方面来评估培训的效果。

培训计划制订的具体流程如图1.4.3所示。

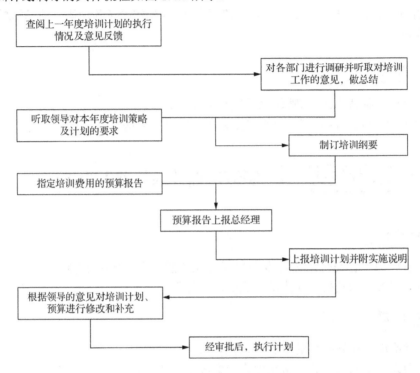

图1.4.3　培训计划制订的具体流程

二、培训类型

酒店相关部门在组织培训时，可依据培训对象、已确定的培训资源、制约条件和培训目标的需要，选择其中的一种或几种培训的组合来实施培训。

（一）岗前培训

岗前培训是指为使新入职员工在独立上岗前能快速了解酒店概况、规章制度、工作规范等，掌握基本的岗位操作技能和工作方法而组织的培训。

（二）在岗培训

在岗培训是指参训者通过对岗位上熟练员工进行观察和提问来进行学习。需要注意的是，参训者的观察一定要完整，而且要有机会去实践并能得到正确反馈。

（三）工作指导

分步骤地列出如何完成工作，培训者首先演示任务的实施步骤，然后让参训者一步步地执行任务，必要时予以纠正。

（四）封闭培训

封闭培训通常是指由人力资源部邀请内部讲师或外部讲师进行的封闭式培训。

（五）外派培训

外派培训是指根据员工的岗位需要，让员工参加外部培训机构、相关院校组织的培训。

（六）网上培训

许多大型集团化管理的酒店为了能使旗下酒店的培训项目得到区域、国家乃至全球的统一，在网络上开设培训平台。酒店内的各级员工根据自己的职位级别进入相应的培训模块进行线上自学，线上培训还配有类似于导师角色的辅助学习者，通常作为参训者的直属主管。

三、培训方法

（一）直接传授式培训法

直接传授式培训法的主要特征就是信息交流的单向性和培训对象的被动性。尽管这种方法有不少弊端，但仍有其独特作用，其具体形式有如下两种。

1. 个别指导

个别指导类似于传统的"师傅带徒弟"。这种方法能清楚地掌握培训进度，让培训对象集中注意力，很快适应工作要求，比较适合酒店一线业务实操培训，如做床、摆台、厨房烹饪培训等。

2. 开办讲座

开办讲座主要是向众多的培训对象同时介绍同一个专题知识，比较省时省事，但是如果参训者没有一定的技巧，讲座就不能达到应有的效果。

（二）参与式培训法

参与式培训法是指每个参训人员都要参与交流及分享的培训方式。在参与式培训法中，老师和学员是平等的，学员和学员也是平等的，大家的参与机会是平等的。因此，大家在学习过程中自然大胆地阐述自己的见解、经验和困惑，极大地提高了参训人员的自信心和参与意识。参与式培训法的主要特征是，每个培训对象积极主动参与培训活动，从亲身参与中获得知识、技能和正确的行为方式。例如，会议、小组培训、案例研究、角色扮演、情境模拟等都属于参与式培训法。

四、培训效果评估方式——四级培训评估模式

四级培训评估模式（表1.4.2）由唐纳德·L.柯克帕特里克（Donald.L.Kirkpatrick）提出，是世界上应用最广泛的培训评估工具，其主要内容如下。

Level 1.反应（reaction）评估：评估被培训者的满意程度。

学员最明了他们需要的是什么。如果学员对培训课程反应消极，就应该分析是课程设计的问题还是实施带来的问题。虽然这一阶段的评估还未涉及培训的效果，学员能否将学到的知识技能应用到实际工作中去还不能确定，但这一阶段的评估是必要的。培训参加者的兴趣、受到的激励，对任何培训都是重要的。同时，对培训进行积极的回顾与评价，可以促进学员更好地总结所学到的内容。

Level 2.学习保持（retention）评估：测定被培训者的学习获得程度。

这一阶段的评估，要求通过对学员参加培训前和培训结束后知识技能测试的结果进行比较，以了解他们是否学习到新的东西。同时这一阶段的评估也是对培训设计中设定的培训目标进行核对。这一评估结果也可体现讲师的培训是否有效。

Level 3.行为运用（reuse）评估：考查被培训者的知识运用程度。

尽管这一阶段的评估数据较难获得，但其意义重大。只有培训参与者真正将所学的东西应用到实际工作中，才达到了培训的目的。只有这样，才能为开展新的培训打下基础。需要注意的是，这一阶段的评估只有在学员回到实际工作中去时才能实施，所以这一评估一般要求与培训参与者一同工作的人员（如督导人员）等参加。

Level 4.成果（result）评估：计算培训创造出的经济效益。

这一阶段的评估要考查的不仅仅是受训者的情况，而是从部门和组织的范围内，了解因培训而带来的组织上的改变效果。要回答"培训为企业带来了什么影响"，结果可能是经济上的，也可能是精神上的。例如，组织完培训后，产品质量得到了改变，生产效率得到了提高，客户的投诉减少了等。这一阶段的费用和时间、难度都是最大的，但对企业的意义也是最重要的。

表1.4.2　四级培训评估模式

层次	评估内容	评估方法	评估时间	评估单位
反应评估	衡量学员对具体培训课程、讲师与培训组织的满意度	问卷调查、面谈观察、综合座谈	课程结束时	培训单位
学习保持评估	衡量学员对培训内容、培训技巧、概念的吸收与掌握程度	提问法、笔试法、口试法、模拟练习与演示、角色扮演、演讲、心得报告、论文发表	课程进行时、课程结束时	培训单位
行为运用评估	衡量学员对培训后的行为改变是否因培训所致	问卷调查、行为观察、访谈法、绩效评估、管理能力评估、任务项目法、360度评估	3个月或半年以后	学员的直接主管上级
成果评估	衡量培训给公司业绩带来的影响	个人组织绩效指标、生产效率、缺勤率、离职率、成本效益分析、客户与市场调查、满意度调查	半年、1年后的公司绩效评估	学员的直接主管部门

拓展阅读

酒店前台培训计划

一、酒店常识培训

（一）培训目的

让初次进入酒店行业的新员工了解本岗位应具备的基本素质及知识，为进一步培训岗位知识做铺垫。

（二）培训时间及内容

月　　　日

基本知识：

（1）酒店职业道德的讲解说明。

（2）岗位必备仪容仪表，礼节礼貌的要求。

（3）了解酒店员工违纪处罚规定。

（4）如何正确出入酒店。

月　　　日

酒店概述：

（1）了解酒店概况，包括酒店建店简介、酒店主要领导者简介、酒店行政机构简介；了解本部门概况，包括本部门结构、各部门功能，认识各部门负责人。

（2）熟记酒店各分部联系电话。

（3）了解酒店各类营业部门及经营业务、营业时间、营业推广。

（4）了解本部门经营业务，包括了解客房结构、房型，并参观各分部营业场所，各类房间。

月　　　日

岗位知识：

（1）学习基础销售技巧及对客服务方式。

（2）辨认各部门主要管理人员及了解管理人员的主要职责及权限。

（3）由部门管理人员带领参观、介绍酒店各营业点。

（4）由受训员向培训员陈述以上3天所了解的情况。

（三）培训考核

3天基础培训结束后进行书面考核，合格者进入岗位培训程序，不合格者重新进行培训。

二、前台岗位培训程序

（一）培训目的

使经过基础培训的员工更快掌握业务知识，尽快进入岗位操作。

（二）培训班期安排

试用期3个月，分3个阶段：30天、60天、90天，部门分段培训，逐段考核。前30天安排正常班，由主管带领半封闭培训，中间30天安排跟轮班员工，边培训边实践；后30天独立上岗，安排与老员工合班实际操作。

（三）前台培训内容

培训计划时长为30天，分3个阶段完成。

前10天

（1）了解前台工作职责及前台接待员工作职责。

（2）了解熟记房间价格及各类折扣、优惠以及折扣权限。

（3）了解熟悉前台各类通知、报告、表格及记录本。

（4）熟记各大单位、商务客房名单。

（5）熟记各种业务用语、系统代码、付款方式。

（6）了解前台所配用的设施设备及其使用须知和方法。

中间10天

（1）培训前台日常操作流程，礼貌服务规范，交接班程序。

（2）培训订房、订房之更改、取消程序、特殊折扣订房的处理方法。

（3）培训前台推销客房技巧。

（4）培训VIP接待程序、熟悉订房及入住程序。

（5）了解上机进行计算机模拟操作，包括入住、退房、预订等。

后10天

（1）培训更改房租程序。

（2）了解客房升级的情形及标准。

（3）入住登记程序培训。

（4）结账退房程序培训。

（5）团体入住及结账程序培训。

（6）培训查预留房的程序。

（7）培训转换房间的程序。

（8）客用保险箱的使用程序培训。

（9）客房参观及住客生日的处理培训。

（10）培训补单的跟进程序。

（11）培训接受客人留言、寄存物品服务的程序。

（12）各类信用卡结算方法的培训。

（13）以上培训均结合相关上机操作。

（14）受训员总结培训内容。

（15）对受训员进行培训内容考核，分为书面、上机、实际操作。

后 60 天

（1）前台培训集中于前 30 天，后 10 天、20 天着重于实际操作。

（2）培训为半封闭式，可进入前台对相关表格及设施进行熟悉，上机操作部分与后台计算机房备份系统进行，由培训员进行演练，受训员在指导下进行实际操作。

（四）考核

试用期内进行 3 次考核，按 30 天需达到的要求、60 天应具备的技能、90 天应达到的水平，分阶段考核。通过后由人力资源部进行转正考试。如未能通过，则视情况延长试用期或劝退。

任务实施

步骤一 收集资料及资料展示。

学生分组发言所调查出的酒店人力资源部所组织的各种培训。

步骤二 教师讲解。

向学生展示酒店培训计划制订及实施的流程图，并进行讲解。

步骤三 学生制订培训计划。

学生分组以天王星酒店培训部经理的身份为酒店新录用的前厅部主管制作一份包括培训项目、时间、培训地点、培训主持者姓名及身份在内的培训计划，并上交给人力资源部经理。

步骤四 学生展示。

学生分组讨论如何以天王星酒店培训部经理的身份为酒店新录用的前厅部主管做一个 10 分钟的天王星酒店员工礼仪标准培训，并在课上进行培训展示。培训中采用的培训技巧要兼顾直接传授式及参与式两种培训法。

学习考核与评价

一、课内实训

学生按小组调研校企合作酒店培训计划。

二、课外实训

个人作业：为天王星酒店制订一份新员工入职培训计划。

各小组完成实训任务后，教师根据表 1.4.3 对任务成果进行评估赋分。

表 1.4.3　任务成果评估表

小组编号：　　　　　　　　　学生姓名/学号：

评分项目	分值	赋分
收集资料及资料展示	10	
制订培训计划	40	
员工礼仪培训	50	
总分	100	

各项打分标准：

1．各项工作能够按时保质完成的小组，给予各项评分的满分。

2．各项工作能够按时完成的小组，错误在 1～2 处的给予各项满分的 85%的分值作为该项赋分。

3．各项工作能够按时完成的小组，错误在 3 处的给予各项满分的 70%的分值作为该项赋分。

4．各项工作能够按时完成的小组，错误在 4～5 处的给予各项满分的 60%的分值作为该项赋分。

思 考 题

1．调查并掌握五星级酒店培训的内容有哪些。

2．简述四级培训评估模式的主要内容。

工作任务 三　考 核 评 估

任务分析

此任务要求学生根据所学的工作考核评估方法及标准为酒店新入职的前厅部主管的工作情况制订考核方案。

任务布置

（1）讨论工作情况考核评估有何意义。

（2）讨论工作评估考核的方式有哪些。

（3）为天王星酒店新入职的前厅部主管的工作情况制订一份考核方案。

相关知识

一、员工工作考核评估的目的

企业尊重每一位员工，保持连续地对员工进行综合而具体的考核评估，使每个员工获得与其职务担当能力相适应的职务和薪酬，并使晋升、调薪、调动等各项人事管理工作协调一致，有机结合，以此激发员工的上进心，提高员工的工作能力，公正、合理地处理员工待遇，并有利于在企业内部选拔人才，使每一位员工能与企业共同发展。

二、员工工作考核评估政策

（一）考核评估周期

在绩效管理中，考核周期是指多长时间进行一次评价，如试用期满评估、工作周年评估。设定考核周期是为了更客观有效地评价员工的业绩，考核周期是绩效管理体系设计中的一个关键决策点。

（二）考核评估等级及标准

每个酒店在进行员工工作表现评估时都会相应地设定评估等级及评估标准。例如，表 1.4.4 所示的酒店考核评估等级表为某酒店的考核评估等级及标准说明。

表 1.4.4　酒店考核评估等级表

考核评估等级		考核评估标准说明
5 分	卓越	表现一贯优秀，能超越其职位所要求的胜任程度
4 分	出色	表现一贯良好，能达到或经常超越其工作所要求的胜任程度
3 分	符合要求	表现一贯能达到工作要求
2 分	有待改进	表现基本达到工作要求，但经常有未能完全达到满意程度，有待改进
1 分	差劣	表现差，距离工作要求有很大差异

（三）考核评估内容——工作表现评估

酒店考核评估内容主要是员工的工作表现，工作表现评估是指对员工在工作中表现出的积极主动、工作效率、忠诚可信、专业知识、合作精神、判断能力、安全卫生、服务意识、认同酒店等方面进行评估。

（四）考核结果的运用

考核评估结束后，考核结果主要运用在以下几方面。

（1）与试用期转正调薪有关：如考核合格后，员工可顺利转正，按等级调薪。

（2）与周年调薪有关：如年终考核后，按评估等级调薪等。

（3）与晋升及调薪有关：如阶段考核结果优秀的员工，可晋升至更高级别岗位等。

（4）与培训有关：如考核等级为 1 分（差劣）的，需脱岗参加岗位培训，培训合格后方能上岗。

（5）降职及其他：如多次考核不通过的员工，给予降职及其他岗位调整等处理。

（五）考核评估操作标准及程序

人力资源部提前一个月统计考核对象名单，于每月 1 日将员工工作表现__月考核评估表（表 1.4.5）发给部门负责人，并通知部门负责人进行员工考核评估。

表1.4.5　员工工作表现__月考核评估表

姓名：　　　部门：　　　岗点：　　　评估人：　　　评估日期：

项目	具体评估内容	分值	得分
考勤情况	A. 无迟到、早退、脱岗、串岗、旷工等任何违反酒店考勤规定的记录）（10分） B. 迟到、早退、脱岗或串岗一次（8分） C. 迟到、早退半小时以上（6分） D. 旷工（4分）	10	
仪容仪表	A. 发型、着装、妆容、走姿、站姿、坐姿完全符合本项规定要求（10分） B. 发现一次仪容、仪表、仪态方面的差错（8分） C. 发现二次仪容、仪表、仪态方面的差错（6分） D. 发现三次或三次以上仪容、仪表、仪态方面的差错（4分）	10	
礼貌礼节	A. 在各种场合，能正确使用各种礼貌礼节（10分） B. 基本可以做到礼貌服务，但有时不能始终如一（8分） C. 礼貌礼节做得一般，需上司经常指点（6分） D. 礼貌礼节做得较差，多次指点仍未改进（4分）	10	
服务质量	A. 服务质量出色并能保持稳定，能得到宾客和员工的一致认可（25分） B. 服务质量良好，但稳定性不够（21分） C. 服务质量一般，宾客员工反应冷淡（17分） D. 服务质量较差，经常造成宾客不满或给酒店声誉带来不良影响（13分）	25	
团队精神	A. 团队精神很强，对待工作不分你我，积极主动配合其他员工工作（10分） B. 有团队精神，按照上司的督导能够与别人合作，但是主动性不够（8分） C. 团队精神认识不够，只愿意做自己分内的事情（6分） D. 无团队精神，对待工作易推诿，不能正确认识合作的重要性（4分）	10	
投诉或表扬	A. 本月受表扬_____次（客人书面或口头、质检、早会）（每次+3分） B. 本月受投诉_____次（客人书面或口头、质检、早会）（每次-3分） 此项总分±10分	±10	
总体印象	A. 表现优秀、出色并主动完成各项任务，成为其他员工学习的榜样（25分） B. 表现良好，工作可以独立进行，少数方面需要改进（21分） C. 表现一般，需要上司经常指点（17分） D. 表现较差，很难单独完成各项任务（13分）	25	
其他评估意见			
评估类别	A. 优秀，个别方面需要改进 B. 良好，少数方面需要改进 C. 基本合格，较多方面需要改进 D. 不合格，需待岗学习，培训合格后方可上岗	≥90 ≥80 ≥70 <70	
员工意见	签名：　　　　　　日期：		

部门经理签名：

直接主管按照员工工作表现__月考核评估表的考核项目逐项进行考核，考核完毕签字确认，再交由高一级主管审核，如高一级主管与直接主管考核意见有明显差异时，需要分析原因，进行沟通协调后再签字确认；考核工作需在10天内完成。

考核完成后，部门负责人将员工工作表现__月考核评估表交回给人力资源部进行汇总、核实，人力资源部负责人需在10天内完成，并签字确认后交还给部门负责人。

部门负责人需在 10 天内完成以下工作：通知被考核者准备面谈，并安排好面谈时间及地点，面谈应涵盖考核项目所涉及的问题，让其了解各评估结果的依据。面谈需要掌握一定的技巧，尽量创造良好的沟通氛围，并让被考核者有充分的提问及建议时间。面谈完成后，被考核者签字确认，并填写"本人自述"。最后，将相关材料送交人力资源部。

员工考核评估流程图如图 1.4.4 所示。

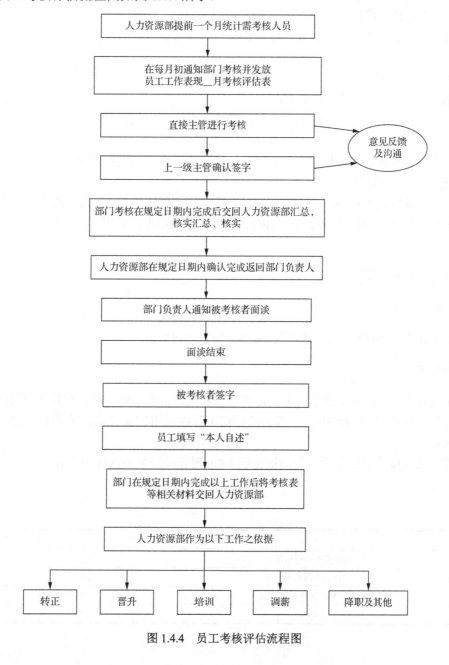

图 1.4.4 员工考核评估流程图

（六）人力资源部在员工考核评估工作中的职责

（1）对考核表进行复核，以确保该考核是依照考核评估标准与程序进行的。

（2）人力资源部将考核表归档、保存，以作为晋升、调薪、培训和调动等人事管理工作的信息资料和依据。

（3）为考核者提供培训。

（4）定期召开考核评估会议，修订和检讨之前考核出现的问题。

任务实施

步骤一 收集资料及资料展示。

学生分组展示所收集到的酒店员工绩效考核表或工作表现评估表，并进行讨论。

步骤二 教师讲解。

教师向学生展示酒店员工工作业绩考核评估的流程，并进行讲解。

步骤三 学生展示。

学生分组以天王星酒店人力资源部经理和前厅部经理的身份，按照酒店员工工作业绩考核评估的流程为酒店新录用的前厅部主管做试用期满评估，并自行设计考核评估表。

学习考核与评价

一、课内实训

学生按小组调研校企合作酒店的考核评价工作内容。

二、课外实训

个人作业：以天王星酒店人力资源部经理和前厅部经理的身份，按照酒店员工工作业绩考核评估的流程为酒店新录用的前厅部主管做试用期满评估，要求自行设计考核评估表。

各小组完成实训任务后，教师根据表 1.4.6 对任务成果进行评估赋分。

表 1.4.6 任务成果评估表

小组编号： 学生姓名/学号：

评分项目	分值	赋分
收集资料及资料展示	10	
设计试用期满评估表	30	
评估工作流程	60	
总分	100	

各项打分标准：

1．各项工作能够按时保质完成的小组，给予各项评分的满分。

2．各项工作能够按时完成的小组，错误在 1~2 处的给予各项满分的 85% 的分值作为该项赋分。

3．各项工作能够按时完成的小组，错误在 3 处的给予各项满分的 70% 的分值作为该项赋分。

4．各项工作能够按时完成的小组，错误在 4~5 处的给予各项满分的 60% 的分值作为该项赋分。

思 考 题

1．简述酒店员工考核评价的标准有哪些。

2．简述员工考核评估流程。

【项目推荐阅读书目】

1．李丽，伍剑琴，2023．酒店人力资源管理[M]．武汉：华中科技大学出版社．

2．魏洁文，姜国华，2021．酒店人力资源管理实务[M]．2 版．北京：中国人民大学出版社．

3．汪晓梅，2020．酒店人力资源管理[M]．北京：中国轻工业出版社．

项 目 小 结

本项目主要探讨了酒店人力资源开发的相关工作，包括人员招聘的工程流程、招聘信息的发布渠道、员工的录用流程，培训计划的制定、培训方式、培训技巧和培训评估模式，员工工作考核评估流程等。通过对本项目的学习，能根据工作需要招聘员工，能运用各种培训方法培训员工，能运用各种考核方法考核员工。

项目五　酒店质量管理

项目描述 —●●●●●●

　　学生通过对酒店质量管理理论［如全面质量管理（total quality management，TQM），PDCA 循环（计划 plan、执行 do、检查 check、处理 action）、4M（人力 manpower、设备 machine、材料 material、方法 method）等］的学习，能运用这些理论对酒店进行全面质量管理。

项目目标 —●●●●●●

　　※　**能力目标**

- ● 能运用 PDCA 循环对酒店进行全面质量管理。
- ● 会使用质量管理方法监督酒店服务质量。

　　※　**知识目标**

- ● 掌握全面质量管理的含义。
- ● 掌握 PDCA 循环。
- ● 掌握 4M 基本内容。

　　※　**素质目标**

- ● 树立良好的职业形象。
- ● 具有良好的服务意识并形成职业化的思维习惯。
- ● 具有较强的责任心及团队合作意识。
- ● 养成吃苦耐劳的工作作风。
- ● 具备善于思考、勇于开拓创新的工作精神。

工作任务　分析并解决酒店服务质量问题

任务分析

　　学生分组收集酒店目前所存在的主要产品及服务质量问题，通过鱼骨图等方式找到这些问题存在的根源，以 TQM 或 4M 中所阐述的质量管理理念为基础提出整改意见。

任务布置

（1）分组调查酒店目前所存在的主要产品及服务质量问题。

（2）撰写一份质量管理方案来解决所调查的质量问题。

相关知识

一、全面质量管理

（一）全面质量管理的含义

全面质量管理，即 TQM，就是指一个组织以质量为中心，以全员参与为基础，目的在于通过顾客满意和本组织所有成员及社会受益而达到长期成功途径。在全面质量管理中，质量这个概念和全部管理目标的实现有关。

（二）全面质量管理的特点

全面质量管理

（1）具有全面性，控制产品质量的各个环节、各个阶段。

（2）是全过程的质量管理。

（3）是全员参与的质量管理。

（4）是全社会参与的质量管理。

（三）全面质量管理的意义

（1）提高产品质量。

（2）改善产品设计。

（3）加速生产流程。

（4）鼓舞员工士气和增强质量意识。

（5）改进产品售后服务。

（6）提高市场的接受程度。

（7）降低经营质量成本。

（8）减少经营亏损。

（9）降低现场维修成本。

（10）减少责任事故。

（四）全面质量管理在酒店中的应用

目前，人们对酒店全面质量管理含义的认识还没有统一，如卓越、价值、合乎标准、适合使用、无差错、满足或超过顾客的期望值等这些描述。不同的人可以从不同的角度去解释全面质量管理。随着社会的进步和全球酒店业的发展，越来越多的酒店管理者认为，酒店全面质量管理的核心是强调服务的一致性，应克服随意性、消除差错，一次做到位，使顾客在酒店的停留过程中感到百分之百的满意，产生愿意重新光顾并愿意宣传介绍该酒店的欲望。酒店全面质量管理可以归纳为以下 5 项基本原则。

1. 以顾客为中心（guest centralized）

准确判断顾客对酒店服务质量的期望和需求，随时倾听顾客的意见和建议，懂得如何才能满足顾客的需求，调整好顾客的期望值。

2. 不断改进（continuous improvement）

对现有的服务质量保持稳定并不断提高，根据市场需求变化进行服务创新，在保持服务标准中体现灵活性和个性化服务，在保持高水平服务质量中努力降低质量成本消耗。

3. 全员参与（total involvement）

酒店的每一个员工都应受到良好的训练，充分了解酒店的产品质量信息，自觉参与酒店的产品质量决策，使用一流的服务工具，具有人人对服务质量负责的意识和行为，根据服务业绩得到公平、公正的激励。

4. 一次到位（do it right the first time）

将酒店服务中可能发生的差错扼杀在摇篮中，做到服务无差错、零差错，避免差错出现事后补救。

5. 全过程管理（control from the beginning to the end）

将服务前的准备、服务中的监督控制、服务后的善后 3 个阶段连成一条服务链，保持其耐久性和可靠性，将规定的标准服务无变异地提供给顾客，不因人、因事、因时而断裂和扭曲。

坚持上述原则，才能最终达到顾客百分之百的满意。那么，用何种方法来测定顾客的满意程度呢？首先可以将顾客的满意程度定义为顾客购买酒店服务过程中获得的总价值与付出的总成本之比，可以用下列公式表示：

$$顾客的满意程度 = \frac{顾客购买酒店服务过程中获得的总价值}{顾客购买酒店服务过程中付出的总成本} \times 100\%$$

其中，顾客购买酒店服务过程中获得的总价值包括以下内容：

（1）酒店提供给顾客的设备设施和实物产品的价值，也称有形价值，使顾客感到物有所值。

（2）酒店提供给顾客的服务态度、技能、效率和行为价值，也称无形价值，使顾客感到轻松、愉快、安全、舒适。

（3）酒店提供给顾客的品牌和文化价值，使顾客感到入住该酒店十分荣幸、可靠、可信。

顾客购买酒店服务过程中付出的总成本包括金钱成本、时间成本、信息获取成本、体力和精神成本。

至此，可以得出如下量化结果：

（1）顾客的满意程度为 100%，即顾客购买酒店服务过程中获得的总价值为 100 个单位，顾客购买酒店服务过程中付出的总成本为 100 个单位。

（2）顾客的满意程度为 200%，即顾客购买酒店服务过程中获得的总价值为 100 个单位，顾客购买酒店服务过程中付出的总成本为 50 个单位。

（3）顾客的满意程度为 50%，即顾客购买酒店服务过程中获得的总价值为 50 个单位，顾客购买酒店服务过程中付出的总成本为 100 个单位。

二、PDCA 循环

PDCA 循环是指将酒店的服务质量分为 4 个阶段，即计划（plan）、执行（do）、检查（check）和处理（action）阶段，这 4 个阶段中包含 8 个步骤。

1. 计划阶段

确定服务质量目标并决定达到目标的途径，计划阶段有 4 个实施步骤：①分析现状，找出问题；②分析产生问题的原因；③找出问题的主要原因；④制订解决问题的措施计划。

2. 执行阶段

本阶段有一个步骤，即⑤严格按照计划规定的目标和措施开展工作。

3. 检查阶段

本阶段有一个步骤，即⑥对执行计划的效果进行检查，与执行计划前对比看效果如何，找出存在的问题。

4. 处理阶段

本阶段有两个步骤，即⑦对在执行计划中已经解决的质量问题进行巩固，使之标准化、程序化；⑧对未得到解决的问题进行总结，转入下一个 PDCA 循环去解决。

让顾客获得百分之百的满意并不是一件容易的事情。在推行全面质量管理的方法和技术中，许多国际酒店管理集团还普遍采用了服务质量差距分析模型（图 1.5.1）的方法，有效地找出酒店服务质量问题产生的原因。采用 PDCA 循环去解决酒店服务质量中存在的问题，取得了良好的效果。

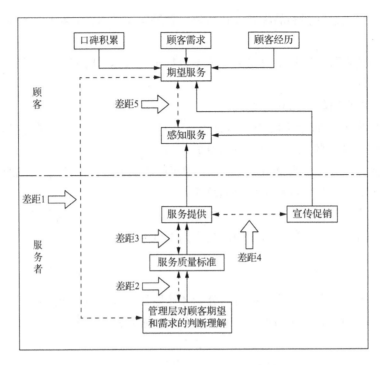

图 1.5.1　服务质量差距分析模型

酒店服务过程中存在诸多服务质量问题，可以归结为图 1.5.1 中的 5 种差距。

差距 1：顾客对酒店服务质量的期望和需求与管理者对顾客期望和需求的判断理解之间的差距。

差距 1 产生的原因如下：

（1）没有进行市场调研，没有充分了解顾客的需求信息。

（2）进行了市场调研并收集了顾客信息，但没进行整理分析，获得信息不准确。

（3）酒店管理层次中的障碍，阻碍了顾客信息的传递。

（4）酒店管理者凭经验办事，不能适应不断变化的市场需求。

差距 2：酒店制定的服务标准与对顾客期望和需求判断理解之间的差距。

差距 2 产生的原因如下：

（1）判断顾客期望和需求错误，制定的服务质量标准必然错误。

（2）判断顾客期望和需求正确，市场信息准确，但仍无法制定出正确适当的服务质量标准。

差距 3：酒店制定的服务质量标准与实际提供的服务之间的差距。

差距 3 产生的原因如下：

（1）酒店硬件系统不能达到优质服务标准的要求。

（2）酒店没有建立起有效的员工激励和督导机制。

（3）酒店没有建立起服务质量利润链（图 1.5.2）。

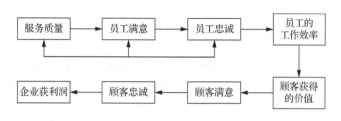

图 1.5.2 服务质量利润链

服务质量利润链的内在逻辑关系：

（1）顾客忠诚度高能提高酒店的盈利能力。

（2）顾客忠诚度是由顾客的满意度决定的。

（3）顾客的满意度是由其获得的价值大小决定的。

（4）顾客的高价值源于员工的高效率。

（5）高效率来自员工对酒店的忠诚度。

（6）员工的忠诚度来源于员工对酒店的满意度。

（7）酒店服务质量的高低是决定员工满意度的主要因素。

差距 4：酒店对外宣传促销与实际提供服务之间的差距。

差距 4 产生的原因如下：

（1）酒店对顾客的期望值判断有所偏差。

（2）酒店对外宣传与内部管理脱节。

（3）酒店管理层对宣传促销失控。

差距 5：顾客的预期质量与实际感受质量之间的差距。

以上 4 种差距的产生必然会导致差距 5 的产生。因此，要想解决酒店的服务质量问题必须从根源抓起，对差距 1 至差距 5 逐级分析，依次解决。

在强化酒店全面质量管理的过程中，如果我们能够坚持按照服务质量差距分析模型和 PDCA 循环的科学管理程序实施，酒店的服务质量就会变成每个部门日常工作和每个员工的自觉自愿行动，全面质量管理才能真正落到实处。

酒店推行全面质量管理，不仅是酒店管理方法的改变，更重要的是管理思维的变革。与传统酒店管理相比，推行全面质量管理的酒店的宗旨和行动具有如下差别。

（1）酒店的管理目标不同：全面质量管理的目标是通过优质服务满足顾客的需求；传统酒店管理的目标长久以来是股东利润最大化。

（2）酒店员工的目标不同：全面质量管理下员工的目标是个人价值在服务中得到自我实现，经济目标和社会目标并存；传统酒店管理下的员工仅追求经济目标，力求个人的收入最大化和付出最小化。

（3）酒店的管理观念不同：全面质量管理下的管理观念认为员工是可信赖的服务专业人才，能够自我表现、自我控制和自愿相互协调；传统酒店管理下认为酒店各方关系的协调是管理层的工作，员工是在管理者的监督、控制下完成工作目标的。

（4）酒店的管理导向不同：全面质量管理下酒店的管理导向是在动态管理中不断创

新和改进，在创新中获得酒店的长期全面发展；传统酒店管理是在静态中实现短期成本最小化和收益最大化。

（5）酒店的信息作用不同：全面质量管理下的各类信息流是开放、创新、改进和横向联系的关键因素；传统酒店管理下信息是封闭的，仅仅是管理层决策的依据。

三、4M 的管理

全面质量管理的一个重要特点是预防性，即将仅靠事后把关变为加强事前预防，变管理结果为管理因素。在生产过程中影响产品质量的主要因素有以下 4 个方面。

（1）人力（manpower）：即工人。

（2）设备（machine）：包括机器和工艺装备等。

（3）材料（material）：包括零件、材料和半成品等。

（4）方法（method）：包括作业方法、条件和环境等。

 拓展阅读

了解什么是"六西格玛法"

σ（西格玛）是希腊文的字母，是用来衡量总数里标准误差的一个统计单位。一般企业的标准误差大约是三到四个西格玛，以四西格玛而言，相当于每一百万个机会里，有 6210 次误差。如果企业不断追求品质改进，达到六西格玛的程度，绩效就几近于完美地达成顾客要求，在一百万个机会里，只找得出 3.4 个误差。

六西格玛（6σ）是在 20 世纪 90 年代中期开始从一种全面质量管理方法演变成一个高度有效的企业流程设计、改善和优化技术，并提供了一系列同等适用于设计、生产和服务的新产品开发工具。继而与全球化、产品服务、电子商务等战略齐头并进，成为全世界上追求管理卓越性的企业最为重要的战略举措。六西格玛逐步发展成以顾客为主体来确定企业战略目标和产品开发设计的标尺，追求持续进步的一种质量管理哲学。

六西格玛法，是获得和保持企业在经营上的成功并将其经营业绩最大化的综合管理体系和发展战略，是使企业获得快速增长的经营方式。

六西格玛法具有以下 3 层含义：

（1）是一种质量尺度和追求的目标，定义方向和界限。

（2）是一套科学的工具和管理方法，运用 DMAIC（改善）或 DFSS（设计）的过程进行流程的设计和改善。

（3）是一种经营管理策略。六西格玛法管理是在提高顾客满意程度的同时，降低经营成本和周期的过程革新方法，它是通过提高组织核心过程的运行质量，进而提升企业盈利能力的管理方式，也是在新经济环境下企业获得竞争力和持续发展能力的经营策略。

六西格玛法的主要原则如下：

（1）真诚关心顾客。六西格玛把顾客放在第一位。例如，在衡量部门或员工绩效时，必须站在顾客的角度思考。先了解顾客的需求是什么，再针对这些需求来设定企业目标，衡量绩效。

（2）资料和事实管理。虽然知识管理渐渐受到重视，但是大多数企业仍然会根据意见和假设来进行决策。六西格玛的首要规则便是厘清，要评定绩效，究竟应该要做哪些衡量，然后再运用资料和分析，了解公司表现距离目标有多大差距。

（3）以流程为重。无论是设计产品还是提升顾客满意程度，六西格玛都把流程当作通往成功的交通工具，是一种提供顾客价值与竞争优势的方法。

（4）主动管理。企业必须时常主动去做那些一般公司常忽略的事情，例如，设定远大的目标，并不断检讨；设定明确的优先事项；强调防范而不是救火；常质疑"为什么要这么做"，而不是常说"我们都是这么做的"。

（5）协力合作无界限。改进公司内部各部门之间、公司和供货商之间、公司和顾客间的合作关系，可以为企业带来巨大的商机。六西格玛强调无界限的合作，让员工了解自己应该如何配合企业大方向，并衡量企业的流程中各部门活动之间有什么关联性。

（6）追求完美。在六西格玛法管理的企业中，员工不断追求一个能够提供较好服务又降低成本的方法。企业持续追求更完美，但也能接受或处理偶发的挫败，从错误中学习。

任务实施

步骤一 收集资料及资料展示。

小组展示所收集到的酒店主要产品及服务质量问题。

步骤二 教师讲解。

教师讲解 TQM 和 PDCA 理论及在酒店服务质量管理中的应用。

步骤三 分组讨论。

（1）组内讨论自己小组所调查到酒店产品及服务质量问题是否由图 1.5.1 中所提出的差距造成的？并就讨论结果进行发言。

（2）小组讨论如何解决各项差距并进行发言。

（3）讨论 4M 管理法在酒店质量管理工作中的运用。

（4）小组商讨如何用 PDCA 及 4M 管理方法来解决酒店目前所存在的主要服务质量问题并形成报告。

步骤四 分组阐述。

各组派代表阐述自己小组提出的服务质量解决方案及执行方法。

步骤五 确定方案。

全班讨论各组所提出的方案并选出最佳方案。

学习考核与评价

一、课内实训

1. 学生按小组调研校企合作酒店目前所存在的主要产品及服务质量问题。
2. 撰写一份质量管理方案来解决所调查的质量问题。

二、课外实训

个人作业：学生根据小组调研校企合作酒店目前所存在的主要产品及服务质量问题，撰写一份质量管理方案来解决这些质量问题。

各小组完成实训任务后，教师根据表 1.5.1 对任务成果进行评估赋分。

表 1.5.1　任务成果评估表

小组编号：　　　　　　　　　　学生姓名/学号：

评分项目	分值	赋分
收集资料及资料展示	10	
质量管理方案	30	
全面质量管理流程	60	
总分	100	

各项打分标准：

1. 各项工作能够按时保质完成的小组，给予各项评分的满分。
2. 各项工作能够按时完成的小组，错误在 1～2 处的给予各项满分的 85% 的分值作为该项赋分。
3. 各项工作能够按时完成的小组，错误在 3 处的给予各项满分的 70% 的分值作为该项赋分。
4. 各项工作能够按时完成的小组，错误在 4～5 处的给予各项满分的 60% 的分值作为该项赋分。

思 考 题

1. 简述全面质量管理（TQM）。
2. 简述 PDCA 循环。
3. 简述 4M 管理。

【项目推荐阅读书目】

1. 张红卫，张娓，2022. 酒店质量管理原理与实务[M]. 北京：北京大学出版社.
2. 江美亮，2016. 酒店精细化管理实战手册[M]. 北京：人民邮电出版社.
3. 詹姆斯·R. 埃文斯，威廉·M. 林赛，2010. 质量管理与质量控制[M]. 7 版. 北京：中国人民大学出版社.

项 目 小 结

　　本项目主要探讨了酒店质量管理的相关理论，如 TQM、PDCA 及 4M 等。通过对本项目的学习，学生能掌握全面质量管理的基本内容，并能将质量管理应用到酒店服务工作中。

项目六 酒店产品的推广销售

项目描述 —•••••

通过学习酒店产品推广销售（以下简称推销）的相关知识，让学生为某五星级酒店推出的圣诞晚餐制订一份详细的推销计划。

项目目标 —•••••

※ **能力目标**

● 能运用合适的推销手段来销售酒店的产品。

※ **知识目标**

● 掌握酒店产品推销的含义。
● 掌握不同的酒店产品推销方法。

※ **素质目标**

● 树立良好的职业形象。
● 具有良好的服务意识，并形成职业化的思维习惯。
● 具有较强的责任心及团队合作意识。
● 养成吃苦耐劳的工作作风。
● 具备善于思考、勇于开拓创新的工作精神。

工作任务 制订推销计划

任务分析

学生自愿组成销售小组，选择一家目标酒店，根据此酒店的餐饮、宴会及客房的具体情况来为其制订一份详细的某产品推销计划，并根据推销计划的内容，模拟推销的全过程。

任务布置

（1）了解酒店产品推销的主要方式及过程。

（2）为某五星级酒店推出的圣诞套餐设计推销计划。

相关知识

一、推销的含义

推销的含义有狭义及广义之分。狭义的推销是指市场营销组合中的人员推销。美国市场营销协会对推销的定义是：推销是指个人或者公司劝说并协助潜在顾客购买商品或服务的过程，或者给予潜在顾客具有在商业上富有建设意义的想法。

广义的推销，则不限于有形商品交换，也不限于人员推销，而是泛指人们在社会生活中，通过一定的形式传递信息，让他人接受自己的意愿和观念或购买商品和服务。

二、推销的方式

（一）直接推销

直接推销是一种最主要、最直接、最有效的推销方式，是指企业派推销人员直接向顾客推销产品和提供服务工作。

（二）间接推销

间接推销包括广告推销、营业推广、公共关系等。

推销计划

三、推销流程

（一）推销前的准备

在开展推销活动前，酒店销售人员必须充分了解和熟悉自己的酒店、酒店主要产品及消费者的消费能力和趋势。

（二）寻找顾客

酒店销售人员以各种方法寻找有可能成为潜在和现实购买者的顾客。

（三）制订推销计划

酒店推销人员在开展推销活动前要制订详细周密的推销计划来确保推销工作的顺利进行。

（四）约见顾客

约见顾客是酒店销售人员征求顾客同意接见洽谈的过程。约见顾客成功是推销成功的一个先决条件。

（五）洽谈沟通

洽谈沟通是酒店销售人员运用各种方式、方法、手段与策略去说服顾客购买酒店产品的过程，也是推销人员向顾客传递信息并解答顾客提出的各项疑问的过程。

（六）达成交易

达成交易是指顾客接受推销人员的建议，做出购买行动的行为。

（七）售后服务

达成交易并不意味着推销过程的结束，售后服务同样是推销工作的一项重要内容。

（八）信息反馈

必须继续保持与顾客的联系，以加强信息的搜集与反馈。

四、推销方格理论

任何一项推销活动必然具备 3 个基本的要素，即推销员、推销对象（顾客）和推销品（产品、服务、技术或思想等），推销员的最终任务是说服顾客购买推销品，达到推销目的。在推销过程中，推销员需要处理两个方面的关系，或者说有两个需要追求的目标，具体如下：

（1）推销员与推销工作的关系。

（2）推销员与顾客的关系。

布莱克与蒙顿教授根据推销员在推销过程中对交易成败及与顾客的沟通重视程度之间的差别，将推销员在推销过程中对待顾客与销售活动的心态划分为以下类型。

（一）事不关己型

此类推销员对推销成功与否及顾客感受的关心程度都是最低的。事不关己型的推销员对本职工作缺乏责任心。究其原因，也许是主观上不愿做推销工作，"当一天和尚撞一天钟"；也许是客观上对工作不满意。

（二）强行推销型

此类推销员认为：既然由我负责这一顾客，我便应施加压力，向其硬性推销，迫使其购买。因此，他们为提高销售业绩，不惜采用多种手段，全然不顾顾客的心理状态和利益。强行推销是产生于第一次世界大战之后美国的一种推销方式，推销员与顾客被形象地比喻为拳击台上的两个选手，推销员要坚决把顾客打倒。强行推销不但损害了顾客的利益，而且损害了企业的市场形象和产品信誉，导致企业的经济利益受损，最终使推销活动和推销员留给顾客极坏的印象，影响了推销行业的发展。在此之后，强行推销被温和推销所代替。企业界和学术界达成共识：对顾客无益的交易也必然有损于推销员。

（三）顾客导向型

持这种心态的推销员认为：我是顾客之友，我想了解他并对其感受和兴趣做出反应，这样他会信任我。这种私人感情可促使他购买我的产品。他们可能是不错的人际关系专家，因为他们始终把与顾客处好关系放在第一位，但并不一定是成熟的推销员。因为在很多情况下，对顾客的百依百顺并不能换来交易的达成。现代推销要求把顾客的利益和需要放在第一位，不是把顾客的感受摆在首位。

（四）推销技术导向型

持这种心态的推销员既关心推销效果，也关心顾客。他们往往有一套行之有效的推销战术，注重揣摩顾客的心理，并善加利用这种心理以促成交易。他们可以凭经验和推销技术诱使顾客购买一些实际上并不需要的东西，因此，他们可能会有极佳的推销业绩，但这类推销员仍然不是理想的推销员。他们首先考虑的是顾客的购买心理，而不是顾客的利益和需要。他们需要进一步学习，以成为一名成功的推销专家。

（五）解决问题导向型

推销员把推销活动看成是满足双方需求的过程，把推销的成功建立在推销员与顾客双方需求的基础上。从现代推销学角度讲，这种推销人员是最理想的推销专家。这种推销的心态是最佳的推销心理态度。世界超级推销大师齐格·齐格勒说："假如你鼓励顾客去买很多的商品只是为了自己可以多赚钱，那你就是一个沿街叫卖的小贩。假如你鼓励顾客购买很多商品是为了顾客的利益，那你就是推销的'行家'，同时你也得益。"事实正是如此。

五、顾客方格理论

顾客在购买活动中也要处理两个方面的关系：一是顾客与购买活动的关系；二是顾客与推销员的关系。

不同的顾客对待推销和商品购买也有着不同的心态。这种心态在推销方格理论中，也可以依据他们对待推销人员和采购商品的重视程度而划分成不同的类型。

下面具体介绍 5 种顾客类型。

（一）漠不关心型

这类顾客既不关心推销人员，也不关心商品购买本身。

（二）"软心肠"型

存在这种心态的顾客不能有效地处理人情与交易两者之间的关系，他们更侧重推销员对他们的态度，只要推销员对他们热情，表示好感，他们便感到盛情难却，即便是一时不需要的商品，也可能购买。

（三）防卫型

他们对所购买的商品非常重视，百般挑剔，但对推销员本身的态度并不重视。

（四）干练型

这类顾客采购商品时，既注重商品本身，又重视推销员的态度和服务。

（五）寻求答案型

这类顾客的特点是注意推销与商品的完美统一，既关心购买，又明确地知道自己的需要；既能和推销员保持良好关系，又能与其进行真诚合作。

六、推销模式

（一）爱达（AIDA）模式

AIDA 是英语 attention（注意）、interest / identify（兴趣 / 认同）、desire（欲望）、action（行动）4 个单词的缩写，代表了推销的 4 个阶段。

1. 引起顾客的注意

（1）保持与顾客的目光接触。
（2）利用"实物"或"证物"向顾客展示。
（3）让顾客参与推销过程。

酒水推销技巧

2. 唤起顾客的兴趣和认同

（1）推销时，要选对顾客。
（2）许多顾客的"需要"必须靠推销员自己发觉。发觉顾客"需要"的最好方法是多向顾客提问题。

3. 激起顾客的购买欲望

推销人员必须从认识、需要、感情等方面入手，根据顾客的习惯、气质、性格等个性特征，采用多种推销方法和技巧，促使顾客相信推销人员和其推销的产品，不断强化并激起顾客的购买欲望。

4. 促成购买

促成购买是指推销人员运用一定的销售技巧来敦促顾客采取购买行动。如何促使顾客采取购买行动呢？可通过以下一些技巧来实现。

（1）采取"假定顾客要买"的说话心态。

（2）问些小问题。例如，"你需要多少？""喜欢何种类型？"等。

（3）在小问题上提出多种可行的办法，让顾客自己做决定。

（4）说一些"紧急情况"。例如，"下周开始价格就涨了""只剩最后一个了"等。

（5）"说故事"。推销人员可以把过去推销成功的事例当作"故事"说给顾客听。

（二）迪伯达模式

迪伯达（DIPADAS）是7个英文单词首字母缩写的译音，该模式包括7个步骤，其要诀在于：先谈顾客的问题，后谈所推销的产品，即推销人员在推销过程中，必须先准确地发现顾客的需要和愿望，然后把这些需要和愿望与自己推销的产品联系起来，具体步骤如下。

（1）定义（definition）：发现顾客的需要和愿望。

（2）结合（identification）：把顾客的需要与推销的产品结合起来。

（3）证实（proof）：证实推销的产品符合顾客的需求。

（4）促使顾客接受（acceptance）所推销的产品。

（5）欲望（desire）：刺激顾客的购买欲望。

（6）决定（action）：促使顾客做出购买与成交的决定。

（7）满意（satisfaction）：让顾客满意。

（三）埃德帕模式

埃德帕（IDEPA）模式是迪伯达模式的简化形式，具体分为以下5个步骤。

（1）结合（identification）：确认顾客需要，把推销的产品与顾客的愿望结合起来。

（2）示范（demonstration）：向顾客示范合适的产品。

（3）淘汰（elimination）：淘汰不适宜的产品。

（4）证实（proof）：向顾客证实其所做的选择是正确的。

（5）接受（acceptance）：促使顾客接受推销的产品，并做出购买决定。

（四）费比模式

费比（FABE）模式将推销活动分为以下4个步骤。

（1）特征（feature）：推销人员在见到顾客后，要以准确的语言向顾客介绍产品特征。

（2）优点（advantage）：推销人员把产品的优点充分地介绍给顾客。

（3）利益（benefit）：是费比模式最重要的步骤，即推销人员应在了解顾客需求的基础上，尽量多地把产品能带给顾客的利益列举出来。

（4）证据（evidence）：推销人员应以真实的数字、案例、实物等证据，解决顾客的各种异议与顾虑，让证据说话，促成顾客购买。

七、部门推销计划的制订

制订部门推销计划，具体步骤如下。

（一）销售现状分析

销售现状分析包括企业环境分析、企业能力分析和业绩分析等。

构成企业环境的因素很多，它可由主体环境因素、一般环境因素和地域环境因素等构成。部门在进行企业环境分析的基础上，应认真做好能力分析，预知企业和部门的现有能力对将来环境的适应程度，明确企业的优势和劣势，做到"知己知彼"，从而使企业的发展战略和推销计划建立在切实可行的基础上。企业能力分析是制订推销计划的重要前提之一。

（二）确定推销目标

部门的推销目标包括直接目标和间接目标两部分。

1. 直接目标

直接目标是部门在一定时期内，通过推销活动必须完成的重要任务及必须努力的方向。例如，销售产品，获得利润；开拓新市场，提高市场占有率。

2. 间接目标

间接目标是对实现直接目标起推动作用的目标。例如，提高企业信誉；宣传介绍产品；搜集、反馈市场信息。

（三）分配推销任务

首先，根据整个推销人员的特点分配推销区域、推销产品和工作岗位。

其次，根据整个业界的预测值，进行本部门的销售预测。

再者，根据各部门主管以及第一线负责人所提供的销售额进行判断，再确定下一年度的销售收入目标额。

最后，再进一步分配每一位销售人员的销售定额，以便迅速、顺利地完成销售收入目标。

（四）综合编制推销计划

根据部门所确定的计划目标和所拟订的各种计划方案，应和其他综合计划部门进行购、销、调、存、人、财、物等方面的全面综合平衡，编制正式的推销计划，并参考"销售收入目标额，销售分配、销售费用估计额"，编制销售预算。

（五）执行并检测计划

计划制订完后，要严格按照计划执行。在计划执行期间，需要定期跟踪和检测计划的执行效果，及时发现问题并采取相应的纠正措施。

八、个人推销计划的制订

制订个人推销计划，具体步骤如下。

（一）对潜在客户进行背景调查

这里所说的背景调查，是指为制订访问计划而针对某一特定对象所做的相关调查。

1. 个人购买者的背景调查

个人购买者的背景调查，一般从以下几方面着手。
（1）个人特征。
（2）家庭及其成员情况。
（3）需求内容、购买的主要动机、需求详细内容和需求特点、需求的排列顺序、可能支付的购买能力、购买决策权限、购买行为规律等。

2. 团体购买者的背景调查

团体购买者的背景调查，一般从以下几方面着手。
（1）一般情况。
（2）生产经营情况。
（3）组织情况。
（4）经营及财务情况。
（5）购买行为情况。
（6）关键部门与关键人物情况。

3. 老客户的背景调查

对于老客户的背景调查，除了核查其基本情况外，主要关注以下内容的变化。
（1）基本情况的及时补充。
（2）留意重要情况的变化，如客户的业务重心转移、市场份额变化等。

（二）确定推销活动的具体目标

确定访问目标的出发点是能使顾客做什么，而不是推销员将要做什么。制订推销活动的具体目标时，一方面要考虑企业的需要，另一方面也要考虑顾客的需要。

（三）制订现场作业计划

制订现场作业计划是推销访问计划的实质性内容，它对实际推销访问中的诸多细节性问题，提出具有可操作性的步骤与方法。

（1）规划推销要点：推销要点也称推销访问要点，是指在推销访问过程中用来激发顾客购买欲望的，或必须向顾客说明的产品特点和交易条件。

（2）估计顾客可能提出的问题：事先估计访问过程中顾客可能提出的具体问题，并准备解决这些问题的方法，这是现场作业计划中既重要又复杂的内容。

（3）制订推销策略和技巧：针对特定潜在顾客和推销访问目标，制订访问策略和技巧，有助于克服访问过程中的困难。

（四）推销计划的实施

对于推销人员而言，推销计划的实施有时比制订推销计划还重要。在具体执行计划的过程中，不能一成不变，要根据情况的变化，及时对计划进行调整。

 拓展阅读

酒店金牌销售话术

作为酒店获得利润最为关键的一环，酒店销售人员的说话方式至关重要。下文将介绍较受欢迎的 35 种得体说话方式，不仅适用于酒店销售，也适用于很多服务岗位的员工。

1. 拒绝但不失礼

当客人提出某项超过服务范畴的要求时，最好不要直接拒绝，而是先了解客人的真正的需求，并结合客人的需求点，及时提出替代性的解决方案，让对方感受到你是真心帮他解决问题。

2. 不要表现出自己更厉害

例如，在社交场合交谈时，如果对方说他刚刚去了纽约一星期，就不要说上次你去了一个月，这样会破坏对方谈话的兴致。相反，不如顺着对方的话题，分享你对纽约的感觉和喜爱。

3. 不要纠正别人的错误

不要过于挑剔去纠正别人的发音、语法或事实，这么做不仅会让对方觉得不好意思，同时也显得你很爱表现。

4. 切忌不懂装懂

在交谈过程中，如果你对谈话的主题不太了解，就坦白地说："这问题我不清楚。"

相信客人也不会故意继续为难你。如果不懂还要装懂，更容易说错话。

5. 掌握 1 秒钟原则

听完客人的倾诉时，在开口之前，先停顿 1 秒钟，代表你刚刚在仔细聆听，若是随即回话，会让人感觉你好像早就等着随时打断对方。

6. "听"到客人没有说出口的言外之意

当你在倾听客人说话时，听到的只是对方想让你知道并且愿意告诉你的。除了倾听这些，作为销售的我们还必须观察以获得一些言外之意。例如，他的行为举止如何，从事什么工作，以及如何分配时间与金钱等。

7. 选择合理时机

当你有事要找同事或主管讨论时，应该根据问题的重要程度，选择合适的时机。假若是因为一些私人琐事，最好不要在他正埋头思考时打扰。如果不知道对方何时有空，不妨先发信息或打电话预约一下。

8. 微笑拒绝回答私人问题

如果被客人问到不想回答的私人问题或让你不舒服的问题时，比如薪资问题，可以微笑地跟对方说："我们这里的工资是底薪+提成，只有入住的客人多了，生意好了的情况下，我们的收入才能逐渐提高，因此希望您可以经常来关照我们，我们也将不断地为您提供优质的服务。"这样回复既不会给对方难堪，又能委婉拒绝回答。

9. 委婉回绝敬酒

在许多社交场合，喝酒总是无法避免的。如果你不想喝酒，不要直接说："我不喝酒。"这么直接拒绝会扫大家的兴，不如幽默地委婉回绝："我比较擅长为大家倒酒。"

10. 记得先"自报家门"

在正式场合，记得先向对方介绍自己并递上名片，对方也会顺势介绍自己并递上名片，这么做就免除了叫不出对方姓名的窘境。

11. 赞美行为而非个人

举例来说，如果对方是厨师，千万不要说：你真是个了不起的厨师。他心里知道会有厨师比他还优秀。但如果你告诉他，你一个星期有一半的时间会到他所在的餐厅吃饭，这就是非常高明的恭维。

12. 透过第三方表达赞美

如果对方是经由他人间接听到你的称赞，比你直接称赞他本人更多了一份惊喜。相反地，如果是批评对方，千万不要通过第三方告诉当事人，以免被添油加醋。

13. 客气但不失礼

客气话是表示你的恭敬和感激，要适可而止。

有人替你做了一点小事，你只要说"谢谢"或是"对不起，这件事麻烦您了"，至于"才疏学浅，请您多多指教"这种缺乏感情的客套话要尽量避免。

14. 坦率接受称赞并表示感谢

被称赞时，大多数人会回答还好，或是以笑容带过。与其这样，不如坦率接受称赞并直接跟对方说谢谢。

15. 有欣赏竞争对手的格局

当你的竞争对手或讨厌的人被别人称赞时，不要急着去辩解，就算你不认同对方，顺势加以欣赏对手："是啊，他很努力。"以此显示自己的格局。

16. 批评要顾及关系

忠言未必逆耳，即便你是好意，对方也未必会领情，甚至会误解你的好意。除非你与对方有一定的感情或信任基础，否则不要随意提出批评。

17. 掌握建议的说法

比较容易让人接受的说法是："关于你的……我有些想法，或许您可以听听看。"

18. 把握批评的时间点

提出批评最好不要在星期一早上，也不要在星期五下班前。这是考虑了大家周一的状态，也要避免破坏对方周末休假的心情。

19. 批评要注意场合

不要当着外人的面批评自己的朋友或同事，这些话私底下说比较好。

20. 提供建议要全面

提出批评之外，还应该提供全面的改进建议，才可以让你的批评更有说服力。

21. 避免不得当的回答

像"不对吧，应该是……"这种用语会显得像是在故意找碴。另外，"听说……"也如同是你道听途说而得来的消息，也会有失得体。

22. 别回答"果然没错"

"果然没错"是一种很糟的说法，当对方听到这种响应时，心中难免会想："你是不是明知故问啊？"比较得体的附和应该是回答"是的"即可。

23. 改掉一些口头禅

每个人说话会有习惯的一些口头禅，有些会很容易让人产生反感。例如："你懂我的意思吗？""你清楚吗？""基本上……""老实说……"等。

24. 戒掉不必要的语气词

有些人每一句话后会习惯加上一些语气助词，如"就是说啊""当然啦"等，在比较正式的场合，这些用语就会显得不够庄重稳重。

25. 别向不熟的人问为什么

如果彼此了解不够，当问对方为什么时会有责问、探人隐私的意味。例如，你为什么那样做、你为什么做这个决定，这些问题要尽量避免。

26. 保持谦卑

碰到曾经见过面但认识不深的人时，绝不要说："你还记得我吗？"万一对方想不起来，就显得尴尬了。最好的方法还是先自我介绍："你好，我是×××，真高兴又见面了。"

27. 不当"八卦传声筒"

当一群人聊起某人的"八卦"或传言时，不要随便应声附和。最好的方法就是不表明自己的立场，只要说："你说的我不太清楚。"

28. 礼貌主动结束对话

如果你觉得时间差不多该结束谈话或送客，但对方似乎没有要起身离开的意思时，可以说："不好意思，我有个紧急电话，时间可能有点久……"，或是"今天真的很谢谢你能来……"。你也可以不经意地看自己的手表，会意对方该走了。

29. 让对方感到他很重要

如果向前辈请求帮忙，可以说："因为我很信任你，所以想找你商量……"让对方感到自己备受尊敬。

30. 直指问题，理性表述

当别人与你的意见有分歧时，不要直接批评，而要说明不同点在哪儿。

31. 寻求解决办法

如果下属绩效不佳，应该要询问他如何解决的办法，不要用言语威胁。

32. 主动帮衬

如果一时之间无法解决下属的问题，不要推脱说"这种事先不要来烦我"，而是主动找他，告诉他"我知道有谁可以帮忙"。

33. 保持平等感

上司切忌说"我有十几年的经验，听我的就对了。"恰当的说法是："这一方法我用过，而且很有效，你要不要试试看？"

34. 弹性接纳下属意见

即使你心有定见，也不要对下属说："这些建议我都考虑过了，不必再多说。"还是应该给下属发表自己看法的机会，对他说："关于这个问题，我已有了方案，不过仍想听听你们的看法。"

35. 保持风趣幽默

没有人会拒绝一段幽默风趣的介绍：哪怕客人起初对酒店产品不感兴趣，但是如果销售人员能用语言吸引打动客人，会大大提升酒店产品的交易成功率。

卡耐基曾经说过，一个人的成功，约有15%取决于知识和技能，85%取决于沟通。的确，善于沟通的人，往往令人尊敬、受人爱戴、得人拥护。

 任务实施

步骤一 收集资料及资料展示。
每组同学就本组所调查的酒店所采用的主要推销手段进行讲解。

步骤二 教师讲解。
教师讲解酒店推销的含义、策略及推销的流程。

步骤三 分组讨论并发言。
（1）学生分组讨论酒店餐饮的最佳推销策略，并进行发言。
（2）学生分组讨论针对不同类型顾客的最佳销售策略，并进行发言。
（3）学生分组讨论针对不同类型推销人员的最佳管理方式，并进行发言。

步骤四 制订计划。
分组为某五星级酒店所推出的家庭圣诞晚宴制作一份详细的部门推销计划及个人的推销计划。

步骤五：分组展示。

各组派代表阐述自己小组所制订的推销计划。

学习考核与评价

一、课内实训

1．学生按小组调查一家酒店产品推销的方式及过程。

2．针对酒店推出的某主题晚宴设计一份推销计划。

二、课外实训

个人作业：学生分组为某五星级酒店所推出的家庭圣诞晚宴制作一份详细的部门推销计划及个人的推销计划。

各小组完成实训任务后，教师根据表 1.6.1 对任务成果进行评估赋分。

表 1.6.1　任务成果评估表

小组编号：　　　　　　　　学生姓名/学号：

评分项目	分值	赋分
收集资料及资料展示	10	
制订推销计划	30	
模拟推销流程	60	
总分	100	

各项打分标准：

1．各项工作能够按时保质完成的小组，给予各项评分的满分。

2．各项工作能够按时完成的小组，错误在 1～2 处的给予各项满分的 85%的分值作为该项赋分。

3．各项工作能够按时完成的小组，错误在 3 处的给予各项满分的 70%的分值作为该项赋分。

4．各项工作能够按时完成的小组，错误在 4～5 处的给予各项满分的 60%的分值作为该项赋分。

思考题

1．推销的方式有哪些？

2．简述推销的三要素。

3．如何制订推销计划？

【项目推荐阅读书目】

1．李红梅，2022．现代推销实务[M]．6版．北京：电子工业出版社．
2．黄金火，陈新武，2018．现代推销技术[M]．4版．北京：高等教育出版社．
3．胡善珍，2020．现代推销：理论、实务、案例、实训[M]．3版．北京：高等教育出版社．

项 目 小 结

本项目主要探讨了推销的含义、方式和流程，推销方格理论和顾客方格理论，推销模式，以及如何制订部门推销计划和个人推销计划。

项目七　酒店产品价格制订

■ 项目描述 ─●•••••

　　学生通过对酒店产品价格制订原理及策略的学习后，分小组对学校合作酒店的客房及餐饮会议价格的制订方式及合理性进行调研分析并完成调研报告。

■ 项目目标 ─●•••••

　※　**能力目标**

　　　● 　能制订客房价格。
　　　● 　能制订餐饮价格。
　　　● 　会对团队、会议订单进行报价。

　※　**知识目标**

　　　● 　掌握酒店价格制订的原理。
　　　● 　掌握不同酒店产品价格制订的方法策略。

　※　**素质目标**

　　　● 　树立良好的职业形象。
　　　● 　具有良好的服务意识并形成职业化的思维习惯。
　　　● 　具有较强的责任心及团队合作意识。
　　　● 　养成吃苦耐劳的工作作风。
　　　● 　具备善于思考、勇于开拓创新的工作精神。

工作任务　合理制订酒店产品价格

任务分析

　　学生分组调查酒店业目前有哪些主流的定价方式，并结合定价原理对学校合作酒店的定价方式进行评估。

任务布置

（1）分组进入目标酒店调查各项产品的价格。

（2）用价格制订原理来分析所调查酒店各项产品定价的方法、策略及合理性，并以报告的形式上交分析结果。

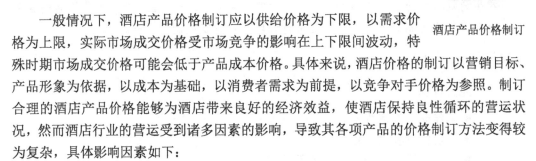

相关知识

酒店产品价格制订

一、酒店产品价格制订的原理

一般情况下，酒店产品价格制订应以供给价格为下限，以需求价格为上限，实际市场成交价格受市场竞争的影响在上下限间波动，特殊时期市场成交价格可能会低于产品成本价格。具体来说，酒店价格的制订以营销目标、产品形象为依据，以成本为基础，以消费者需求为前提，以竞争对手价格为参照。制订合理的酒店产品价格能够为酒店带来良好的经济效益，使酒店保持良性循环的营运状况，然而酒店行业的营运受到诸多因素的影响，导致其各项产品的价格制订方法变得较为复杂，具体影响因素如下：

（1）企业自身因素——成本、营销目标、营销组合因素。

（2）市场环境因素——目标消费者收入及心理变化、市场供求、产品需求弹性、市场竞争。

（3）社会经济因素——经济景气指数、社会购买力水平、社会货币发行量、股票价格指数和利率。

（4）法律和政策因素——价格法、反不正当竞争法、消费者权益保护法等。

二、酒店产品定价的步骤

制订酒店的价格政策是由销售部提出预期方案开始的。具体步骤主要包括确定定价目标、估算成本、测定需求、分析竞争、选定方法、确定最终价格等，如图 1.7.1 所示。

销售部的方案成型后，报酒店管理层进行专题讨论，分析研究方案中预期价格体系和价格政策的可行性，提出意见和建议，经整改后由总经理批准形成酒店价格政策执行方案，然后下发到各业务部门执行。

三、酒店产品销售定价的方法

（一）成本导向定价法

成本导向定价法是指以产品的成本为中心，制订对企业最有利的价格的一种定价方法，其具体的方法分为以下几类。

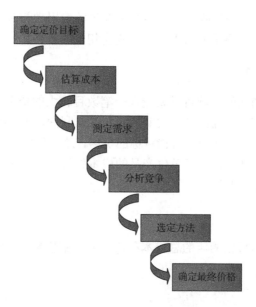

图 1.7.1　酒店产品定价步骤

1. 成本加成定价法

成本加成定价法是最简单的一种定价方法，即在产品单位成本的基础上，加上预期利润作为产品的销售价格。售价与成本之间的差额就是利润。由于利润的多少是有一定比例的，这种比例就是人们俗称的"几成"，因此这种方法就称为成本加成定价法。

采用这种定价方式，需要注意以下两点：一要准确核算成本；二要确定恰当的利润百分比（即加成率）。依据核算成本的标准不同，成本加成定价法可分为两种：平均成本加成定价法和边际成本加成定价法。

（1）平均成本加成定价法：平均成本是指酒店在生产经营一单位产品时所花费的固定成本和变动成本之和，在单位产品平均成本的基础上加上一定比例的单位利润，就是单位产品的价格，用公式表示为

单位产品价格=单位产品成本+单位产品预期利润

（2）边际成本加成定价法：也称为边际贡献定价法，即在定价时只计算变动成本，而不计算固定成本，在变动成本的基础上加上预期的边际贡献，用公式表示为

单位产品价格=单位产品变动成本+单位产品边际贡献

成本加成定价法的优点是计算简便，特别是在市场环境基本稳定的情况下，可以保证酒店获得正常利润；缺点是只考虑了产品本身的成本和预期利润，而忽视了市场需求和竞争等因素，因此，无论在短期或长期都不能使企业获得最佳利润。

2. 盈亏平衡定价法

盈亏平衡定价法即根据盈亏平衡点原理进行定价。盈亏平衡点又称保本点，是指在

一定价格水平下，酒店的销售收入刚好与同期发生的费用额相等，收支相抵、不盈不亏时的销售量，或在一定销售量的前提下，使收支相抵的价格。

3. 投资回收定价法

酒店开发产品和增加服务项目时要投入一笔数目较大的资金，且在投资决策时总有一个预期的投资回收期，为确保投资按期收回并赚取利润，酒店要根据产品成本和预期的产品数量，确定一个能实现市场营销目标的价格，这个价格不仅包括在投资回收期内单位产品应摊销的投资额，也包括单位产品的成本费用。利用投资回收定价法，必须注意产品销量和服务设施的利用率。

4. 目标效益定价法

目标效益定价法是根据酒店的总成本和估计的总销售量，确定一个目标收益率，作为定价的标准。

5. 千分之一法

千分之一法也称千分之一法则或千分之一经验公式，是根据有关工程或设备造价的千分之一对产品或服务进行定价。酒店行业经常根据客房造价来确定房间出租价格，即将每间客房的出租价格确定为客房平均造价的千分之一。

（二）需求导向定价法

需求导向定价法是指企业在定价时不再以成本为基础，而是以消费者对产品价值的理解和需求强度为依据，确定自己产品的价格，具体分为以下两种方法。

1. 理解价值定价法

理解价值定价法也称觉察价值定价法，是以消费者对商品价值的感受及理解程度作为定价的基本依据。把买方的价值判断与卖方的成本费用相比较，定价时更应侧重考虑前者。因为消费者购买商品时总会在同类商品之间进行比较，选购那些既能满足其消费需要，又符合其支付标准的商品。消费者对商品价值的理解不同，会形成不同的价格限度，这个限度就是消费者宁愿付货款而不愿失去这次购买机会的价格。如果商品价格刚好定在这一限度内，消费者就会顺利购买。

为了加深消费者对商品价值的理解程度，从而提高其愿意支付的价格限度，商品定价时首先要做好商品的市场定位，拉开本企业商品与市场上同类商品的差异，突出商品的特征，并综合运用这种营销手段，加深消费者对商品的印象，使消费者感到购买这些商品能获得更多的相对利益，从而提高消费者接受该商品价格的限度，企业则据此提出一个可销价格，进而估算在此价格水平下商品的销量、成本及盈利状况，最后确定实际价格。

2. 需求差异定价法

需求差异定价法是以不同时间、地点、商品及不同消费者的消费需求强度差异为定价的基本依据，针对每种差异决定其在基础价格上是加价还是减价的一种定价方法，主要有以下几种形式。

（1）因地点而异。如国内机场的商店、餐厅向乘客提供的商品价格普遍要远高于市内的商店和餐厅。

（2）因时间而异。例如，五一、国庆、春节这 3 个购物黄金假期，商品价格较平时会有一些增长。

（3）因商品而异。例如，在 2008 年奥运会举行期间，标有奥运会会徽或吉祥物的服饰及其周边商品的价格，会比其他同类商品的价格要高。

（4）因消费者而异。因职业、阶层、年龄等原因，消费者有没有对商品的需求，企业在定价时应给予相应的优惠或适当提高价格，可获得良好的促销效果。

实行需求差异定价要具备以下条件：市场能够根据需求强度的不同进行细分；细分后的市场在一定时期内相对独立，互不干扰；高价市场中不能有低价竞争者；价格差异适度，不会引起消费者的反感。

（三）竞争导向定价法

竞争导向定价法是指企业通过研究竞争对手的商品价格、生产条件、服务状况等，以竞争对手的同类商品价格为基本依据，并随竞争状况的变化而确定和调整价格水平，主要分为通行价格定价法、主动竞争定价法、密封投标定价法等。

1. 通行价格定价法

通行价格定价法是竞争导向定价法中较为流行的一种。定价是使企业商品的价格与竞争者商品的平均价格保持一致。这种定价法的目的如下：

（1）平均价格水平在人们观念中常被认为是合理价格，易为消费者接受。

（2）试图与竞争者和平相处，避免激烈竞争产生的风险。

（3）一般能为企业带来合理、适度的盈利。

这种定价适用于竞争激烈的均质商品，如大米、面粉、食油以及某些日常用品的价格确定，在完全寡头垄断竞争条件下也很普遍。

2. 主动竞争定价法

与通行价格定价法相反，主动竞争定价法不是追随竞争者的价格，而是根据企业商品的实际情况及与竞争对手的商品差异状况来确定价格，一般为富于进取心的企业所采用。定价时，首先将市场上竞争商品价格与企业估算价格进行比较，分为高、一致及低三个价格层次。其次，将企业商品的性能、质量、成本、式样、产量等与竞争对手进行比较，分析造成价格差异的原因。再次，根据以上综合指标确定企业商品的特色、优势及市场定位，在此基础上，按定价所要达到的目标，确定商品价格。最后，跟踪竞争商品的价格变化，及时分析原因，相应调整企业商品价格。

3. 密封投标定价法

密封投标定价法主要用于投标交易方式。投标价格是企业根据对竞争者的报价估计确定的，而不是按企业自己的成本费用或市场需求来确定的。企业参加投标的目的是希望中标，所以它的报价应低于竞争对手的报价。一般而言，报价高、利润大，但中标概率相对降低，如果因价高而导致未中标，则利润为零；反之，报价低，虽中标概率大，但利润低，其机会成本可能大于其他投资方向。因此，报价时，既要考虑实现企业目标利润，也要结合竞争状况考虑中标概率。最佳报价应是使预期利润达到最高水平的价格，此处，预期利润是指企业目标利润与中标概率的乘积，显然，最佳报价即为目标利润与中标概率两者之间的最佳组合。

运用这种方法，最大的困难在于估计中标概率。这涉及对竞争者投标情况的掌握，只能通过市场调查及对过去投标资料的分析大致预估。

四、酒店产品定价策略

（一）新产品定价策略

新产品定价是企业定价的一个重要方面。新产品定价合理与否，不仅关系到新产品能否顺利进入市场、占领市场、取得较好的经济效益，而且关系到产品本身的命运和企业的发展。新产品定价可采用取脂定价策略、渗透定价策略和满意定价策略，如表1.7.1所示。

表1.7.1　新产品定价策略

策略名称	内容	优缺点
取脂定价策略	以高价投放新产品，力求在短时间内收回全部成本，并获取盈利。适用于无类似替代品、需求弹性小、生命周期短的产品	易于酒店实现预期利润，掌握市场竞争及新产品开发的主动权；树立高档名牌产品形象；便于价格调整。但高价影响销路扩大，且易诱发竞争
渗透定价策略	以低价投放新产品，吸引顾客，扩大销售，实现盈利。对需求弹性大、市场生命周期长、潜在市场容量大的产品适宜该策略	有利于迅速打开销路；树立酒店形象；阻止竞争者进入。但投资回收期长，在竞争中价格变动余地小
满意（温和、君子）定价策略	介于取脂定价和渗透定价之间的一种中间价格。大多数产品适宜采用该策略	价格稳定，利润平稳，一般能使酒店收回成本和取得适当盈利。但比较保守，有可能失去获得盈利的机会

（二）折扣和让价策略

折扣定价与让价策略是指企业为了吸引消费者，扩大企业产品的销售，或为了加强与中间商的合作，在既定产品价格等因素的基础上，对消费者或中间商实行的折扣和让价的策略。

在酒店企业中折扣和让价方式主要有现金折扣、数量折扣、功能折扣、季节折扣、折让，具体内容如表 1.7.2 所示。

表 1.7.2 折扣和让价策略

策略名称	内容	目的
现金折扣	即对按约定日期付款或提前付款的顾客给予一定的价格折扣	鼓励顾客提前支付货款，减少呆账风险
数量折扣	根据顾客购买数量的多少给予一定的价格折扣，分为累计和非累计数量折扣两种	鼓励顾客经常购买酒店的服务及产品，建立一种长期的购买合作关系，获得规模经济效益
功能折扣	依据各类中间商在市场营销中担负的功能不同，给予不同的价格折扣	鼓励中间商充分发挥自己的功能，调动其积极性
季节折扣	对在淡季购买季节性强的商品的顾客给予一定的价格折扣	鼓励顾客淡季购买商品，以减少酒店销售压力，实现均衡生产和上市
折让	折扣的另一种形式。主要有以旧换新折让和促销折让	鼓励中间商宣传产品，鼓励消费者购买本酒店产品

（三）心理定价策略

心理定价策略是指企业运用心理学原理，根据不同类型消费者在购买产品时的心理进行定价，诱导购买。酒店企业主要采用的心理定价策略有尾数定价法、整数定价法、如意定价法、声望定价法等，具体内容如表 1.7.3 所示。

表 1.7.3 心理定价策略

策略名称	内容	目的
尾数定价法	尾数定价，也称零头定价或缺额定价，即给产品定一个零头数结尾的非整数价格。大多数消费者在购买产品时，尤其是购买一般的日用消费品时，乐于接受尾数价格，如 0.99 元、9.98 元等	定价计算准确，给人以真实感，用以满足消费者求实的心理
整数定价法	整数定价与尾数定价正好相反，企业有意将产品价格定为整数，以显示产品具有一定质量。例如，一些高档耐用的商品在被企业定价时就采用整数定价法	消费者用价格高低来判断商品质量的优劣，从而形成高价高质的感觉
如意定价法	利用人们追求吉祥如意的心理，在定价时，采用一些吉祥的数字来定价格，如 68 元、188 元、999 元	满足人们在价格方面追求吉祥如意的心理需求
声望定价法	利用消费者仰慕品牌和"价高质必优"的心理，对在消费者心目中享有一定声望的产品定较高的价格	满足消费者的求名心理

🌲 任务实施

步骤一 收集资料及资料展示。

小组之间相互交流所拿到的酒店各种产品及服务的价目表。

步骤二 教师讲解。

教师举例讲解酒店产品定价的原则、方法及策略。

步骤三 分组讨论。

组内讨论自己小组所调查的酒店在价格制订方面所采用的方法及策略，分析其定价是否合理，着重分析其不合理的地方，并形成一份 2000 字左右的调研报告。

步骤四 分组展示。

各组依次把所撰写的调研报告用 PPT 形式进行展示。

步骤五 分组确定定价方案。

（1）在各组 PPT 展示的基础上，全班讨论哪个或哪几个酒店在价格制订方面存在的问题最突出。

（2）在班级讨论的基础上，各组为价格制订方面存在问题最突出的酒店作出新的定价方案。

（3）各组派代表阐述自己小组提出的定价方法和策略。

步骤六 全班筛选最优定价方案。

全班讨论各组所提出的定价方法和策略，选出最优秀的方案形成报告，连同该酒店价格制订过程中所出现的问题分析报告一并交给酒店营销部总监。

学习考核与评价

一、课内实训

1．学生按小组调查各酒店产品的价格。

2．根据价格制订原理及方法设计一份价格制订方案。

二、课外实训

个人作业：分组调研相关酒店各种产品及服务的价格表，并为××酒店设计酒店产品的定价方案。

各小组完成实训任务后，教师根据表 1.7.4 对任务成果进行评估赋分。

表 1.7.4　任务成果评估表

小组编号：　　　　　　　　学生姓名/学号：

评分项目	分值	赋分
收集资料及资料展示	10	
调研报告	30	
各组制订的定价方法和策略	50	
学习态度、完成效率及整体质量	10	
总分	100	

各项打分标准：

1．各项工作能够按时保质完成的小组，给予各项评分的满分。

2．各项工作能够按时完成的小组，错误在 1～2 处的给予各项满分的 85%的分值作为该项赋分。

3．各项工作能够按时完成的小组，错误在 3 处的给予各项满分的 70%的分值作为该项赋分。

4．各项工作能够按时完成的小组，错误在 4～5 处的给予各项满分的 60%的分值作为该项赋分。

分析价格战的优缺点。

【项目推荐阅读书目】

1．刘晓琳，孙赫，2020．酒店市场营销[M]．2 版．北京：中国旅游出版社．
2．赵伟丽，2020．酒店市场营销[M]．3 版．北京：北京大学出版社．
3．颜文华，2023．旅游市场营销（课程思政版）[M]．武汉：华中科技大学出版社．

项 目 小 结

本项目主要探讨了酒店产品价格制订的原理、步骤和方法，以及常见的酒店产品定价策略。

模块二　酒店前厅服务与管理

▌项目描述 ┅•••••

前厅部新员工通过本部门培训，熟知酒店前厅部的所辖部门、职能、工作性质和各部门分管的任务、岗位设置和职责等。

▌项目目标 ┅•••••

- ※ **能力目标**

  - 能够迅速熟练地按要求做好岗前准备工作。
  - 能够熟练地完成酒店前厅部的主要工作任务。

- ※ **知识目标**

  - 掌握酒店前厅部的业务特点。
  - 熟知酒店前厅部的主要工作任务、组织机构、岗位设置及职责。
  - 掌握酒店前厅部员工基本素质要求，以及应具备的仪容仪表。
  - 掌握酒店前厅的环境要求。

- ※ **素质目标**

  - 具备良好的酒店服务意识。
  - 对酒店前厅部工作能够很好地认知，有一定的了解。
  - 具有良好的语言表达能力，讲好普通话，掌握一门以上外语。
  - 具有良好的沟通协调能力和自学能力。

工作任务 前厅部认知

任务分析

教师扮演酒店前厅部经理，全班推选 2 名同学扮演酒店前厅部面试员，其余同学自愿报名竞聘自己喜爱的前厅部岗位，形成每个岗位有 4～8 名竞聘人员，并形成一个面试小组，要求每名同学制作简历、整理仪容仪表，进行岗位面试。最后通过教师评价、学生互评和学生自评打分得出总分后，每组的最高分为优胜者，即竞聘该岗位成功。

竞聘岗位主要有前台接待员、礼宾部行李员和总机接待员。

🌱 任务布置

（1）组织学生到市内酒店实地考察，了解酒店前厅部的组织机构、岗位设置、主要工作任务及职责。

（2）通过模拟招聘，掌握酒店前厅部对员工的基本要求。

💡 相关知识

一、前厅部的所辖部门

酒店前厅部主要包含以下部门：

（1）前台（reception）。

（2）礼宾部（concierge）。

（3）总机（operator）。

（4）行政楼层（executive floor）。

（5）商务中心（business center）。

带你了解前厅部

二、前厅部的组织机构

酒店前厅部的组织结构一般为矩阵式组织结构，具体如图 2.1.1 所示。

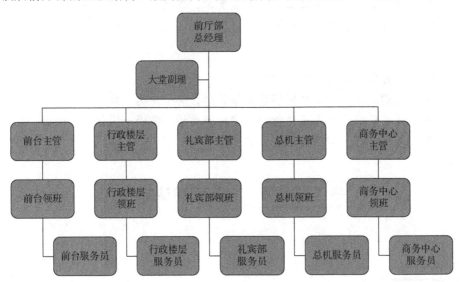

图 2.1.1　酒店前厅部矩阵式组织结构图

三、前厅部各部门的工作任务

（1）前台：接待、问讯、收银、预订、兑换外币等。

（2）礼宾部：物品寄存、预订高尔夫、代客订车、接机、代客提行李、接收报纸、接收信件、查询天气、租借雨伞、问讯等。

（3）总机：转机服务、叫早服务、留言服务、回复问询及查询服务等。

（4）行政楼层：免洗衣服一套、免费擦鞋服务、免费挑选枕头、退房时间延迟到下午2时、免费试用会议室1小时、快速开房、退房等。

（5）商务中心：收发邮件、维修计算机、查杀计算机病毒、打印、印制名片、印制条幅、传真、上网、租借U盘等。

四、前厅部人员应具备的基本素质

（一）业务熟练

能够高质量地完成工作，熟练掌握业务知识，熟练操作计算机，并对酒店整体情况有清楚的了解，以便随时回答客人的问题，提高工作效率和工作质量。

（二）语言能力

语言是表达思想、沟通感情、交流信息的重要方式，作为前厅部员工应具备良好的语言能力，了解客人的需求，表达酒店服务的诚意，使客人有宾至如归的感觉。前厅部员工应至少掌握一门外语。

（三）协调能力

因为前台经常与其他部门打交道，所以前厅部员工必须学会正确协调部门间的工作关系，不能遇事就向上级汇报。只有具备良好的协调能力，才能有效及时地解决好对客服务中的各种问题。

（四）沟通能力

员工在工作中需要与客人经常进行沟通，沟通质量高，才能减少问题的发生，提高顾客满意度。

（五）理解能力

酒店接待的宾客千差万别，因此，要求员工能够准确理解每一个客人的需求，并能够帮助客人解决问题。

（六）把握自己

前厅部员工在工作中必须时刻意识到自己的工作角色，遇到问题时，尤其是遇到客人不冷静时，更要很好地把握自己，不要冲动，不能与客人发生冲突；在自己心情不好时，能够调整自己，不要将个人情绪带到工作中，更不允许把自己的不满情绪发泄到客人身上。

（七）永远保持充沛的精力

前厅部是整个酒店服务的第一站，也是酒店服务的窗口，因此，前厅部员工在工作中要永远保持充沛的精力和热情的形象，这对客人、对服务质量的评价是至关重要的。

（八）保持微笑

真正的微笑应发自内心，渗透着自己的情感，表里如一、毫无包装的微笑才有感染力，才能被视作"参与社交的通行证"。在人际交往中，保持微笑，至少有以下几个方面的作用。

（1）表现心境良好。面露平和、欢愉的微笑，说明心情愉快、充实满足、乐观向上、善待人生，这样的人才会产生吸引别人的魅力。

（2）表现充满自信。面带微笑，表明对自己的能力有充分的信心，以不卑不亢的态度与人交往，使人产生信任感，容易被别人真正接受。

（3）表现真诚友善。微笑反映自己心胸坦荡，善良友好，待人真心实意，而非虚情假意，使人在与其交往中自然放松，不知不觉地缩短了与他人的心理距离。

（4）表现乐业敬业。在工作岗位上保持微笑，说明热爱本职工作，乐于恪尽职守。在服务岗位上，微笑更是可以营造一种和谐融洽的气氛，让服务对象倍感愉快和温暖。

五、前厅布局设计原则

（一）酒店前厅的布局设计要合理

要利用建筑或装饰材料，创造一个亲切、宜人、欢悦、静谧、有文化底蕴、有现代气息、空间流畅、主题突出、功能合理、人群聚散便捷的空间。

（二）前厅布局装潢要突出功能

理想的前台位置应该是工作人员站在这里能观察到整个前厅、出入口、电梯、商场和餐厅入口的活动，以便工作人员观察整个前厅的活动情况，既方便客人，又有助于安全保障，而且当客人到达时，工作人员能清楚地看到并做好接待的准备，同时也使客人一踏入酒店便能看到前台工作人员的友好微笑。因此，前台的位置一般选择在方便管理和控制的正对大门或侧对大门的一方。

此外，酒店前厅是酒店的中枢性空间，还应当满足酒店对于客人接待、休息、人流集散、商务服务等功能方面的要求，因此，酒店前厅要有一个宽敞的空间。

（三）前厅要有鲜明的特色

前厅是客人进店、离店和休息的地方，给客人留下什么样的印象非常重要。因此，在布局装潢上要营造热情、大方、优雅的氛围，这样才能给客人留下深刻的印象。

拓展阅读

面试常见问题

（1）一位非住客，请你转交一包物品给一位有预订但又未到店的客人，应如何处理？

答：应礼貌地告诉客人"很抱歉，我们很难掌握预订客人准确的入住时间，请留下您的工作单位和电话号码，待客人到达后，我们会马上告诉他（她）同您联系"。若属特殊情况，可做特殊处理。

（2）客人发脾气骂你时，该怎么办？

答：应保持冷静，绝对不能与客人争吵或谩骂，保持耐心与礼貌，检查自己的工作是否有不足之处，待客人平静后再婉言解释与道歉，若客人的火气尚未平息，应及时向上级汇报，请领导出面解决。

（3）客人对你讲不礼貌的话时怎么办？

答：应使用礼貌的语言，劝说客人到不惊动其他客人的地方，主动征求意见，不能用同样的粗言回敬客人或表示厌恶，以免发生冲突。

（4）在服务中，心情欠佳时怎么办？

答：服务人员应时刻牢记，在岗位上的自我代表着酒店的形象，应设法忘却自己的私事，控制及调节自己的情绪，把精神集中投入工作中，因而热情有礼、面带笑容地为客人提供优质服务才是自己的职责与义务，任何时候都不能把自己的不良情绪带到工作中来。

（5）推销客房时，直截了当地询问客人预想的消费价格是否妥当，为什么？

答：这样做不妥当，因为这样做会伤害客人的自尊心，使客人感到尴尬而难以答复，或使客人产生误会，认为酒店的明码标价是不可信的，怀疑是酒店的房间难以推销而采取的做法，还会使酒店失去推销高价客房的机会，不利于提高收费与维护酒店声誉，所以酒店服务人员要学会引导客人消费而不应直截了当地询问客人预想的消费价格。

（6）遇到啰唆型客人怎么办？

答：这类客人遇事啰唆，好打听，难以下决心，服务时尽量避免和他长谈，否则会耗费大量时间，影响工作，最忌和他们争辩。

（7）遇到健谈型客人怎么办？

答：这类客人最喜欢聊天，服务时不要追求好奇，听其海阔天空，但对于正确意见或建议要耐心听取。

（8）遇到急性型客人怎么办？

答：此类客人性情急躁，行动迅速，服务要求效率高，为他们服务时说话要简明扼要，弄清具体要求后很快完成，否则容易使他们急躁冒火，引起抱怨，影响服务效果。

（9）遇到无礼型客人怎么办？

答：这种客人不易与别人交往，个人观念很强，发生矛盾后往往会恶语伤人或有失礼的动作，服务人员不要与之计较，尽量按他们的要求完成接待服务，尽量不与其发生冲突，保持冷静。

 任务实施

步骤一 情景引入（布置任务并分组）。

模拟情景：前厅部新员工培训。

地点：沈阳××国际酒店前厅部培训室。

教师：培训师，即前厅部经理。

学生：前厅部新员工。

（1）前厅部经理进行自我介绍，介绍前厅部副经理、大堂副理、秘书等岗位。

（2）前厅部经理进行部门介绍、岗位职责、主要工作任务介绍。

（3）前厅部经理进行前厅部员工基本素质介绍。

（4）新员工进行岗位面试。

步骤二 工作任务实施。

每组进行模拟面试，具体各部门的面试问题如下。

前台面试问题：

（1）前台的英文是什么？

（2）前台的主要工作有哪些？

（3）为什么选择前台的工作？

（4）办理入住时，如果客人没有带身份证，还可以出示哪些有效证件？

礼宾部面试问题：

（1）礼宾部的英文是什么？

（2）礼宾部的主要工作有哪些？

（3）为什么选择礼宾部的工作？

（4）作为礼宾部的新员工，如果客人向你问路，而你却不知道，这时你应如何处理？

总机的面试问题：

（1）总机的英文是什么？

（2）总机的主要工作有哪些？

（3）为什么选择总机的工作？

（4）作为总机的员工，客人要求做房号保密，可不可以？

（5）如果有人向你查询住店客人的信息，你应如何处理？

（6）客人要求早晨 6 点叫早，到了 6 点，客人还没有回应，你应如何处理？

步骤三 成果展示及评定反馈。

每个工作小组展示任务的完成过程，选出一名代表负责录像，任务完成后，各组通过录像回放进行自评、互评，教师也对学生完成任务的过程进行评价。以上 3 项打分相加的总分作为每名学生的最后得分。

学习考核与评价

在每组学生展示任务完成的过程中，教师、其他学生按照表 2.1.1 所示的评分具体说明对其进行打分。学生本人通过录像回放进行自评。任务评分表详见表 2.1.2。

表 2.1.1　任务评分说明

评分项目	4分	8分	12分	16分	20分
面试完成质量	无法流畅完成面试	不能按时完成面试，过程中出现3处以上的错误	不能按时完成面试，过程中出现2～3处的错误	不能按时完成面试，过程中出现1处的错误	能够按时完成任务，过程准确无误
完成的正确性	完成情况较差，出现5处以上错误	完成情况一般，出现3～5处错误	完成情况基本正确，出现1～2处错误	完成情况良好，出现1处错误	完成情况良好，无错误
完成的流畅性	任务完成过程中出现5次以上停顿，表演混乱无序	任务完成过程中出现3～5次停顿	任务完成过程中出现2～3次停顿	任务完成过程中出现1次停顿	任务完成过程流畅
表情和肢体语言	表情紧张，无相应的肢体语言	表情较为紧张，能运用少量的肢体语言	表情较为自然，能运用少量的肢体语言	表情较为自然，能运用相应的肢体语言	表情自然、大方得体，肢体语言运用流畅自如
精神面貌、服装仪表	情绪消极、仪容仪表不符合酒店服务标准	较为被动、仪容仪表不符合酒店服务标准	能主动进入角色，仪容仪表基本符合酒店服务标准	能主动配合他人完成任务，仪容仪表符合酒店服务标准	在任务完成中起到带动作用，积极参与任务完成，仪容仪表符合酒店服务标准

表 2.1.2　任务评分表（满分 100 分）

小组编号：　　　　　　　学生姓名/学号：

评分项目	4分	8分	12分	16分	20分
面试完成质量	○	○	○	○	○
完成的正确性	○	○	○	○	○
完成的流畅性	○	○	○	○	○
表情和肢体语言	○	○	○	○	○
精神面貌、服装仪表	○	○	○	○	○
总分					

各小组整理教材、教学参考资料，引导学生建立本学习领域的学习档案，训练学生

的工作能力。

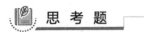 思 考 题

　　酒店前厅部的所辖部门、职能、工作性质和各部门分管的任务、岗位设置和职责分别是什么？

【项目推荐阅读书目】

何玮，2022. 前厅服务与数字化运营[M]. 北京：清华大学出版社.

项 目 小 结

　　本项目主要介绍了酒店前厅部的业务特点、主要工作任务、组织机构、岗位设置及职责，以及前厅部员工的基本素质要求、应具备的仪容仪表等。

项目二 客房预订服务与管理

▌项目描述 —●●●●●

通过完成受理各类预订、处理预订变更与取消业务，能够熟练填写酒店预订单并通过酒店前台操作系统为客人进行客房预订服务。

▌项目目标 —●●●●●

※ 能力目标

- 能熟练掌握酒店前台操作系统，为客人进行预订。
- 能熟练地按要求做好岗前准备工作。
- 能按照要求准确填写预订处的各类表单、报表。
- 能按照要求独立受理各类预订业务，进行预订的确认，处理预订的变更、取消与婉拒等工作。
- 会根据客人的特点、要求与酒店的销售政策向客人推荐最合适的客房。
- 能熟练地做好客人抵达酒店前的准备工作。
- 能妥善地处理超额预订等突发事件。

※ 知识目标

- 通过教学，使学生了解客房预订的渠道和种类。
- 掌握客房的类型及计价方式。
- 掌握受理各类散客、团体客房预订业务。
- 掌握预订的变更、取消与婉拒等工作。
- 熟悉客房预订失约行为及处理。
- 熟悉预订系统的维护与管理方法。
- 掌握预订信息预报、预订的控制与核对、超额预订与预订控制的方法。
- 掌握订房契约以及纠纷的处理原则与要点。

※ 素质目标

- 具备良好的酒店服务意识。
- 在接待酒店顾客时做到文明待客、礼貌待人。
- 养成积极主动的工作态度。
- 对客服务中，特别是遇到突发事件时，保持头脑清醒，处事沉着冷静、有条不紊。

工作任务 一 制作预订相关表格

任务分析

将班级的学生按 2～3 人一组分组，其中一人扮演酒店前厅部预订员，其他人扮演将要入住酒店的客人，教师设置预订中的突发问题或客人的特殊要求，学生根据要求完成预订登记表的填写，并将预订信息输入酒店前台操作系统。

任务布置

组织学生到酒店考察、收集资料，对比酒店预订表格的样式，制作沈阳××酒店预订表格并熟悉表格中的各项内容，填制预订表格。

相关知识

一、预订的渠道

（一）直接渠道

客人本人或客人委托他人或接待单位直接向酒店预订客房。

（二）间接渠道

间接渠道主要是通过以下方式预订客房：
（1）旅行社订房。
（2）连锁酒店或合作酒店订房。
（3）航空公司订房。
（4）与酒店签订合同的单位订房。
（5）会议组织机构订房。
（6）旅游网站订房。

认识预订

电话预订
工作程序

二、预订的方式

预订酒店客房的方式主要有以下 5 种。
（1）面谈预订。
（2）电话预订。
（3）信函预订。
（4）传真预订。
（5）网络预订。

电话预订

三、预订的种类

（一）临时类预订

临时类预订是指客人在接近入住时，才向酒店提出订房的一种预订形式。这种预订的订房日期与抵店日期非常接近，甚至可能是入住当天才进行预订。一般情况下，酒店没有足够的时间给客人以书面形式确认，均以口头形式确认。按照国际惯例，酒店对预先订房的客人，会为其保留房间至抵店日当天下午 6 时为止，这个时限被称为"取消预订时限"或称"截房时间"（CUT-OFF DATE）。

（二）确认类预订

确认类预订是指客人提前较长时间向酒店预订房间，酒店以致函"确认信"接受预订房间的订房形式。确认类的书面预订确认与口头预订确认相比，有以下几个特点：

（1）证明酒店方面已正确理解并接受了客人的预订。

（2）确认信不但复述了宾客的订房需求，还写明了房价、保留时间及预订金的付款方式等事项。也就是说，确认信以书面的形式约束了酒店与宾客之间的关系，在国外"确认信"受法律的保护。

（三）保证类预订

保证类预订是指客人通过使用信用卡、预付定金等方式，一方面保证酒店收入，另一方面酒店必须保证为客人提供预订入住时所需的房间的一种订房形式。酒店在没有接到订房人取消预订的通知前，应为订房人保留房间到确认抵店日的次日的退房时间为止。

宾客可通过如下 3 种途径办理此类预订：

（1）信用卡。客人在订房时，向酒店声明，将使用信用卡为所预订的房间付款，并把信用卡的种类、号码、失效期及持卡人的姓名告知酒店。

（2）预付定金。对于酒店来说，最理想的保证预订的方法是要求宾客预付定金。为了避免损失，酒店通常要求组团单位，特别是在旺季要求散客或他们的代理人在宾客抵店前，预付一天的房租给酒店。

（3）签订合同。签订合同是指酒店与有关客户单位签订的订房合同，合同内容包括签约单位的地址、账号以及同意为未使用的订房承担付款责任的说明，同时合同还规定了通知取消的最后期限，若签约单位未能在规定的期限内通知取消，酒店有权向对方收取房费。

（四）等待类预订

当酒店预满已满，可将客人列入等待名单。如果有人取消预订，或有人提前离店，酒店就会通知等候客人来店。

四、酒店预订系统

（一）预订界面主要标签

预订涉及的服务大多通过预订选项（Reservation Options）窗口调用，包括路由指示（Routing Instruction）、授权挂账（Authorized Direct Bill）、跟踪指示（Trace）、登记卡、换房、恢复预订、包价（Package）选项、信用卡、预订确认（Confirmation）、候补预订（Waitlist）、固定收费（Fixed Charges）、DID 虚拟直拨号、伴随（Accompanying）、删除预订、汇率信息、变更记录、客人留言（Messages）、附加预订（Add On）、客人定位（Locator）、共享（Shares）、历史记录、聚会预订（Party）、膳食计划（Meal Plan）、休闲管理（Leisure）、排队房（Q-Rooms）、积分换房（Free Night Awards）、累计积分（Guest Awards）、估价单（Pro-forma）等。

预订模块中可以进行顾客基本档案（Profile）的创建，当然也包括在此基础上建立预订。系统通过 Profile 功能来收集每个客户（个人、公司、旅行社、预订源、团主等）各方面的资料，包括曾经入住和已经预订的信息。同样，客人的照片也可被存进 Profile 中。这些数据可用来帮助改善客户关系和服务质量；帮助市场部制订具有竞争力的销售策略；帮助高层管理人员分析业务利润来源。客人档案的跟踪还可根据客人的各种特殊要求进行有针对性的个性化服务。通过这个模块，可以进行客史的查询，包括回头客的追踪，也可以进行预订的建立、修改及取消。客人档案中至少应当包括 Name（客人姓名）和 Telephone（联系电话）资料。

Profile 的五大类别具体如下。

（1）Individual：个体散客，个人。

（2）Company：公司。

（3）Travel Agent：旅行社。

（4）Reservation Source：预订源，如中介服务商。

（5）Group Master：团主，也叫 Pay Master。

（二）新建预订（New Reservation）

在预订模块中可以在客人基本档案的基础上建立预订。我们可以把 Reservation 理解为针对酒店房间租赁的一个合同。在 New Reservation 对话框的 Main 页签中，有构成预订的必备字段：Name（姓）、Arrival（到达日期）、Departure（离开日期）、Rooms（房间数）、Rate（价格）、Room Type（房型）、Resrv Type（预订类型）、Market（市场细分）、Source（市场来源）。其他字段可以称为可选字段，如：Payment（这个预订的付款方式）、Comments（内部特别通告信息）、Flight（航班号）等。在做公司/旅行社/预订源的预订时，必备因素要比个人预订的必备因素多一个，那就是 Agent/Company/Source。在预订挂接到一个公司/旅行社/预订源下时，那么所有的预订数据统计都会记录在公司/旅行社/其他来源的 Profile 中。

任务实施

步骤一　收集资料及资料展示。

要求学生上课前分组到市内酒店，如华苑大酒店、商贸饭店（订单班同学可到订单酒店如沈阳黎明国际酒店）收集酒店纸质资料、酒店预订单，采访酒店员工，了解酒店目前客房经营情况及酒店客房预订情况。

步骤二　分组讨论。

（1）学生通过讨论探讨了解生活中预订的优点及酒店预订的意义。

（2）讨论可以通过哪些方式和渠道来预订生活中遇到的问题，如生日蛋糕、饭店。

（3）讨论可以通过哪些方式和渠道来预订酒店房间。

（4）讨论如何确定预订到了生日蛋糕、饭店。

（5）讨论如何确定预订到了酒店的房间。

（6）讨论酒店在接受客人预订时要详细记录哪些信息。

步骤三　填制沈阳××酒店预订单。

根据任务场景，学生按要求填写酒店预订确认函（图2.2.1），并将预订信息输入前台操作系统的预订界面（图2.2.2）内。

预订确认函

沈阳××酒店

地址：_____

电话：_____

您对_____

_____

_____

的预订已被确认

人数：_____房价：_____

房间种类：_____数量：_____

抵达日期：_____抵达时间：_____

逗留的天数：_____

离店时间：_____结账方式：_____

定金：_____

预订日期：_____

客户姓名：_____客户地址：_____

电话/传真号码：_____

注意：本酒店愉快地确认了您的订房。预订客房将保留至下午六时，迟于六时到达的宾客，请预先告知。若有任何变动，请直接与本酒店联系。

确认者：　　　　　　　　　　日期：

订房电话：　　　　　　　　　订房经办人：

图2.2.1　预订确认函

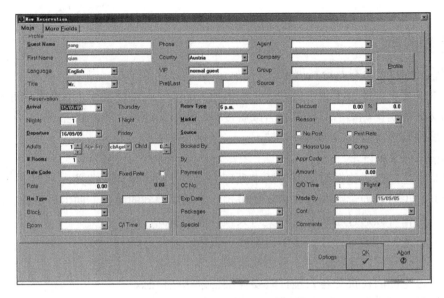

图 2.2.2 前台操作系统预订界面

📖 **学习考核与评价**

教师、小组其他成员和学生本人按照各评分项目对其进行打分。任务评分表详见表 2.2.1。

表 2.2.1 任务评分表（满分 60 分）

小组编号：　　　　　　　　学生姓名/学号：

序号	评分项目	分值	赋分
1	是否正确拼写客人姓名及地址	5	
2	是否正确输入客人账单使用语言	5	
3	是否掌握客人对房间的喜好	5	
4	是否正确填写客人所属团队	5	
5	是否正确填写客人抵达时间及所住间夜	5	
6	是否正确填写客人价格代码	5	
7	是否正确与客人确认价格	5	
8	是否确认预订类型	5	
9	是否确认客人付款方式	5	
10	是否询问客人特殊要求	5	
11	房价折扣、自用房、不能挂账填写是否正确	5	
12	预订员是否签名	5	
	总分		

各小组整理教材、教学参考资料，引导学生建立本学习领域的学习档案，训练学生的工作能力。

工作任务二　酒店预订

任务分析

　　将班级学生分成 2～3 人一组，其中一人扮演酒店前厅部预订员，其他人扮演将要入住酒店的客人，教师设置预订中突发问题或客人的特殊要求，学生根据要求完成预订，填写预订信息表并输入酒店前台操作系统。

任务布置

　　1. 告知本次课的能力目标

　　(1) 通过分组，进行角色扮演，完成客房预订服务，掌握电话预订、网上预订、现场预订的方法和技巧并填写相关表格。

　　(2) 通过分组，进行角色扮演，完成超额订房服务。

　　2. 告知本次课的知识目标

　　(1) 了解客房预订的意义和任务；了解客房预订的渠道、方式和种类。

　　(2) 掌握客房预订的程序，掌握中英文表格的填写方法。

　　(3) 掌握超额订房的解决程序。

相关知识

　　(一) 酒店前台操作系统预订界面相关英语

Guest Name	姓名
Language	语言
Title	称谓
Phone	电话
Country	国家
Prefer/last	喜欢的/上一次住的房号
Agent	旅行社
Company	公司
Group	团
Source	来源

Arrival　　　　　到达

Nights　　　　　间夜

Departure　　　　离开

Adults/Child　　　大人、孩子

#Rooms　　　　　房间数量

Rate Code　　　　价格代码

Fixed Rate　　　　锁定价格

Rate　　　　　　房价

Room Type　　　　房型

Block　　　　　　团队

C/I Time　　　　　入住时间

Reserve Type　　　预订类型

Market　　　　　市场

Booked By　　　　订房人

Payment　　　　　付款方式

CC.No　　　　　　信用卡号

Exp Date　　　　　到期日

Discount　　　　　折扣

Reason　　　　　季节

No Post　　　　　不能挂账

Print Rate　　　　打印房价

House Use　　　　自用房

Complimentary　　免费房

Appr.Code　　　　授权号

Amount　　　　　最大额度

C/O Time　　　　　退房时间

Flight　　　　　　航班号

Comments　　　　备注

（二）预订相关问题

1. 预订要求

（1）根据客人需求，提供使之满意的客房。客人对客房的需求，由于旅游目的的不同而存在差异，预订员应根据宾客的旅行目的，提供相应的客房。

（2）及时地处理宾客的订房需求。宾客提出的订房需求，如果可以满足的话，酒店

应尽快予以答复。当酒店无法满足宾客的订房需求时，应询问宾客是否愿意进入预订等候名单（waiting list）或向宾客推荐其他酒店。

（3）记录、存储宾客的预订资料。宾客的预订资料是酒店最早掌握的宾客资料。预订员应尽快处理相关信息，这样可以为接下来展开的各项对客服务程序和客史档案的管理工作提供及时、准确的信息。

（4）完成宾客抵达酒店前的各项准备工作。

2. 散客预订的程序

（1）确定客人的基本要求。

（2）获得完整的订房信息。

（3）确定房间的价格。

（4）记录担保订房的号码，并告知订房人有关的规定。

（5）核对客人是否如期到达。

3. 超额预订的含义及影响因素

超额订房（over booking）是指酒店在订房已满的情况下，再适当增加订房数量，以弥补少数客人因预订不到、临时取消或提前离店而出现的客房闲置。

通常，实施超额预订时应考虑下列因素：

（1）团体预订与散客预订的比例。团体预订是指由国内外旅行社、会议组织机构、商业机构、航空公司等事先计划和组织的、并与酒店签订预订合同的预订方式。

这类合同双方都愿意共同履行，可信度较高。因此，若在某段时间内团体预订多，散客预订少，则超额预订的比例不宜过大；反之，则超额预订的比例不宜过小。

（2）预订类别的比例。酒店往往将确认类预订和保证类预订视为契约性预订，故应确保此类宾客的住宿要求得到满足。酒店将其他的预订视为意向性预订，若发生失约，酒店不用承担经济责任；若宾客未按时抵店，酒店也不向其要求赔偿。

因此，在某段时间内，若契约性预订多而意向性预订少，则酒店超额预订的比例不宜过大；反之，则酒店超额预订的比例不宜过小。

（3）不同宾客数量所占的比例。按抵店类型的不同，宾客可分为：预订未到者（No－Shows）、临时取消者（Cancellations）、提前离店者（Under－stays）。

4. 酒店所在地周边的环境介绍

当预订已经完成后，酒店预订员可为客人推荐介绍酒店所在地周边的环境，如著名旅游景区、商业中心等，以便客人更好地了解酒店环境。

拓展阅读

RJ 公司是一家知名公司，有一次，该公司安排一名重要客户入住××酒店，由于预订员的疏忽没有看到预订单上标明客人有吸烟要求，因此将客人分配到了无烟房间。预订单上注明客人入住时在 VIP 室办理手续，但未注明享受 VIP 待遇，且客人无 VIP 客史，预订员也未向销售部核实便按一般客人进行安排，使这位客人未享受 VIP 待遇，RJ 公司对此提出严重的投诉。

【评析】

客房预订业务是一种技术性较强的工作，如果不认真仔细就有可能出现差错。预订员的职责就是要按照预订单上客人的要求做好预订工作。做预订时，需要仔细审阅预订说明，细心、认真、负责地做好预订工作。

（1）预订员在做预订时不可丢项、缺项，尤其是客人是否吸烟、是否享受 VIP 待遇等，遇有不清楚的问题一定要与有关部门或有关人员核实清楚。

（2）假如 RJ 公司的重要客人因为未享受 VIP 待遇而拒绝与 RJ 公司洽谈生意，使 RJ 公司受到重大损失，RJ 公司进行强烈投诉，此事解决起来将非常棘手。

（3）部门经理、主管、领班应对员工加强工作责任心的教育和培训，加强现场的督导检查。

任务实施

步骤一 复习上次课布置的工作任务及资料展示。

用分组演示、演讲的形式来展示收集到的酒店宣传资料、酒店预订单以及对酒店的初步认识。

步骤二 抽签决定要完成的任务。

每组通过抽签决定完成哪项任务，具体任务如下：

（1）假设你是某职院旅游系学生王丹，请为学院客座教授任辉先生预订沈阳××酒店大床房一间，因客人患有过敏性鼻炎，要求使用纯棉布草，房价打八折，入住时间预计 4 天，本月 6 日到店。

（2）假设你和同学要去某城市自助旅行，本月 8 日抵达该地，为自己预订当地一家酒店，要求含免费早餐，可用信用卡付账。

（3）假设你是酒店前厅部前台服务员，来自中国台湾的客人余达预订酒店大床房 2 间，每间房每天 450 元，要求采用现金付账，预交押金 3000 元。经了解，你知道该客人属于商务客人，向其推荐商务套房，价格为每天 650 元。

每组同学以抽签的方式决定完成任务的班次，确定后进行排练，讨论确定任务完成方案，最后进行情景表演。

步骤三 客房预订演示。

各小组按要求完成情景演示，每个工作小组展示任务的完成过程中，各选出一名代表进行录像，任务完成后，各组通过录像回放进行自评、互评，教师在学生完成任务过程中对其进行评价。将以上 3 项打分相加的总分作为每名学生的最后得分。

学习考核与评价

教师评价，从中找出优缺点、不足和错误，指出努力改善方向，进行评分，任务评分表详见表 2.2.2，奖励优秀的小组及个人，以进一步掌握正确的工作过程与工作方法，训练学生的工作能力、自我监控能力和评价能力。

表 2.2.2　任务评分表（满分 70 分）

小组编号：　　　　　　　学生姓名/学号：

标准	序号	评分项目	分值	赋分
完成的正确性	1	是否正确拼写客人姓名及地址	5	
	2	是否正确输入客人账单使用语言	5	
	3	是否掌握客人对房间的喜好，正确填写客人特殊要求	5	
	4	是否正确填写客人所属团队	5	
	5	是否正确填写客人到达时间及所住间夜	5	
	6	是否正确填写客人价格代码	5	
	7	是否正确与客人确认价格	5	
	8	是否确认预订类型	5	
	9	是否确认客人付款方式	5	
	10	是否询问客人特殊要求	5	
	11	房价折扣、自用房、不能挂账填写是否正确	5	
	12	预订员是否签名	5	
任务完成的流畅性	13	完成任务是否流畅，有 1 处停顿扣 1 分，有 2 处停顿扣 2 分，3 处停顿扣 3 分，4 处以上不得分	5	
仪容仪表	14	仪容仪表符合预订员要求，仪态大方，服饰干净，不化浓妆，头发干净整齐，修剪指甲。有一处扣一分，3 处以上不得分	5	
总分				

各小组整理教材、教学参考资料，引导学生建立本学习领域的学习档案，训练学生的工作能力。

思考题

简述如何填写预订单并通过酒店前台操作系统为客人进行客房预订服务。

【项目推荐阅读书目】

何玮，2022．前厅服务与数字化运营[M]．北京：清华大学出版社．

项 目 小 结

本项目主要介绍了预订的渠道、方式、种类，以及填写订房单（中英文）的注意事项和客房预订（中英文）程序。

项目三　前厅接待服务与管理

项目描述 —•••••

为客人办理散客入住登记、办理团队入住登记手续，并将客人信息输入酒店前台操作系统。

项目目标 —•••••

※　能力目标

- 能够迅速熟练地按照要求做好岗前准备工作。
- 能针对有预订的散客、团队等不同类型宾客制订客房预分方案。
- 能够按要求准确填写各类表单、报表。
- 能够根据客人的特点、要求，向未预订的客人推荐合适的客房。
- 能安排客人参观房间服务。
- 能够按照要求完成团队客人的迁入业务。
- 能够妥善地办理换房、加床与客人延期续住等手续。
- 能够运用酒店计算机管理系统进行办理入住手续、客房状况的控制和调整。

※　知识目标

- 了解前台接待工作的各项业务及工作程序。
- 掌握处理接待工作中的常见问题。
- 掌握客房分配的技巧。
- 掌握房态类型、客房类型。
- 熟悉常见问题的处理方法及对策。
- 掌握宾客入住登记表的填写方法及入住接待程序。
- 掌握付款的方法（即 A 客人为 B 客人付账、A、B、C 客人由旅行社付账等多种付账方式）。

※　素质目标

- 具备良好的酒店服务意识。
- 在接待酒店顾客时做到文明待客、礼貌待人。
- 养成积极主动的工作态度。

- 对客服务中，特别是遇到突发事件时，保持头脑清醒，处事沉着冷静、有条不紊。
- 在为外宾办理入住登记过程中使用礼仪英语。
- 在接待外宾时尊重他国风俗习惯，做到文明待客。

工作任务 一 办理散客入住登记

任务分析

班级学生 2~3 人一组，一人扮演酒店前厅部接待员，其他人扮演将要入住酒店的客人，教师设置入住过程中的突发问题或客人的特殊要求，学生根据要求完成散客入住程序，将入住信息填表并输入酒店前台操作系统。

任务布置

为沈阳××酒店办理当天到店的散客入住登记手续。

相关知识

一、入住接待准备

接待处应按照预订客人的情况进行分房，预分方案应按如下顺序：

（1）制订用房预分方案。

（2）检查待出售房间。

（3）准备入住资料。

入住接待准备

二、入住接待服务相关知识

（一）入住接待服务的相关英文

1. **房态类型、客房类型**

（1）available for sale（可供出租状态）：指客房已经打扫整理，一切准备就绪，随时可供出租使用。

（2）occupied（住客状态）：指客房已出租，正由客人占用，客人尚未离店。

（3）on change（正在转换状态）：指原占用客房的客人已退房，正在打扫，就绪后可出租。

（4）out-of-order（待维修状态）：指该客房将要或目前正在进行内部整修，近期不能出租。

（5）blocked（保留状态）：指某个房间在为客人保留，不能将其出租给其他客人。

（6）sleep out room（外宿未归房）：指该房间已被租用，但住客昨夜未归。

（7）do not disturb room（请勿打扰房）：指客房门前亮有"勿扰"灯或挂有"请勿打扰"牌子的房间，表示客人不希望被服务人员打扰。

（8）doubled locked room（双锁房）：指客人为了额外的安全，在房间大门和房间内部同时加锁，使房间处于双重锁定状态。

（二）散客入住接待程序

（1）Welcome / identifying needs：欢迎/确认客人需求。

（2）Confirmation of details：确认预订信息。

（3）Locate reservation in system and confirm reservation with guests：将预订信息输入系统并与客人确认。

（4）Ask guest for identification and verify spelling of name in system：向客人索取证件并在系统中确认客人名字拼写。

（5）Collect payment correspondence i.e. voucher：收取付账凭证，如单据。

（6）Confirmation of reservation details：确认其预订信息。

（7）Registration：登记。

（8）Present the registration card to the guest for further completion：递上住宿登记卡让客人填写信息：

① Request to fill out address：要求填写详细住址。

② Request company name and address or collect business card：要求公司名称及地址，或索取名片。

③ E-mail address and signature：邮件地址及签字。

④ Circle room number and departure date：标出房间号码和离店日期。

⑤ Request signature：亲笔签名。

（9）Clarification of payment：确认付款方式。

通常，宾客采用的付款方式有现金、信用卡、转账等，具体操作步骤和方法如下：

● 现金付款方式

① 根据酒店制定的预付款政策，判断宾客是否需要预先付款。

② 根据宾客的住宿要求，确定预付款的金额。

③ 确定宾客的信用额度。

● 信用卡付款方式

确认信用卡能否接受，即是否属于中国银行规定的可在本酒店使用的信用卡。

① 确认信用卡有效期。

② 根据宾客的住宿需求，向银行索取预授权额度。

③ 确定宾客的信用额度。

● 转账付款方式

① 确认转账要求已获批准。

② 声明属于转账款项的具体范围，如房费、餐费、长途通话费、传真费或全部）。

③ 确定宾客的信用额度。

（10）Looking for up-selling opportunities：寻找向上销售的机会。向上销售是一种销售技巧，销售人员试图让客户购买更昂贵的物品或升级为另一种更加盈利的服务或产品。向上销售是使服务或产品有更大化的收益，同时向上销售也可以向顾客清楚地显示他（或她）以前可能没有考虑到的其他选择。

（11）定价。按照接待程序，开房员（接待员）在已预订的宾客抵店前，就应根据宾客预订的需求，安排客房确定房价。但其中有多方面的因素，开房员（接待员）在安排房间时，要予以考虑，安排客房时也应遵循某些顺序和原则。

一般安排客房的顺序为：①团队/会议；②VIP 客人和常客；③已付定金的宾客；④要求延期离店的宾客；⑤有准确抵店日期、时间的普通宾客；⑥散客。

安排客房的原则具体如下：

① 团队/会议团应安排在同一楼层或相邻的楼层。

② 国内外宾客应安排在不同楼层。

③ 残疾人、老年人和带小孩的宾客应尽量安排在靠近电梯或低层的客房，这样可以方便他们活动。

④ 不要将有矛盾关系的宾客安排在同一楼层或邻近的房间。

⑤ 对于有特殊要求的宾客，要尽量满足他们的要求。

⑥ 确定房价时，开房员（接待员）必须遵守预订确认书中已确定的报价，不能随意更改。

⑦ 酒店在接待已预订的 VIP、商务行政楼层宾客、高规格团队/会议抵店前，应做好所有文件、资料的准备，并根据酒店接待 VIP 的规定，对房间做相应的布置和检查，以确保 VIP 接待程序所要求的高标准、高规格。

⑧ 对未经预订、直接抵店的散客，开房员（接待员）要在充分了解客人意愿的基础上，根据酒店的房况，进行排房、定价工作。

⑨ 为宾客安排房间、确定房价后，必须向宾客报价，并获得宾客的确认。

（12）Finalising the check-in：完成其他登记步骤。

① 对于已经办理预订手续的宾客：酒店已经掌握了宾客的部分资料，开房员（接待员）应在宾客抵达之前，准备好入住登记表，填好已知的项目，等宾客到达后再补填其他的项目并请宾客签名。

② 对于 VIP 客人和常客：酒店则应根据客史档案所掌握的宾客资料，更加灵活地简化登记程序。

③ 对于团队或会议人员的入住：酒店可以按照具体的接待要求和排房名单，提前

安排好房间，并准备好团队/会议入住登记表、房卡、钥匙、宣传册、餐券等，提前交给陪同或会议组织者（会务组），在抵店途中或在酒店内指定位置办理相关手续。

④ 对于未经预订而直接抵店的散客：因酒店方面无法预知，在办理入住登记时，开房员（接待员）应尽量提供帮助，缩短办理时间。宾客在填写入住登记表时，开房员（接待员）应礼貌地请宾客出示其有效证件（护照、居住证、身份证、军官证等），迅速准确地查验证件，核对宾客的年龄、证件号码、证件种类及有效期等相关内容，以保证准确和安全。

（13）填写有关表格：宾客办理完入住登记后，将宾客在入住登记表（表 2.3.1）内所填的信息输入酒店前台操作系统，并将与结账有关的详细信息（折扣、信用卡号码、享受免费日期、付款方式等）输入宾客账单内。

表 2.3.1　入住登记表

REGISTRATION　　FORM

中文姓名 NAME IN CHINESE	外文姓名 MR/MRS　SURNAME GIVEN NAME	房号 ROOM NO.	房价 ROOM RATE
国家或地区 COUNTRY OR AREA	证件名称 NAME OF CERTIFICATE	证件号码 NUMBER OF CERTIFICATE	
性别 SEX	出生日期 DATE OF BIRTH	入境日期 DATE OF ENTRY PORT OF ENTRY	
抵店日期 DATE OF ARRIVAL	住址 HOME	入境口岸 PORT OF ENTRY	
离店日期 DATE OF DEPARTURE	停留有效期至 VISA VALIDITY	签证种类及号码 TAPE OF VISA　AND　NO.	
预付方式 METHOD OF PAYMENT	接待单位 RECEIVER	贵重物品请存前台 SAFE BOX SERVICE	
备注： NOTES		贵宾签名 GUEST'S SIGNATURE	
接待员签名 RECEPTIONIST'S SIGNATURE		收银员签名 CASHIER'S SIGNATURE	

三、酒店前台操作系统相关知识

（一）当天预计到店预订（Arrival）

Arrival 窗口显示当天预计到店的全部预订。

（二）在住预订（Guest In House）

前台工作程序

酒店会为店外客人查找店内客人，或因为前台的一些业务而查找在住客人。例如，前台中班员工查询在住客人的高额消费房（High Balance）等。

（三）预订分配房间（Room Blocking）

在酒店的实际运营中，为客人做好预订以后，酒店前台的员工会在某些客人到店之前为其提前分配好房间，系统称之为派房（Room Blocking）。每一个客人在为自己预订时，会向酒店提出自己对房间的要求，例如，大床房（King Bed）或双床房（Twin Beds）、等。前台员工会依据客人的预订要求提前为其分配房间，也可以在预订界面中的 Room 字段直接为客人选择房间号码。

 任务实施

步骤一 情景引入（布置任务、分组）。

前厅部晨会：

（1）前厅部经理公布今日即将到店的宾客名单。

（2）在早、中、晚 3 个班次中安排负责接待的小组。

（3）每日培训，今日培训内容具体如下：

① 服务精神基本须知第 11 条——我微笑款待每一位顾客；

② 掌握酒店房态类型、客房类型；

③ 回顾本酒店入住登记服务流程及标准，并谈谈如何才能高效准确地为顾客办理入住登记服务；

④ 熟知基本须知条例、工作流程。

步骤二 工作任务实施。

每组同学采用抽签的方式来决定完成哪项工作班次，具体班次如下。

（1）早班：为有预订的汤姆斯先生办理入住登记服务，客人交了 3000 元押金，并且告知前台每天要租用酒店的自行车，费用为每天 50 元。

（2）午班：客人珍妮女士采用信用卡付款，酒店为其刷掉 2000 元预授权，该客人要求账单上不打印客房价格。

（3）晚班：运用酒店管理系统为李明、李三、李霞 3 人办理入住登记，其中，李三、李霞的所有费用由李明来负责支付（客人个人信息自拟）。

（4）夜班：客人王爽女士到酒店入住，酒店前台服务员告知已没有大床房，客人很不满意，认为自己已经预订酒店的客房，找大堂副理投诉，酒店大堂副理决定为其免费升级到商务大床房，房价仍为原来的大床房房费。

工作要求：

① 接待人员在工作时能灵活运用所学的知识、技能。

② 组内成员能合理进行分配并协力完成工作任务。

每组同学以抽签的方式决定完成任务的班次，然后进行排练，讨论确定任务完成方案，最后进行情景表演。

步骤三 成果展示及评定反馈。

各小组按要求完成情景演示，每个工作小组展示任务的完成过程中，各选出一名代表进行录像，任务完成后，各组通过录像回放进行自评、互评，教师在学生完成任务过程对其进行评价。将以上 3 项打分相加的总分作为每名学生的最后得分。

学习考核与评价

教师评价，从中找出优缺点、不足和错误，指出努力改善方向，进行评分，任务评分表详见表 2.3.2，奖励优秀的小组及个人，以进一步掌握正确的工作过程与工作方法，训练学生的工作能力、自我监控能力和评价能力。

表 2.3.2 任务评分表（满分 50 分）

小组编号： 学生姓名/学号：

标准	序号	评分项目	分值	赋分
完成的正确性	1	是否对客人表示欢迎	5	
	2	是否正确拼写宾客姓名及地址	5	
	3	是否掌握客人对房间的喜好，确认客人特殊要求	5	
	4	是否正确填写客人预订来源	5	
	5	是否正确与客人确认价格、房号	5	
	6	是否确认客人付款方式	5	
	7	房价折扣、自用房、不能挂账填写是否正确	5	
	8	入住登记单填写是否正确	5	
任务完成的流畅性	9	完成任务是否流畅，有 1 处停顿扣 1 分，有 2 处停顿扣 2 分，有 3 处停顿扣 3 分，4 处以上不得分	5	
仪容仪表	10	仪容仪表符合预订员要求，仪态大方，服饰干净，不化浓妆，头发干净整齐，修剪指甲。有 1 处扣 1 分，3 处以上不得分	5	
总分				

工作任务二 办理团队入住登记

任务分析

班级学生 3～4 人一组，一人扮演酒店前厅部接待员，其他人扮演将要入住酒店的客人，教师设置入住过程中的突发问题或客人的特殊要求，学生根据要求完成团队入住程序，将入住信息填表并输入酒店前台操作系统。

任务布置

为沈阳××酒店接待的××公司的团队客人办理团队入住登记手续，并解决客人的突发问题。

相关知识

一、团队入住接待相关知识

1. 团队入住接待准备

（1）根据销售部发来的团队/会议的订房要求（团队/会议接待通知单）和排房名单，提前 1~2 天安排好客房。

（2）准备好客房钥匙及其他物品（房卡、欢迎信、酒店宣传册、餐券等）。

（3）如果是大型团队/会议，应在大厅指定位置设置团队/会议接待处，准备好客房钥匙及其他物品，并竖立醒目的告示牌标明团队/会议名称。

（4）有些酒店设有机场代表，团队/会议客人抵达机场时，机场代表应前去迎接客人，并与陪同或领队联系，将宾客乘坐车辆的车牌号、行李件数、离开机场的时间以及其他注意事项通知酒店大厅值班台，由他们再通知销售部和接待部。

（5）掌握酒店房态类型和客房类型。

（6）准备好入住相关表格（中英文）。

2. 团队入住接待程序

（1）宾客抵店时，由销售部工作人员或前厅部主管迎接至团队入住登记处。

（2）与陪同或领队再次核对并确认下列事项：用房数有无变化；人数和宾客姓名有无变化；用餐要求有无变化，并确认开餐时间、地点；对叫醒服务的要求；团队及行李离店时间的安排。

（3）协助陪同或领队分配客房。

（4）将宾客送上电梯。

（5）客房部主管及楼层服务员在楼层电梯厅迎接宾客。

（6）行李到达后，尽快组织人力将行李送至客房。

3. 团队信息管理

（1）填写团队/会议接待单，将经过最后核对确认的团队/会议信息通知有关部门。

（2）制作团队/会议主账单和分账单。

二、酒店前台操作系统相关知识

1. 团体预订（Group Reservation）

（1）标准团队预订：用来处理同时到达、同时离开、需求相同或近似的标准旅行团队的业务，通常预订同类型的房间。除各个团员各自形成独立债务人之外，还有共同的主要债务人，即 Pay Master，负担大部分账务的结算。

标准团队由两个重要成分组成：Group Master 或 Pay Master（PM）预订。

标准团队的 Pay Master 是主要债务人，理应形成一个 PM 预订。如果酒店希望针对团体机构作统计的话，那么就需要为这个 Group Master 创建 Profile，并将其与该预订绑定。由于标准团队预订是由若干个体预订组成的，因此，每个团员也应有自己的个体 Profile。

（2）高级团体预订（Block）：用来处理陆续到达、陆续离开的各种非旅行团队形式的团体业务，如大型会议、婚宴用房、分销机构的分销业务等。Block 是若干独立的个体预订和标准团队的超集，每个预订都有自己的债务人。Block 的另外一个名字叫 Allotment，译为"配额"。

2. 团体预订的特点

（1）人数多，集团订房。
（2）订房早、变更频繁。
（3）要求有一定的房价优惠。

拓展阅读

一位客人来到总台，在办理入住手续时向服务员提出房价七折的要求。按酒店规定，只向住房 6 次以上的常住客提供七折优惠。这位客人声称自己也曾多次住店，服务员马上在系统上查找核对，结果没有发现这位先生的名字，当服务员把调查结果当众道出时，这位先生顿时恼怒起来。此时正值总台入住登记高峰期，由于他的恼怒、叫喊，引来了许多好奇的目光。

处理类似事件时应按以下几点进行：

（1）总台服务人员遇到这种情况，应及时请示部门经理，不宜当众揭穿客人的谎言，避免客人难堪，恼羞成怒。

（2）由前厅经理或前厅管理人员，将客人带离现场，或请客人到茶座、酒吧小坐。

（3）先听取客人意见，然后再做细致耐心的疏导工作。

（4）坚持酒店规定七折优惠的条件，但对这位客人也要享受优惠的心情，表示理解和同情。

（5）在酒店内部规定的允许范围内，对这位客人给予适当的照顾和帮助。

（6）对客人能够理解支持酒店的规章制度，表示诚挚的谢意。

服务人员在处理类似问题时要特别注意的是：凡通过系统核查、显示的结果不要张扬，特别是对不符合优惠条件的客人，要由专人个别处理，避免不愉快的事情发生。

兑现承诺，一切为客人着想。

任务实施

步骤一　情景引入（布置任务，分组）。

前厅部晨会：
（1）前厅部经理公布今日即将到店的宾客名单。
（2）在早、中、晚 3 个班次中安排负责接待的小组。

（3）每日培训，今日培训内容具体如下：

① 服务精神基本须知第 11 条——我微笑款待每一位顾客。

② 掌握酒店房态类型、客房类型。

③ 回顾本酒店入住登记服务流程及标准，并谈谈如何才能高效准确地为顾客办理入住登记服务。

④ 基本须知条例、工作流程。

步骤二 工作任务实施。

要求：××公司的客人一行 16 人于本月 8 日入住沈阳××酒店，入住时间为 4 个间夜，客人的入住信息如下：

2023.6.8 标准间 2 间，大床间 3 间；

2023.6.9 标准间 3 间，大床间 3 间，套房 1 间；

2023.6.10 标准间 3 间，大床间 3 间；

2023.6.11 标准间 3 间，大床间 3 间，套房 3 间。

现根据客人需要为其分房并按到店先后顺序办理入住，同时解决客人的特殊要求。

（1）早班：酒店接待员负责为来自德国××总部的怀特夫妇办理入住登记服务，客人要求住宿环境要格外安静。

（2）中班：酒店接待人员负责为来自深圳××销售服务中心的要求入住带有迷你厨房的安妮女士及要求入住连通房的史密斯先生及威廉先生办理入住登记服务，安妮女士是本团团长，要求本团团员所有房费都由安妮女士支付。

（3）晚班：酒店接待员接待来自沈阳××的要求入住带有无线上网办公环境的马丁先生、要求客房内带有会客功能的威尔逊先生，两位先生要求将各自的酒吧消费单独列入账单中。

工作要求：

① 接待人员在工作时能灵活运用所学的知识和技能。

② 组内成员能合理进行分配并协力完成工作任务。

③ 将客人账目加入××公司的账页中，所有客人消费的账目由××公司支付。

每组同学以抽签的方式决定完成任务的班次，然后进行排练，讨论确定任务完成方案，最后进行情景表演。

步骤三 成果展示及评定反馈。

每个工作小组展示任务的完成过程中，各选出一名代表进行录像，任务完成后，各组通过录像回放进行自评、互评，教师在学生完成任务过程中对其进行评价。将以上 3 项打分相加的总分作为每名学生的最后得分。

学习考核与评价

教师评价，从中找出优缺点、不足和错误，指出努力改善方向，进行评分，任务评分表详见表 2.3.3 奖励优秀的小组及个人，以进一步掌握正确的工作过程与工作方法，训练学生的工作能力、自我监控能力和评价能力。

表 2.3.3 任务评分表（满分 50 分）

小组编号：   学生姓名/学号：

标准	序号	评分项目	分值	赋分
完成的正确性	1	是否对客人表示欢迎	5	
	2	是否正确拼写客人的姓名及地址	5	
	3	是否掌握客人对房间的喜好，确认客人特殊要求	5	
	4	是否正确填写客人所属团队	5	
	5	是否正确与客人确认价格、房号	5	
	6	是否确认客人付款方式	5	
	7	是否对客人账目进行正确管理	5	
	8	入住登记单填写是否正确	5	
任务完成的流畅性	9	完成任务是否流畅，有 1 处停顿扣 1 分，有 2 处停顿扣 2 分，有 3 处停顿扣 3 分，4 处以上不得分	5	
仪容仪表	10	仪容仪表符合预订员要求，仪态大方，服饰干净，不化浓妆，头发干净整齐，修剪指甲。有 1 处扣 1 分，3 处以上不得分	5	
总分				

各小组整理教材、教学参考资料，引导学生建立本学习领域的学习档案，训练学生的工作能力。

 **思 考 题**

如何为客人办理散客入住登记、办理团队入住登记手续，并输入酒店前台操作系统？

【项目推荐阅读书目】

何玮，2022．前厅服务与数字化运营[M]．北京：清华大学出版社．

项 目 小 结

本项目主要介绍识别相关入住表格（中英文）、办理散客入住接待（中英文）以及办理团队入住接待（中英文）。

项目四 前厅收银服务与管理

▌项目描述 →●●●●●●

　　通过完成任务能够为宾客兑换外币、为客人提供贵重物品寄存等服务；能够进行前台账务处理、为宾客办理离店结账。

▌项目目标 →●●●●●●

※　**能力目标**

- 会应用酒店预订系统。
- 会建立客人账户、入账。
- 会使用酒店管理软件、验钞机、点钞机。
- 能够较熟练地办理宾客离店支票、现金、信用卡结账手续。
- 能够较熟练地兑换几种常用外币。
- 能熟练地办理贵重物品寄存服务手续。
- 能办理延迟结账业务。

※　**知识目标**

- 掌握总台账务处理、外币兑换服务的程序及工作要点。
- 掌握贵重物品的保管程序及注意事项。
- 掌握宾客住店期间账务处理和宾客离店结账服务的程序及注意事项。

※　**素质目标**

- 具备良好的酒店服务意识。
- 在接待酒店顾客时做到文明待客、礼貌待人。
- 养成积极主动的工作态度。
- 对客服务中，特别是遇到突发事件时，保持头脑清醒，处事沉着冷静、有条不紊。
- 能够拾金不昧，对待外宾服务时不卑不亢。
- 具有会计、金融、货币常识。

工作任务 一 为外宾兑换外币、为客人提供贵重物品寄存

任务分析

班级学生 1～2 人一组，一人扮演酒店前厅部接待员，其他人扮演入住酒店的客人，教师设置入住期间的突发问题或客人的特殊要求，学生根据要求完成并将相关信息输入酒店前台操作系统。通过完成任务，学生能够为客人办理外币兑换服务和行李寄存服务。

任务布置

（1）为入住沈阳××酒店的外宾兑换外币。

（2）为入住沈阳××酒店的客人提供贵重物品寄存等服务。

相关知识

一、外币兑换相关知识

（一）兑换外币种类

目前，国内酒店外币兑换处承兑的外币种类约有 12 种：美元、英镑、欧元、日元、瑞士法郎、澳大利亚元、加拿大元、港元、丹麦克朗、挪威克朗、瑞典克朗、新加坡元。

（二）外币兑换程序

外币兑换的服务程序如下：

（1）客人前来兑换外币，要热情问好，了解客人的兑换要求，同时请客人出示护照或有效证件。

（2）清点查收宾客需要兑换的外币及金额。

（3）使用货币识别机鉴别外币真伪，并检查其是否属现行可兑换的外币。

（4）认真填写兑换水单。根据当日现钞牌价，将外币名称、金额、兑换率、应兑金额及客人姓名、房号等准确填写在水单相应栏目中。

（5）按当日外汇牌价进行准确换算，实行收款员核算和复核员审核两级控制制度，以确保兑换数额清点正确。

（6）请客人在水单上签名。

（7）再次检查复核，确保兑换正确。

（8）确保无误后，将水单和兑换的款额交给客人，并礼貌地向客人道别。

二、贵重物品保管服务程序

（1）客人前来寄存贵重物品时，要主动热情地向宾客介绍寄存方法和注意事项，了解客人的寄存要求。

（2）问清客人的姓名、房号，请客人填写一式两联的"贵重物品寄存单"，并注意在酒店系统上查看姓名、房号与客人填写的是否一致。

（3）依据宾客需求，选择相应规格的保险箱，并将保险箱号码记录在寄存单的箱号栏内。

（4）与客人一起，使用总钥匙与分钥匙同时打开保险箱门，取出存放盒，打开盒盖，由宾客亲自将所寄存的物品存入盒内，盖上盒盖。

（5）将存放盒和寄存单第一联放入保险箱，双方共同上好锁，并轻轻拉放，确认是否已锁好。取下钥匙，经宾客认可，将该保险箱分钥匙和寄存单第二联呈交宾客，总钥匙则留在前厅收银处保管。

（6）客人前来领取寄存的物品时，请客人出示寄存单并签字，经确认无误后，与客人共同拿出钥匙同时开启保险箱，物品由客人自取。

（7）若客人终止存放，将物品全部取走，必须收回第二联寄存单和客人的钥匙，并请客人在终止栏内注明日期、姓名，以备查核。

（8）在"客用安全保险箱使用登记簿"上，做好终止记录。

三、保险箱钥匙遗失的处理

（1）若宾客遗失了保险箱分钥匙，酒店一般都有明确规定要求宾客做出一定的经济赔偿。

（2）若宾客将保险箱分钥匙遗失，又要取所存物品时，酒店必须征得宾客赔偿的同意后，在宾客、当班收银员及酒店保安人员在场情况下，由酒店工程部有关人员将该保管保险箱的锁强行钻开，请客人取走所有物品，并做好记录，以备核查。

任务实施

步骤一 情景引入（布置任务，分组）。

前厅部晨会：

（1）前厅部大堂副理李威公布今日工作。

（2）早、中、晚3个班次中出现客人的特殊要求要给予满足。

（3）每日培训，今日培训内容具体如下：

① 掌握外宾兑换的基本要求和程序；

② 掌握外宾兑换使用的常用英语；

③ 掌握客人遗失保险柜钥匙的处理原则；

④ 掌握贵重物品寄存的基本程序。

步骤二 工作任务实施。

（1）早班：1501 房的澳大利亚籍客人汤姆斯先生要求用 3000 美元兑换等值的人民币。

（2）午班：1102 房的韩国籍客人李东文先生丢失了自己的保险箱钥匙，你应如何处理？

（3）晚班：1901 房的美籍客人丽莎要求前台为其保存她的钻石项链。

每组同学以抽签的方式决定完成任务的班次，然后进行排练，讨论确定任务完成方案，最后进行情景表演。

步骤三 成果展示及评定反馈。

每个工作小组展示任务的完成过程中，各选出一名代表进行录像，任务完成后，各组通过录像回放进行自评、互评，教师在学生完成任务过程中对其进行评价。将以上 3 项打分相加的总分作为每名学生的最后得分。

学习考核与评价

教师评价，从中找出优缺点、不足和错误，指出努力改善方向，进行评分，奖励优秀的小组及个人，以进一步掌握正确的工作过程与工作方法，训练学生的工作能力、自我监控能力和评价能力。

课上工作任务的各项评分说明详见表 2.4.1。任务评分表详见表 2.4.2。

表 2.4.1 任务评分说明

评分项目	4分	8分	12分	16分	20分
完成服务质量	无法为顾客提供此项服务	不能按时完成任务，在服务过程中出现 3 处以上的错误	不能按时完成任务，在服务过程中出现2～3处错误	能够按时完成任务，在服务过程中出现 1 处错误	能够按时完成任务，服务过程准确完整
完成的正确性	完成情况较差，出现 5 处以上错误	完成情况一般，出现3～5处错误	完成情况基本正确，出现1～2处错误	完成情况良好，出现 1 处错误	完成情况良好，无错误
完成的流畅性	任务完成过程中出现 5 次以上停顿，任务完成混乱无序	任务完成过程中出现 3～5 次停顿，组员之间缺乏配合	任务完成过程中出现 2～3 次停顿，组员之间配合默契	任务完成过程中出现 1 次停顿，组员之间配合默契	任务完成过程流畅，组员之间配合默契
表情和肢体语言	表情紧张，无相应的肢体语言	表情较为紧张，能运用少量的肢体语言	表情较为自然，能运用少量的肢体语言	表情较为自然，能运用相应的肢体语言	表情自然、大方得体，肢体语言运用流畅自如
精神面貌、服装仪表	情绪消极，仪容仪表不符合酒店服务标准	较为被动、仪容仪表不符合酒店服务标准	能主动进入角色，仪容仪表基本符合酒店服务标准	能主动配合他人完成任务，仪容仪表符合酒店服务标准	在任务完成中起到带动作用，积极参与任务完成，仪容仪表符合酒店服务标准

表 2.4.2　任务评分表（满分 100 分）

小组编号：　　　　　　　　　　学生姓名/学号：

评分项目	4 分	8 分	12 分	16 分	20 分
完成服务质量	○	○	○	○	○
完成的正确性	○	○	○	○	○
完成的流畅性	○	○	○	○	○
表情和肢体语言	○	○	○	○	○
精神面貌、服装仪表	○	○	○	○	○
总分					

各小组整理教材、教学参考资料，引导学生建立本学习领域的学习档案，训练学生的工作能力。

工作任务二　前台账务处理、为宾客离店结账服务

任务分析

班级学生 2～3 人一组，其中一人扮演酒店前厅部接待员，其他人扮演入住酒店的客人，教师设置退房结账期间的突发问题或客人的特殊要求，学生根据要求完成将相关信息输入酒店前台操作系统，结账，收银。通过完成任务，学生能够独立为客人办理入账服务和退房服务。

任务布置

1. 告知本次课的能力目标

（1）通过分组，进行角色扮演，完成为宾客住店期间挂账、杂项消费入账服务。

（2）通过分组，进行角色扮演，完成为宾客办理离店结账服务。

2. 告知本次课的知识目标

（1）了解客人住店期间哪些费用可以挂账，怎样判断客人是否可以挂账。

（2）掌握客房挂账及杂项入账的基本程序。

（3）掌握为宾客办理离店结账服务的基本程序。

相关知识

一、为客人结账相关知识

（一）为宾客办理离店结账服务的相关英文词句

I'd like to check out. 我想结账离店。

May I have your room key，please? 请出示您的房卡。

Have you used any hotel service at the hotel? 您有其他客房服务消费么？

Here's the bill. Please have a check. 请确认您的账单。

How would you like to pay for your bill? 您的账单如何支付？

Could you sign your name here，please? 请在此处签名。

Check-out time is at noon. 退房时间是中午 12 点。

收银

（二）客房挂账及杂项入账的基本程序

（1）将客房部、餐饮部或其他部门出示的客人住店期间消费单中的消费金额加入客人账页。

（2）如果某部门询问某客人是否可以挂账，要进入该客人账页中进行核对，金额不足时提醒客人续交押金或付现金。

前台收银
付款方式

（3）为宾客办理离店结账服务基本程序。结账一般要求在 3 分钟内完成。

（三）结账服务基本程序

1. 散客结账服务程序

（1）礼貌地询问宾客房号，查看系统，并打印出账单。

（2）通知楼层服务人员宾客结账退房的房号，请他迅速检查有无遗留、损坏物品。

（3）委婉地问明宾客是否有刚发生的消费费用（如电话费、房内小酒吧费、早餐费等），以免漏账。

（4）向宾客出示账单，请宾客审核、确认，并在账单上签字，按已约定的付款方式向宾客收取费用或转入财务部应收账款。

（5）收回客房钥匙。

（6）在宾客结清账款后，在其账单上打印"已付"的印迹，使账单的挂账数为零，然后将一联交给宾客做收据，另一联转送会计组，将金额填入现金收入日报。

（7）在入住登记表的背面盖上结账日期，连同客房钥匙移交前厅接待员，接待员在系统上做相应处理，将该客房转换为走客房。

（8）向客人致谢和道别，并祝其旅途愉快，欢迎再次光临。

2. 团队宾客结账程序

（1）将结账退房的团队名称、团号通知客房中心，以便检查客房酒水的使用情况。

（2）查看团队预订单上的付款方式以及有无特殊要求，做到总账户与分账户分开。

（3）打印团队账单，请该团陪同在团队总账单上签字，并注明他所代表的旅行社，以便与旅行社结算。

（4）为有分账户的宾客打印账单、收银。

（5）与宾客道别。

二、财务相关知识

（一）记账（Billing）

大多数的客账操作都是通过记账的功能来管理的。酒店工作人员可以通过这些功能来选择任何客人、浏览客人账页、过账、更正现有的账目、调整之前的账目、为客人办理离店手续，也可以执行一些其他功能。当客人有消费时，酒店会将消费额记录到对应的科目当中。过夜审时，房费会自动过账到客人指定的账页中。结账时，前台会选择相应的付款方式来结账。如果客人的账目有问题，可以通过相应的功能为客人的账页进行调账。

（二）过账（Posting）

过账功能可以用来做快速过账，即为若干房间的同一科目的各个交易手工过账，或为同一房间的不同科目的若干交易手工过账。过账的功能在记账功能中已经包含，单独把它设立成一个功能，是为了过账方便，并且有部门权限控制的考虑。

拓展阅读

环环相扣方保万无一失

暮秋的一天上午，总台服务人员和往常一样，进行着交接班工作。

8点20分，一位中年男子走到总台对服务人员说："你好，我要退房。"说着把房卡放到总台。总台收银员随即确认房号，电话通知服务中心查房，并办理客人的消费账单。但是客人没有停在总台而径直走向商场，商场部服务员小张面带微笑询问客人："先生，您需要什么？"客人说："要两小包'金芒果'香烟。"小张对客人说："麻烦问一下，您在海天住吗？"客人说："是的，在501房间，挂账吧！"细心的小张刚刚看到客人把房卡放在总台，不知道客人是否在退房，如果是退房，客人就有逃账的可能。职业习惯和强烈的责任感使小张对客人说："先生，您稍等，我去总台问一下您能否挂账。"说着便走向总台，客人急切地问："能否开发票？"小张说："商场不能开，但我可以在总台为您开发票。"客人说："那算了。"

话语间客人和小张已经走到总台，小张从总台接待那里了解到客人正在结账，此时收银员小高接到服务中心电话说，501房间内两条大浴巾不见了。小高看到客人从商场走过来便问道："先生，您见没见到501房间内的两条大浴巾？"客人面带不悦高声说："昨天晚上你们根本没有给我配，我还没有投诉你们，昨天我回来得晚，还没找你们的事呢。"小高对着话筒说："客人说昨天没有配，再查查。"服务中心小徐在电话里："可能没有配吧，让客人先走吧。"与此同时，商场部小张对客人说："总台可以为您开具发票，您是否还需要烟？"客人看上去一反常态，极不高兴而又无奈地拿出100元给小张结账，小张很快为客人找零拿烟，并将消费小票给了总台，以便开发票。

这一切都被质培部人员看在眼里，便到五楼服务中心了解501房间情况，服务中心小徐说："昨天有一个房间里没有配毛巾，501房间里找不到大浴巾，我想可能是没有配。"这时，服务中心领班说："501房间客人住了好几天，查一下房态以及物品配备情况记录。"经过查证，501房间客人从13号入住到18号早上退房，在这5天内，每天都有配备大浴巾的记录，服务中心领班又打电话给清洁服务员，结果是大浴巾配了。质检人员说再到房间查查，501房间除了大浴巾不在，所有物品配备齐全，因此推断，是客人拿走了大浴巾，服务中心人员打电话到总台，收银员小高告知客人已经离开。

由于服务员工作疏忽，给酒店造成了损失。

【点评】

在这个例子中，客人的骗术并没有什么过人之处，只是玩了一个小聪明，虽然被商场部员工小张看了出来，但却在总台蒙混过关。小张凭借职业习惯和认真负责的态度，使客人的伎俩没有最终得逞；同时，抓住客人的心理，在得体的服务中促成客人最终的消费，不仅防止了客人逃账，而且维护了酒店利益。服务中心员工小徐则疏忽大意，在没有认真核对原始记录，没有请示领导的情况下，不负责地回答了总台的问询，使两条大浴巾被偷，给酒店造成了损失。两种不同的工作态度，导致了两种不同的结果，孰是孰非，泾渭分明。

"一句话使人笑，一句话使人跳"。这说明语言艺术的重要性。作为一线的服务人员，研究语言艺术尤为重要。本例中的前台收银员小高，在大庭广众之下，问客人："你见没见到房间内的大浴巾？"这种直截了当的问话方式，使客人陷入尴尬境地，引起客人的不满。服务员询问客人的时候，一定要用礼貌的语言，以委婉的方式，达到既不激怒客人，又能解决问题的目的，最终使宾客、酒店都满意。

兑换"港币"的客人

某日凌晨4:40左右，一胖一瘦两位男士用"回乡证"在前厅接待处办理了入住手续，然后到总台收银交纳了押金："港币"2000元（实为秘鲁币）。收银处晚班员工小李觉得这2000元不太像港币，但客人一直讲钞票为新版本，小李于是收下了押金，并为客人开了收据。随即其中一位客人提出要去打牌，需要兑换"港币"，小李从办公室叫出总台收银老员工小熊为客人服务，小熊接过客人递过来的 5000 元"港币"（实为秘鲁币）放到验钞机前检验，客人见小熊犹豫不定，一再强调这些"港币"是新版钞票，并露出不耐烦的神情，小熊担心引起客人投诉，于是为客人兑换了 5266.5 元人民币。这时，另一位客人又提出还需兑换 2000 元"港币"，小熊以没有那么多现金兑换为由而婉拒了客人。客人直接离开了前台，向大门走去，但这些没有引起收银员的注意。凌晨 5:00 左右，另一个酒店的收银员打电话到总台收银告知有两位男士利用废钞骗取现金一事，小熊与小李才感到情况不妙，马上打电话给大堂副理和监控室，还与各大酒店取得联系，希望如果两人再次出现时能稳住他们，并根据保安部员工提供的线索（客人离开时乘坐一辆白色的"长安之星"面包车）在车场寻找车辆，但没有结果。

【分析】

（1）这是犯罪嫌疑人经过精心策划、利用酒店员工怕投诉、对国际流通货币知识欠缺的心理的一起诈骗案例。

（2）总台收银员小熊、小李警惕性不高，对嫌疑人的一些反常举止：如凌晨办理入住而不上房却又急着兑换外币表现出不机敏；同时，员工的正常思维受嫌疑人的态度所左右，未能按程序上报大堂副理或值班经理，而自作主张予以兑换，造成一定的经济损失。

（3）财务部要加强与各大银行间的联系与沟通。据事后了解，同一犯罪嫌疑团伙已在众多高星级饭店频频得手，工商银行曾向其有业务往来的酒店发布了相关信息，但由于案例发生酒店与工商银行没有外币业务往来，所以未得到信息。

（4）对非住店客人不提供外币兑换服务。

（5）住店客人每天兑换外币金额原则上不超过 2000 元人民币价值。

🌳 任务实施

步骤一 复习上次课布置的工作任务及资料展示。

用分组演示、演讲的方式来展示学生收集到的酒店纸质资料、酒店入住登记单，使其对酒店有一定的认识。对每组演示、收集资料情况进行打分。

步骤二 给出任务载体。

（1）你是前台服务员李密，康乐中心服务员张静打电话询问 1709 客人康美丽是否可以挂账，如可以，客人在康乐中心消费了 190 元，应如何入账？

（2）请为 1106 的爱丽丝女士办理退房手续，查房时客房服务员告知该客人将咖啡洒到床单上，要求赔偿 50 元。

（3）请为 1108 房的理查德、1120 的艾弗森先生办理退房手续，理查德先生的费用由艾弗森先生支付。

（4）请为沈阳海外国际旅行社的客人办理退房手续，领队为李长文先生，客人房间为 0707、0708、0709、0710。

每组同学以抽签的方式决定完成任务的班次，然后进行排练，讨论确定任务完成方案，最后进行情景模拟。

步骤三 工作展示。

每个工作小组展示任务的完成过程中，各选出一名代表进行录像，任务完成后，各组通过录像回放进行自评、互评，教师在学生完成任务过程中对其进行评价。将以上 3 项打分相加的总分作为每名学生的最后得分。

学习考核与评价

教师评价，从中找出优缺点、不足和错误，指出努力改善方向，进行评分，任务评分表详见表 2.4.3，奖励优秀的小组及个人，以进一步掌握正确的工作过程与工作方法，训练学生的工作能力、自我监控能力和评价能力。

表 2.4.3 任务评分表（满分 50 分）

小组编号：　　　　　　　　　　学生姓名/学号：

标准	序号	评分项目	分值	赋分
完成的正确性	1	是否问好	5	
	2	是否委婉地询问客人有无最新消费并入账	5	
	3	是否正确结账	5	
	4	是否询问客人付款方式	5	
	5	是否与客人确认消费并收取正确钱款	5	
	6	是否欢迎客人下次光临并询问是否需要行李接送	5	
	7	前台操作系统是否操作正确	5	
	8	是否更改房态	5	
完成的流畅性	9	完成任务是否流畅，有 1 处停顿扣 1 分，有 2 处停顿扣 2 分，有 3 处停顿扣 3 分，4 处以上不得分	5	
仪容仪表	10	仪容仪表符合预订员要求，仪态大方，服饰干净，不化浓妆，头发干净整齐，修剪指甲。有 1 处扣 1 分，3 处以上不得分	5	
总分				

各小组整理教材、教学参考资料，引导学生建立本学习领域的学习档案，训练学生的工作能力。

思考题

1. 简述如何运用酒店管理系统为 0701 房的李婷办理贵重物品寄存服务。

2. 简述如何运用酒店管理系统为 0601 房的张伟办理港币兑换人民币服务。

【项目推荐阅读书目】

何玮，2022．前厅服务与数字化运营[M]．北京：清华大学出版社．

项 目 小 结

本项目主要介绍了客人住店期间哪些费用可以挂账，怎样判断客人是否可以挂账，客房挂账及杂项入账的基本程序以及办理离店结账服务的基本程序。

项目五 前厅问讯服务与管理

▌项目描述 ─●●●●●

通过完成任务能够为客人提供问讯、保密与留言等服务。

▌项目目标 ─●●●●●

※ **能力目标**

- 能有条理地完成客人的问询。
- 能处理客人要求的保密服务。
- 能处理客人要求的留言服务。

※ **知识目标**

- 掌握前台服务员问讯服务的主要工作。
- 掌握保密服务的注意事项。
- 掌握留言服务的注意事项。

※ **素质目标**

- 具备良好的酒店服务意识。
- 在接待酒店顾客时做到文明待客、礼貌待人。
- 养成积极主动的工作态度。
- 对客服务中，特别是遇到突发事件时，保持头脑清醒，处事沉着冷静、有条不紊。
- 对待外宾服务时不卑不亢。
- 具有会计、金融、货币常识。

工作任务　为客人提供保密、留言与问讯服务

▌任务分析

班级学生 1~3 人一组，一人扮演酒店前厅部总机接待员或前台服务员，其他人扮

演入住酒店的客人，教师设置入住期间的突发问题或客人的特殊要求，学生根据要求将相关信息输入酒店前台操作系统。通过完成任务，学生能够为客人进行房号问讯服务、保密服务和留言服务。

任务布置

（1）为入住酒店的客人提供问讯服务。
（2）为入住酒店的客人提供保密服务。
（3）为入住酒店的客人提供留言服务。

相关知识

一、问讯服务

（一）酒店内部信息的问讯服务

酒店内部信息的问讯通常涉及酒店各营业场所的服务信息，尤其是正在进行的营业推广、促销活动的信息。具体包括：中西餐厅、酒吧、商场、商务中心所在位置、营业时间及促销内容；宴会、会议、展览会举办场所及时间；酒店提供的其他服务项目、营业时间和收费标准，如健身服务、娱乐服务、洗衣服务、医疗服务等。对于不能即刻解答的问题，应通过请教他人或查阅资料给予宾客答复。

（二）酒店外部信息的问讯服务

酒店外部信息的问讯通常涉及酒店所在城市的旅游景点及其交通情况，酒店所在地主要娱乐场所、商业中心、政府机关部门、大专院校以及企业所处位置及市内交通情况，国际/国内航班飞行情况，本地各宗教场所的名称、地址及开放时间等。

由于客人对酒店外部信息的问讯涉及面很广，为了准确地回答宾客提出的问题，问讯员必须具有较广的知识面，掌握大量的信息，外语流利，熟悉酒店所在城市的风光、交通情况，懂得交际礼节及各国、各民族风土人情及风俗习惯等。

为防止语言不通而给宾客带来不便，问讯处可为宾客准备向导卡（分别用英、日、中等不同语言文字标明酒店名称、地址、电话号码及宾客要去的地方），以方便宾客使之不致迷路。前台服务员应热情、耐心、快速地回答宾客提出的问题，并且有问必答，百问不厌。答复要肯定而准确，语言流畅、简明扼要。

（三）酒店问讯处应备有的查询资料

酒店问讯处应准备的书面资料主要有以下几类：
（1）国内、国际航空线的最新时刻表和票价以及航空公司名称。
（2）最新铁路时刻表、里程表和票价。
（3）最新轮船时刻表、里程表和各级舱位的票价。

（4）出租汽车的预订电话及收费标准。

（5）酒店所在地与周围主要城市的距离及抵达方式。

（6）酒店所在地影剧院、歌舞厅的地址和即日上演的节目、时间、票价。

（7）酒店所在地展览馆和博物馆的地址、开放时间及上展项目。

（8）酒店附近银行、医院的名称、地址和电话号码。

（9）酒店所在地政府各部门、大专院校、科研机构的地址和电话号码。

（10）酒店所在地著名餐馆、商场、购物中心的地址及营业时间。

（11）酒店附近教堂、庙宇及旅游名胜的地址、开放时间、抵达方式。

（12）世界地图、全国地图、本省地图和本市地图。

（13）全国、全省和本市的电话号码簿及邮政编码簿。

（14）中国工商企业名录。

（15）本地区旅游景点宣传册、酒店宣传册。

目前，越来越多的酒店正利用多媒体计算机向宾客提供问讯服务。宾客可通过计算机自动查询台，了解当天的各种新闻、体育赛事、股票行情、天气预报以及交通抵离时间等信息。为了方便住店宾客，增加酒店竞争优势，突出酒店产品差异，一些高级酒店利用高科技手段，让住客在客房内的电视机屏幕上就可查到各种信息。

二、为客人提供保密服务程序

有些住店客人由于某种原因，会要求酒店对其所住的房间号码进行保密。具体处理程序如下：

（1）接受住客房号保密要求时，要问清楚客人保密程度。是绝对保密，还是相对保密，只接听某些电话或只接待某位客人的来访。

（2）准确记录需保密的房号、起止时间和特殊要求。

（3）在系统上设保密标记。

（4）通知有关部门和人员做好保密工作。当有人来访或来电话查询要求保密的客人时，接待员或接线员应告知该客人未入住本店。

（5）当客人要求解除保密或变更保密程度时，要认真做好记录，取消或更改系统上的标记，并通知有关部门和人员。

三、为客人提供留言服务程序

1. 访客留言服务

访客留言是指来访宾客对住店宾客的留言。当被访的客人不在酒店时，问讯员应主动向来访者建议留言。如果客人愿意留言，问讯员在接受留言时，应请访客填写"访客留言单"，问讯员过目后签名；也可由客人口述，问讯员记录，客人过目后签字，并将访客留言信息输入系统。

2. 住客留言服务

住客留言是指住店宾客给来访宾客的留言。住客离开客房或酒店时，希望给来访者（含电话来访者）留言，服务员应请住客填写"住客留言单"，一式二联，前台与电话总机各保存一联，前台将住客留言信息输入系统。若宾客来访，服务员可将留言内容转告来访者。由于住客留言单已注明了留言内容的有效时间，若错过了有效时间仍未接到留言者新的通知，可将留言单作废。此外，为了确保留言内容的准确性，尤其在受理电话留言时，应注意掌握留言要点，做好记录，并向对方复述一遍，以得到对方确认。

 拓展阅读

客人想去长城

一个星期天，北京某酒店服务台问讯处，一位英国来华的乔治先生，在问讯台前踌躇，似有为难之事，服务员小胡见状，便主动询问是否需要帮助。乔治先生说："我想去游览八达岭长城，乘旅行社的专车去，他们配有讲英语的导游，对我游览有很大的帮助。"小胡问："乔治先生，您昨天预订旅行车票了吗？"乔治答："没有，因为昨天不想去，今天我又冒出想去的念头。"小胡知道，酒店规定，去长城游览的客人必须提前一天登记，这样旅行社的车第二天才会到酒店来接客人，而昨天没有一个客人登记，这样旅行社的车肯定不会来了，小胡想了想对乔治先生说："请您稍等，我打电话给旅行社联系，若还没发车，请旅行社开车到酒店来接您。"小胡马上打电话给旅行社，旅行社告之：去八达岭长城的车刚开走，请直接与导游联系，并告知导游的手机号，于是，小胡又马上与导游联系，导游同意并说马上将车开到酒店接乔治先生。小胡放下电话，对乔治先生说："乔治先生，再过 10 分钟，旅行车就来接您，请您稍等。"乔治先生很是感动地连声说："谢谢！"

【评析】

问讯员小胡对乔治先生的接待是积极主动、热情礼貌的，如见到在前台问讯处踌躇的乔治先生，主动询问："乔治先生，您有什么事需要我帮助吗？"当得知情况后，对乔治先生说："请您稍等，我马上帮您联系。"体现了小胡真正视客人为上帝。小胡既遵守酒店的规定，又在不违反原则的情况下，为乔治先生提供超常规服务，表现了小胡善于动脑、思维敏捷、办事效率高，使乔治先生能很快实现游览八达岭长城的愿望。

【案例小结】

前厅部的工作决定了酒店在客人心目中的"第一印象"和"最后印象"，这些印象（工作人员工作态度、责任感、言谈举止、礼貌礼节）决定着客人对酒店的总体评价，这些评价又影响着客人对酒店的选择，对客人询问问题的回答、帮助，更会给客人留下非常独特的印象和感受。因此，前厅部工作质量的好坏、效率的高低，对酒店整体形象、业务的开展、订房率的高低的影响是非常大的。

本案例中的服务员小胡深知这一点，因此他在工作中观察细心，主动及时地给予乔治先生帮助，给客人留下美好的印象。

🌱 任务实施

步骤一 情景引入（布置任务，分组）。

前厅部晨会：

（1）前厅部大堂副理李威公布今日工作。

（2）早、中、晚 3 个班次中遇有客人的特殊要求要尽量给予满足。

（3）每日培训，今日培训内容具体如下：

① 掌握接待客人问讯的基本要求和程序；

② 掌握接待客人要求房号保密的基本要求和程序；

③ 掌握客人要求留言的基本要求和程序。

步骤二 工作任务实施。

（1）早班：你是沈阳××国际酒店服务员王丹，1501 房的澳大利亚籍客人汤姆斯先生询问你如何去沈阳故宫，酒店的西餐厅都有哪些特色餐饮，收费如何以及营业时间。

（2）午班：你是沈阳××国际酒店服务员王丹，1801 房的美籍客人约翰逊先生询问他的押金还有多少钱，延住两天还要交多少押金？能否在酒店商务中心挂账，如何收费，营业时间如何等。

（3）晚班：1901 房的美籍客人丽莎要求前台为其进行房号保密，时间到次日凌晨。

（4）夜班：1902 房的客人张庭要求前台为其进行留言服务，留言给 1903 房的客人米奇：他将与其明晚 6 时在本酒店咖啡厅进行会谈。

每组同学以抽签的方式决定完成任务的班次，然后进行排练，讨论确定任务完成方案，最后进行情景表演。

步骤三 成果展示及评定反馈。

每个工作小组展示任务的完成过程中，各选出一名代表进行录像，任务完成后，各组通过录像回放进行自评、互评，教师在学生完成任务过程中对其进行评价。将以上 3 项打分相加的总分作为每名学生的最后得分。

✋ 学习考核与评价

教师评价，从中找出优缺点、不足和错误，指出努力改善方向，进行评分，奖励优秀的小组及个人，以进一步掌握正确的工作过程与工作方法，训练学生的工作能力、自我监控能力和评价能力。

课上工作任务的各项评分说明详见表 2.5.1，任务评分表详见表 2.5.2。

表2.5.1 任务评分说明

评分项目	4分	8分	12分	16分	20分
完成服务质量	无法为顾客提供此项服务	不能按时完成任务，在服务过程中出现3处以上的错误	不能按时完成任务，在服务过程中出现2~3处错误	能够按时完成任务，在服务过程中出现1处错误	能够按时完成任务，服务过程准确完整
完成的正确性	完成情况较差，出现5处以上错误	完成情况一般，出现3~5处错误	完成情况基本正确，出现1~2处错误	完成情况良好，出现1处错误	完成情况良好，无错误
完成的流畅性	任务完成过程中出现5次以上停顿，任务完成混乱无序	任务完成过程中出现3~5次停顿，组员之间缺乏配合	任务完成过程中出现2~3次停顿，组员之间配合默契	任务完成过程中出现1次停顿，组员之间配合默契	任务完成过程流畅，组员之间配合默契
表情和肢体语言	表情紧张，无相应的肢体语言	表情较为紧张，能运用少量的肢体语言	表情较为自然，能运用少量的肢体语言	表情较为自然，能运用相应的肢体语言	表情自然、大方得体，肢体语言运用流畅自如
精神面貌、服装仪表	情绪消极，仪容仪表不符合酒店服务标准	较为被动，仪容仪表不符合酒店服务标准	能主动进入角色，仪容仪表基本符合酒店服务标准	能主动配合他人完成任务，仪容仪表符合酒店服务标准	在任务完成中起到带动作用，积极参与任务完成，仪容仪表符合酒店服务标准

表2.5.2 任务评分表（满分100分）

小组编号：　　　　　　　学生姓名/学号：

评分项目	4分	8分	12分	16分	20分
完成服务质量	○	○	○	○	○
完成的正确性	○	○	○	○	○
完成的流畅性	○	○	○	○	○
表情和肢体语言	○	○	○	○	○
精神面貌、服装仪表	○	○	○	○	○
总分					

　　各小组整理教材、教学参考资料，引导学生建立本学习领域的学习档案，训练学生的工作能力。

 思 考 题

　　如何为客人提供问讯、保密与留言等服务？

【项目推荐阅读书目】

何玮，2022. 前厅服务与数字化运营[M]. 北京：清华大学出版社.

项 目 小 结

本项目主要介绍了前台服务员问讯服务主要工作、保密服务注意事项、留言服务注意事项等。

项目六 前厅礼宾服务与管理

项目描述 —•••••

通过完成任务，学生作为酒店前厅部礼宾服务员能够为酒店客人提供迎送服务、行李服务。

项目目标 —•••••

※ **能力目标**

- 能够作为礼宾部的服务员完成迎送服务。
- 能够作为礼宾部的服务员完成行李服务。
- 能够掌握"金钥匙"的工作内容。

※ **知识目标**

- 掌握礼宾服务的主要工作及工作程序。
- 掌握迎送服务的注意事项。
- 掌握行李服务注意事项。
- 掌握"金钥匙"的含义。

※ **素质目标**

- 具备良好的酒店服务意识。
- 在接待酒店顾客时做到文明待客、礼貌待人。
- 养成积极主动的工作态度。
- 对客服务中，特别是遇到突发事件时，保持头脑清醒，处事沉着冷静、有条不紊。
- 对待外宾服务时能不卑不亢。
- 能够掌握一门外语。

工作任务 为客人提供迎送、行李服务

任务分析

班级学生 2~3 人一组，一人扮演酒店前厅部礼宾部行李员，其他人扮演入住酒店的客人，教师设置客人到店后的突发事件或客人的特殊要求，学生根据要求完成任务。

任务布置

（1）为入住酒店的客人提供迎送服务。
（2）为入住酒店的客人提供行李服务。

相关知识

礼宾服务的英文名称是 concierge。为体现酒店的星级和服务水准，许多高星级酒店设立礼宾部，下设酒店代表、迎宾员、行李员、委托代办等岗位，为宾客提供周到的、人性化的礼宾服务。因此，礼宾部员工的整体素质和服务质量至关重要。礼宾服务主要包括迎送服务和行李服务。

礼宾部的
主要职责

一、迎送服务

1. 门厅迎送宾客服务工作程序

门厅迎送宾客服务，是对宾客来到酒店正门时所进行的一项面对面的服务，此项工作由门厅应接员负责。门厅应接员也称行李员或门童（door man、door boy、door girl），是代表酒店在正门口迎送宾客的专门人员，一般穿着标志醒目的制服，站在正门的两侧或台阶下、车道边，承担迎送宾客、调度车辆、协助保安员和行李员等人员工作的任务。要求在上岗时，要着装整洁、精神饱满、动作迅速、姿势规范、语言得体、热情、礼貌、细心、周到，善于创造一种热烈欢迎客人的气氛，满足客人受尊重的心理。

礼宾服务

2. "金钥匙"的含义

"金钥匙"英文是 concierge，来源于法国，原意为"钥匙保管者"，指古代酒店的守门人，负责迎来送往客人和酒店钥匙的保管。

在现代酒店业中，concierge 已成为向宾客提供全方位、一条龙服务的代名词，其服务哲学是：尽管不是无所不能，但一定要竭尽所能。只要不违反道德和法律，任何事情都尽力办到，而且要办好，以满足客人的需要。

在国际上，concierge 被视为酒店个性服务的重要标志，有人称它为"现代酒店之魂"。concierge 的国际性组织是"国际金钥匙协会"，成立于 1952 年 4 月 25 日。

3. "金钥匙"的工作内容和职责

（1）保持良好的职业形象，以大方得体的仪表，亲切自然的举止迎送抵离酒店的每一位宾客。

（2）全面掌握酒店的客房状态、销售现状、餐饮情况及其他有关信息。

（3）全方位满足住客提出的特殊要求，尽其所能提供多种服务。

（4）协助大堂副理处理酒店各类投诉。

（5）协助客务关系经理建立与宾客间的良好关系。

（6）协同保安部对行为不轨的宾客进行调查。

（7）将上级指令、所发生的重要事件或事情详细记录在行李员、迎宾员交接班记录本上，每日早晨呈交前厅部经理，以便查询。

4. 迎客服务工作内容和服务程序

（1）客人抵店时，面带微笑，向客人点头致意，表示欢迎，并道声："Welcome to our hotel（欢迎光临）"，同时为客人拉开门，将客人迎进酒店。

（2）若客人是乘车抵达，则将车辆引领到适当的位置停车，以免酒店门前交通堵塞。

（3）车停稳后，上前替客人打开车门，热情地向客人致意并问候。开车门时，用左手拉开车门成 90° 左右，右手挡在车门上沿，为宾客护顶，防止宾客碰伤头部，并协助宾客下车。

（4）协助行李员卸行李，注意检查有无遗漏物品。指引司机将车开走或停到合适的地方。

（5）准确、及时地为客人拉开门，由行李员引领宾客进入酒店大堂。

（6）团体客人抵店前，要做好迎接的准备工作。

（7）住店客人进出酒店时，要热情地招呼致意，对于 VIP 客人和常客，要努力记住其姓名，以示尊重。

5. 送客服务工作内容和服务程序

（1）客人离店时，主动热情地为客人叫车，并把车引导到合适的位置。

（2）将行李装好，请客人清点确认。

（3）请客人上车，为客人拉开车门，为其护顶，待客人坐稳后，向客人道别并关好车门。

（4）站在汽车斜前方 1 米左右的位置，当汽车启动时，挥手向客人告别，目送客人，以示礼貌和诚意。

（5）送别团队客人时，应站在车门一侧，向客人点头致意，如遇行动不便的客人，应扶助客人上车。等客人上车完毕，示意司机开车。向客人挥手道别，目送客人离店。

二、行李服务

行李服务是由前厅部行李员向客人提供的一项重要服务。由于散客和团队客人有许多不同的特点，其行李服务的工作内容与服务程序也不相同。

1. 散客入住行李服务工作内容与服务程序

（1）客人乘车抵店时，行李员主动上前迎接，向客人表示欢迎。

（2）客人下车后，迅速卸下行李，请客人清点行李件数并检查行李有无破损。

行李服务流程

（3）引领客人进入酒店大堂至前厅。引领客人时，要走在客人的左前方，距离二三步，步伐节奏要与客人保持一致，拐弯处或人多时，要回头引领客人。

（4）看管行李，等候宾客。引领宾客到前厅接待处后，行李员应站在客人身后 1.5 米处，看管行李，等候客人办理入住登记手续。

（5）待客人办好手续后，行李员应主动走上前，从接待员手中领取房间钥匙，帮助客人提拿行李，引领客人去客房。

（6）乘电梯。到达电梯口时，放下行李，按下电梯按钮，当电梯门打开时，请客人先进入电梯，然后提拿行李进电梯，站在电梯按钮的一侧，按下楼层键。电梯到达楼层时，应请客人先出电梯，然后提拿行李继续引领客人到房间。

（7）敲门进房。到达房间门口，应先按门铃，再敲门，房内无反应，则用钥匙开门。

（8）进房。开门后，立即打开电源总开关，确认房间属可售房后，退至房门一侧，请宾客进房。将行李放在行李架上或按客人的吩咐放好，将钥匙交给客人。注意行李车不能推进房间，如果是白天，要为客人拉开窗帘。若开门后发现房内有客人的行李或未整理，或是客人对房间不满意，要立即向客人致歉，并与前厅接待处联系，迅速为客人换房。

（9）介绍房内设施及使用方法。向客人简要介绍房内的主要设施及使用方法。

（10）离开房间。介绍完毕后，征求客人有无吩咐，如客人无其他要求，则向客人道别，并祝客人愉快，然后将房门轻轻关上，迅速离开。

（11）返回礼宾部，填写"散客入住行李搬运记录"。

2. 散客离店行李服务工作内容与程序

（1）站在大门及前厅附近的行李员，应时刻注意大堂内宾客动态，见有宾客携带行李离店时，应主动上前提供服务。

（2）当有离店客人要求提供行李服务时，应问清客人的姓名、房间号码、行李件数及搬运时间等，并详细记录。

（3）按时到达客人所在的楼层，进入房间前，要先按门铃，通报自己的身份，得到客人允许后才能进入房间。

（4）和客人一起清点行李件数，并检查行李有无破损，系上填好的行李卡（注明"OUT"字样、房号、件数）。提醒客人不要遗留物品在房间，然后提拿行李离开房间。

（5）来到大堂后，应先到前厅收银处确认客人是否已结账；若客人还未结账，应礼貌地告知客人收银处的位置。客人结账时，要站在客人身后 1.5 米处等候。待客人结账完毕，将行李送到大门口。

（6）再次请客人清点行李件数，确认无误后，将行李装上车，提醒客人交回房间钥匙，向客人道别，祝客人旅途顺利、愉快。

（7）返回礼宾部，填写"散客离店行李搬运记录"。

3. 团队行李入店服务工作内容与程序

（1）团队行李到达时，由领班或值班员与送行李来的人清点行李件数，检查行李的破损及上锁情况，然后填写"团队行李进出店登记表"。核对无误后，请送行李来的人签名。如果行李有破损、没上锁或有其他异常情况（提手或轮子损坏、开裂、潮湿等），须在记录表及对方的行李交接单上注明，并请来人签字证明，必要时通知团队陪同和领队。

（2）将行李运进行李房，给每件行李系上行李牌，根据接待处的团队用房分配表，准确查出客人的房号，并将其注明在行李牌上，以便分送到客人房间。

（3）根据分房情况，使用工作电梯及时将行李送到房间。将行李平稳地装在行李车上，同一楼层的行李集中装运。同时送两个以上团队的行李时，应由多个行李员分头负责运送或分时间单独运送。

（4）行李送到楼层后，应将行李放在门一侧，轻轻敲门三下，报称"行李员"。客人开门后，主动向客人问好，把行李送入房间内，等客人确认后方可离开。

（5）每送完一个房间客人的行李，行李员要及时地把房间号码和行李件数记录下来。

（6）对于破损和无人认领的行李，应及时与陪同和领队取得联系，以便妥善解决。

（7）行李分送完毕，行李员要迅速返回礼宾部，将送取每间客房的行李件数准确地登记在"团队行李进出店登记表"上，并与刚抵店时的总数进行核对，以确保无误。

（8）根据团队行李进出店登记表上的时间顺序存放。

4. 团队行李离店服务工作内容与程序

（1）接到团队行李离店通知后，应准确记录团队名称和运送行李时间，找出该团抵店时所填写登记表并重建此表。

（2）安排行李员推行李车去各楼层收取行李。行李员按登记表上的房号逐间收取行李，与客人确认行李件数，并做好记录。

（3）集中行李。将该团队所有行李拉到指定位置，与陪同或领队检查核对行李件数是否相符，有无错漏，确定无误后，请陪同或领队在登记表上签字，行李员同时签字。

（4）看管行李。行李离店前，应由专人看管，如果行李需较长时间才离店，要用行李网将所有行李罩起来。

（5）装车。待运送行李的车到达后，认真核对团队名称、人数等，协助押运员将行李装车，并由押运员清点行李件数，在登记表上签字，注明车号。

（6）完成行李交接后，由领班填写行李进出店登记表并交回礼宾部存档。

5. 客人换房时行李服务程序及要求

（1）接到前厅接待处换房通知后，要问清客人房号，并确认客人是否在房间。

（2）到达客人房间门口，应先敲门，经客人允许后方可进入。

（3）与客人一起清点要搬的行李及其他物品，然后小心地装上行李车。

（4）引领客人进入新换的房间后，帮助客人将行李物品放好，收回客人原住的房间钥匙和房卡，并将新的房间钥匙和房卡交给客人，如客人没有其他服务要求，则向客人道别，离开房间。

（5）返回酒店大堂，将客人原住的客房钥匙和房卡交给前厅接待员，并告知换房结束。做好换房行李服务记录。

6. 行李的寄存服务工作内容与程序

（1）确认客人的身份。当客人要求寄存行李时，要礼貌地问清客人的姓名和房号，原则上酒店只为住店客人提供行李寄存服务。

（2）了解客人寄存行李的要求，是短期寄存（24小时内）还是长期寄存（超过24小时）。

（3）问清行李的种类，向客人说明贵重物品，易燃、易爆、易碎、易腐烂的物品或违禁物品不予寄存。

（4）检查行李。行李员应认真检查每件行李是否已上锁，是否属于可寄存的行李物品。

（5）请客人填写一式两份的"行李寄存单"，核实并签名。

（6）将寄存单的上联（提取联）交给客人，提醒客人注意保存，作为提取行李的凭证，将下联（寄存联）系在行李上。

（7）将行李放入行李房中，分格整齐摆放。同一客人的行李要集中摆放，并用绳子串在一起。行李房要上锁，钥匙由专人保管。

7. 行李的提取服务工作内容与程序

（1）客人提取行李时，礼貌地请客人出示行李提取联。

（2）核对提取联与寄存联，如果两部分完全吻合，则将行李提出。

（3）请客人当面清点、检查行李后，将行李交给客人，并请客人在行李暂存记录上签名。同时把寄存单的上联和下联订在一起存档。

（4）如果客人丢失寄存单，行李员一定要凭借能够证明客人身份的证件领取行李，并要求写下行李已取的证明。如果不是客人本人来领取行李，则一定请代领人出示有效证件，并登记证件号码，否则不予放行。

（5）帮助客人将行李送到门口，向客人道别。

（6）对于长期无人认领的行李，应及时报告部门经理处理。

 拓展阅读

解决客人的困难

某日上午，一位女住客急匆匆地来到酒店大堂的礼宾部，手里还拿着两张发票，她径直走到身着燕尾服的"金钥匙"服务员小方面前："您是酒店的'金钥匙'吗？有这样一件事请您帮忙，今天早上我是乘坐出租车来到你们酒店的，刚才我收拾物品时才发现我把摄影机的架子忘在出租车的后排座位上了，而且司机撕给我的发票是长途汽车的发票，不是出租车的发票，这让我回去怎么报销呢？"客人语气急促地说。

小方说："小姐，您别着急，让我们一起想办法。请问您早上大约几点到达我们酒店的？"

客人说："具体时间记不清了。"

"请出示一下您的房卡好吗？"小方接过客人递过来的房卡并告诉客人在酒店大堂稍候一下，随即到前台接待处，查询了这位客人办理入住的具体时间。又到大门口询问是谁帮助这位客人打开车门。行李员小卢说："是我接待这位女士的，当时我上前为这位女士拉车门、护顶，她示意让我到车后备厢取行李，打开后备厢后一共拿出了两个皮箱，当时我还仔细看了一下没有其他行李，这时后面又有其他的出租车来了，我就赶紧关了车门，并迅速在提示卡上记下了这辆出租车车号交给了她，帮着提着行李来到了前台。"小方分析，一方面，是客人自己遗失了一件行李，她可能怕把摄影架压坏弄脏，自己坐在前排，摄影架没有放在车后备厢而单独放在了车的后排，下车时忘了提醒行李员；另一方面，行李员也粗心，一时疏忽也没有检查一下。现在唯一的办法是看能不能找到出租车司机，那就要通过行李员留给客人的那张提示卡了。小方快步来到大堂，那位女士充满期盼地迎了过来。

小方说："让您久等了，我问一下早上您下车时，行李员给您的那张提示卡还在吗？"

客人："好像还在，我找一下。"她在手提袋里翻找起来，终于找到了一张团成一团的提示卡。

"就是这张小小的提示卡，上面有那辆出租车公司的名字和出租车牌号。给我吧，我马上去和该公司联系一下。"小方微笑着说。

小方立即通过礼宾部联系到了出租车调配中心，找到了这家出租车公司的电话，在电话里向对方说明了情况，对方表示将以最快的速度找到司机，态度诚恳地做出口头承诺："我们马上派人在半小时内把发票和摄影架送到酒店前厅部，决不耽误客人的时间，抱歉了。"

　　20分钟后，一辆出租车停在酒店门口，司机把发票和摄影架送到了前厅部。小方迎上前去，对司机表示了感谢，司机也向客人表示了歉意。拿到摄影架和发票的付小姐对小方高兴地说："太谢谢你们了，谢谢你们的细心和周到，还有这张给我留下美好回忆的提示卡。"客人感激不已，脸上露出了灿烂的微笑。

【分析】

这是一个帮助客人及时解决困难的服务案例。

在酒店服务程序中，很多酒店在客人上下出租车时，都要做一个提示卡的记录，上面写有出租车公司的名字和车牌号。虽然是一个简单的服务项目，关键时刻却起到很大作用。在本案例中，小方接到客人的求助之后，就是从一张提示卡着手打开了缺口，帮助客人拿到了摄影架和发票。这充分地说明，酒店向客人发放的提示卡是完善酒店服务中必不可少的服务项目，小小提示卡在酒店服务中起着重要作用。虽然比较烦琐，还应该继续这样做。客人求助酒店完成本职以外的工作时，有关人员一定要尽力满足客人的要求，这是十分重要的。

求方便、及时、急人之所急，是客人普遍心理需求特征，无论是哪种服务消费目的的顾客，都希望能够为他们提供尽量方便的条件和及时的服务。

（1）"提示卡"——这个名字叫得多好！就是这样一个小小的提示卡，不知帮助过多少客人寻回自己丢失过的物品，甚至能够帮助公安机关侦破刑事案件。通过这件小事，你有什么启发？

（2）案例中的客人还是保留了提示卡，假设客人真的是将提示卡丢失了，那么您将会怎么处理此事呢？

（3）在"金钥匙"的服务中，你体会到了什么？

任务实施

步骤一　情景引入（布置任务，分组）。

前厅部晨会：

（1）沈阳××假日酒店前厅部礼宾部主管赵强公布今日工作。

（2）早、中、晚3个班次中遇有客人的要求要尽量给予满足。

（3）每日培训，今日培训内容具体如下：

① 掌握迎送客人的基本要求和程序；

② 掌握为客人提供行李服务的基本要求和程序；

③ 掌握客人要求寄存行李的基本要求和程序。

步骤二　工作任务实施。

（1）早班1：你是沈阳××假日酒店礼宾部服务员王强，今早你接到任务，下午有沈阳××国际旅行社"沈阳三日游"的团队客人11人，由你负责迎送服务。

（2）早班2：你是沈阳××假日酒店礼宾部行李员李明，下午你接到任务，晚上 7

点左右有沈阳××国际旅行社"沈阳三日游"的团队客人 11 人，由你负责行李服务。

（3）午班 1：1903 房的美籍客人丽莎拿着一些名牌手提袋来礼宾部请求行李寄存，你是礼宾部行李员，你应如何处理？

（4）午班 2：你是沈阳××假日酒店礼宾部行李员李明，请你迎接刚到店的客人许文一家三口。

（5）晚班 1：沈阳市××国际旅行社的导游员张静到礼宾部对行李员说，她的 5 位客人要求寄存一些食品和行李，假如你是行李员，你应如何处理？

（6）晚班 2：1903 房的美籍客人梅丽莎女士找到金钥匙，要求他为自己订购去往纽约的机票，另外她想在中国旅游，为期 5 天，假如你是这位金钥匙，你应如何帮助客人？

每组同学以抽签的方式决定完成任务的班次，然后进行排练，讨论确定任务完成方案，最后进行情景表演。

步骤三 成果展示及评定反馈。

每个工作小组展示任务的完成过程中，各选出一名代表进行录像，任务完成后，各组通过录像回放进行自评、互评，教师在学生完成任务过程中对其进行评价。将以上 3 项打分相加的总分作为每名学生的最后得分。

学习考核与评价

教师评价，从中找出优缺点、不足和错误，指出努力改善方向，进行评分，奖励优秀的小组及个人，以进一步掌握正确的工作过程与工作方法，训练学生的工作能力、自我监控能力和评价能力。

具体任务评分表详见表 2.6.1 和表 2.6.2。

表 2.6.1　任务评分表（1）（满分 100 分）

小组编号：　　　　　　　　学生姓名/学号：

迎客评分项目	4 分	8 分	12 分	16 分	20 分
开车门时微笑、问候及动作是否规范	○	○	○	○	○
发票开具是否准确及时	○	○	○	○	○
是否主动为客人帮提行李	○	○	○	○	○
礼宾台站位的行李员微笑、问候是否正常，是否能流利地回答客人的询问	○	○	○	○	○
动作优雅，仪容仪表是否符合要求	○	○	○	○	○
总分					

表 2.6.2　任务评分表（2）（满分 100 分）

引领评分项目	4分	8分	12分	16分	20分
在引领客人时，是否主动热情，礼貌问候；离开时是否有道别语	○	○	○	○	○
在引领客人到房间后，是否向客人介绍酒店的服务项目及设施	○	○	○	○	○
在引领客人进入房间后，是否向客人介绍房间内设施设备的位置及使用方法，具体包括钥匙、窗帘/灯、房间朝向、床头灯电控板、冰箱、电视机/空调、保险箱、电吹风、热水器等	○	○	○	○	○
在引领过程中，是否流利地回答客人提出的问题，对客人交办的事项是否及时给客人以答复	○	○	○	○	○
动作优雅，仪容仪表是否符合要求	○	○	○	○	○
总分					

各小组整理教材、教学参考资料，引导学生建立本学习领域的学习档案，训练学生的工作能力。

思 考 题

1. 假设你是沈阳××酒店礼宾部行李员李明，请你思考该如何迎接刚到店的客人李彤。

2. 假设你是沈阳××酒店金钥匙，有位客人昨天将钱包落在了出租车上请求你帮忙寻找，请你思考该如何帮忙。

【项目推荐阅读书目】

何玮，2022. 前厅服务与数字化运营[M]. 北京：清华大学出版社.

项 目 小 结

本项目主要介绍了为客人提供迎送服务的注意事项、为客人提供行李服务的注意事项以及"金钥匙"服务的含义。

项目七 总机服务与管理

▌项目描述 ─●●●●●●

通过完成任务，学生能够作为酒店前厅部总机服务员为酒店客人提供电话转接服务、叫醒服务、电话留言服务等。

▌项目目标 ─●●●●●●

※ 能力目标

- 能及时准确转接内线、外线电话。
- 能及时准确处理客人要求的叫醒服务。
- 能及时准确处理客人要求的电话留言服务。

※ 知识目标

- 掌握总机服务员电话转接的工作流程及注意事项。
- 掌握总机服务员电话转接服务的注意事项。
- 掌握电话留言服务的注意事项。

※ 素质目标

- 具备良好的酒店服务意识。
- 在接待酒店顾客时做到文明待客、礼貌待人。
- 养成积极主动的工作态度。
- 对客服务中，特别是遇到突发事件时，保持头脑清醒，处事沉着冷静、有条不紊。
- 对待外宾服务时不卑不亢。
- 声音甜美、会讲普通话，掌握至少一门外语，能流利地与外宾进行沟通。

工作任务 电话转接、叫醒、电话留言等服务

任务分析

班级学生 2～3 人一组，一人扮演酒店前厅部总机接待员，其他人扮演入住酒店的

客人，教师设置客人到店后的突发事件或客人的特殊要求，学生根据要求完成任务。

任务布置

（1）为入住酒店的客人提供电话转接服务。

（2）为入住酒店的客人提供叫醒服务。

（3）为入住酒店的客人提供电话留言服务。

相关知识

一、如何为客人提供电话转接服务

（1）外线应答："您好，××酒店。（××hotel，May I help you？）"内线则应答："您好，总机。（Operator，May I help you？）"

（2）认真聆听客人的要求，迅速准确地接转电话，并说"请稍等"。如果没有听清楚，可礼貌地请客人再重复一遍。

（3）在等候转接时，按音乐保留键，播放悦耳的音乐。

（4）转接之后，铃响 30 秒（五声），如对方无人接听电话，应向宾客说明："对不起，电话没有人接听，您是否需要留言或过会儿再打来？"给住客留言的电话一律转到前厅前台；给酒店管理人员的留言（非工作时间或管理人员办公室无人时），一律记录下来，并重复、确认，通过寻呼方式或其他有效方式尽快将留言转达给相关管理者。

（5）如果电话占线或线路繁忙，应请对方稍等，并使用音乐保留键，播放悦耳的音乐。

二、如何提供叫醒服务

叫醒服务是酒店对客服务的一项重要内容。它涉及客人的日程安排，特别是叫早服务（morning call、wake-up call）往往关系到客人的航班和车次。

1. 人工叫醒服务程序

（1）受理宾客要求叫醒的预订。

（2）问清要求叫醒的具体时间和房号。

（3）填写叫醒记录单，内容包括房号、时间、（服务员）签名。

（4）在定时钟上准确定时。

（5）定时钟鸣响，服务员接通客房分机，叫醒客人："早上好，现在是××点，您的叫醒时间到了。"

（6）核对叫醒记录，以免出现差错。

（7）若客房内无人应答，5 分钟后再叫一次；若仍无人回话，则应立即通知客房服务中心或大堂经理，派人前往客房实地察看，查明原因。

2. 自动叫醒服务程序

（1）受理宾客要求叫醒的预订。

（2）问清叫醒的具体时间和房号。

（3）填写叫醒记录单，清楚记录叫醒日期、房号、时间、记录时间、话务员签名。

（4）及时将叫醒信息输入自动叫醒系统，并检查屏幕及打印机记录是否准确。

（5）夜班话务员应将叫醒记录按时间顺序整理记录在交接班记录本上，整理、输入、核对并签字。

（6）当日最早叫醒时间之前，应先检查叫醒机是否正常工作，打印机是否正常打印。若发现问题，应及时通知工程部，并迅速进行人工叫醒。

（7）检查自动打印记录，检查叫醒工作有无失误。

（8）对无人应答的房间，可用人工叫醒方法补叫一次。若还无人应答，应立即通知客房服务中心或大堂经理，进行敲门叫醒，并在交接班记录本上做好记录。

三、如何提供电话留言服务

（1）问清留言人姓名、电话和受话人姓名、房号。

（2）记录留言内容，并复述一遍，尤其注意核对数字。

（3）答应在指定时间内将留言转交受话人，请对方放心。

（4）开启客人房间的留言指示灯。

（5）客人回房间后打电话询问时，把留言念给客人听。

（6）客人收到留言后，服务员要及时关闭客人房间的留言指示灯。

 拓展阅读

没有叫醒的客人

一天早晨 9 点时，上海某酒店大堂黄副理接到住在 806 房间的客人的投诉电话："你们酒店怎么搞的，我要求叫醒服务，可到了时间，你们却不叫醒我，误了我乘飞机……"，不等黄副理回答，对方就"啪嗒"一声挂了电话，听得出，客人非常气愤。

黄副理意识到这投诉电话隐含着某种较为严重的势态，于是查询当日 806 房间的叫醒记录，记录上确有早晨 6 点半的叫醒服务要求，根据叫醒仪器记录和总机接线员回忆，6 点半时确为 806 房客人提供过叫醒服务，当时客人曾应答过，黄副理清楚了情况断定，责任不在酒店，但黄副理仍主动与 806 房客人联系。"孔先生，您好！我是大堂副理，首先对您误了乘飞机而造成的麻烦表示理解。"黄副理接着把了解到的情况向客人做了解释。但客人仍怒气冲冲地说："你们酒店总是有责任的，为什么不反复叫上几次呢？你们应当赔偿我的损失！"客人的口气很强硬。"孔先生，请先息怒，现在我们暂时不追究是谁的责任，当务之急是想办法把您送到要去的地方，请告诉我，您去哪儿，最迟必须什么时候到达"。

黄副理的真诚，使客人冷静下来，客人说他明天早晨要参加西安的一个商贸洽谈会，所以今天一定要赶到西安。黄副理得知情况后，马上请酒店代售机票处更改下午去西安的机票，而代售处下午去西安的机票已售完。黄副理又打电话托他在机场工作的朋友，请务必想办法更改一张下午去西安的机票，后来还派专车去机场更改机票。

孔先生接到更改的机票后，才坦承自己今晨确实是接到过叫醒电话，但应答后又睡着了，责任在自己，对黄副理表示歉意。

【分析】

叫醒服务是饭店为方便客人乘飞机、火车或小睡后赴约、洽谈，应客人要求而提供的一项服务，要求客人填写叫醒记录单，话务员在受理此项服务时，应认真负责，慎重准时。

本案例的责任显然不在酒店，而客人又将责任推给酒店，大堂黄副理在接受投诉时并未与客人争论是非，而是站在客人立场上，设法帮助客人解决首要问题。

酒店有一个原则："顾客至上"。本案例中黄副理严格遵循这一原则，有理也要让客人，同时也表现了黄副理的服务意识强，如，首先当务之急是想办法把客人送到目的地，其次是打电话帮助更改机票。

当客人无理要求赔偿时，黄副理并没有与客人论理是否该赔偿（这个要求是不合理的），只是很真诚地请客人告诉他所要去的地方，以解决最需要解决的问题。体现黄副理处理投诉时的冷静、理智及大度大气。

黄副理处理投诉的效率高，一接到投诉电话，就马上调查了解，得知真实情况后，又主动与客人联系，处理问题果断、利索、灵活，整个过程思路清晰，环环相扣，最后问题得到解决，客人也很满意，也为黄副理的真诚而打动，因而主动承认了自己的过错。

【案例小结】

本案例在处理客人的投诉中，黄副理面对脾气大、将责任转嫁给酒店的孔先生，黄副理不予争辩，并采取相应的补救措施来挽回客人的损失，在维护酒店利益的同时又没有损害客人的利益，体现了黄副理处理投诉的冷静、理智与技巧，具有很强的职业道德。

任务实施

班级学生 2~3 人一组，一人扮演酒店前厅部总机服务员，其他人扮演入住酒店的客人，教师设置客人到店后的突发事件或客人的特殊要求，学生根据要求完成任务。

步骤一 情景引入（布置任务，分组）。

前厅部晨会：

（1）沈阳××酒店前厅部总机主管张娟公布今日具体工作。

（2）早、中、晚 3 个班次中遇有客人的特殊要求要尽量给予满足。

（3）每日培训，今日培训内容具体如下：

① 掌握为客人提供电话转接服务的基本要求和程序；

② 掌握为客人提供叫醒服务的基本要求和程序；

③ 掌握为客人提供电话留言服务的基本要求和程序。

步骤二 工作任务实施。

（1）早班1：你是沈阳××酒店的总机服务员王小红，1505房的加拿大籍客人汤姆斯先生询问要求早上6点叫早，但由于是8点03分的飞机必须提前赶往机场，因此没有时间去餐厅吃早餐，你应如何处理？

（2）早班2：你是沈阳××酒店的总机服务员张红，1205房的美籍客人梦露小姐要求早上5点30分叫早，客人要第二天赶往外地演出务必叫醒她，你应如何处理？

（3）午班1：你是沈阳××酒店的总机服务员张灵，701房的客人张明打电话来要给702房的杨鹏先生留言，你应如何处理？

（4）午班2：你是沈阳××酒店的总机服务员张鸣，外线来电要找509房的客人徐洋，你应如何处理？

（5）晚班1：你是沈阳××酒店的总机服务员张鸣，外线来电要找508房的英籍客人安托尼，你应如何处理？

（6）晚班2：你是沈阳××酒店的总机服务员张灵，外线王伟打电话来要给703房的澳大利亚籍客人马丁先生留言，留言内容为后天早上7点在铁西广场地铁A出口找张凌女士，张凌的电话为13878854911，应如何处理？

每组同学以抽签的方式决定完成任务的班次，然后进行排练，讨论确定任务完成方案，最后进行情景表演。

步骤三 成果展示及评定反馈。

每个工作小组展示任务的完成过程中，各选出一名代表进行录像，任务完成后，各组通过录像回放进行自评、互评，教师在学生完成任务过程中对其进行评价。将以上3项打分相加的总分作为每名学生的最后得分。

 学习考核与评价

教师评价，从中找出优缺点、不足和错误，指出努力改善方向，进行评分，奖励优秀的小组及个人，以进一步掌握正确的工作过程与工作方法，训练学生的工作能力、自我监控能力和评价能力。

课上任务的各项评分说明详见表2.7.1，任务评分表详见表2.7.2。

表 2.7.1　任务评分说明

评分项目	4分	8分	12分	16分	20分
服务质量及效率	无法为顾客提供此项服务	不能按时完成任务，在服务过程中出现3处以上的错误	不能按时完成任务，在服务过程中出现2~3处错误	能够按时完成任务，在服务过程中出现1处错误	能够按时完成任务，服务过程准确完整
完成的正确性	完成情况较差，出现5处以上错误	任务完成情况一般，出现3~5处错误	完成情况基本正确，出现1~2处错误	完成情况良好，出现1处错误	完成情况良好，无错误

续表

评分项目	4分	8分	12分	16分	20分
完成的流畅性	任务完成过程中出现5次以上停顿，表演混乱无序	任务完成过程中出现3~5次停顿，组员之间缺乏配合	任务完成过程中出现2~3次停顿，组员之间配合默契	任务完成过程中出现1次停顿，组员之间配合默契	任务完成过程流畅，组员之间配合默契
表情和肢体语言	表情紧张，无相应的肢体语言	表情较为紧张，能运用少量的肢体语言	表情较为自然，能运用少量的肢体语言	表情较为自然，能运用相应的肢体语言	表情自然、大方得体，肢体语言运用流畅自如
精神面貌、服装仪表	情绪消极、仪容仪表不符合酒店服务标准	较为被动、仪容仪表不符合酒店服务标准	能主动进入角色，仪容仪表基本符合酒店服务标准	能主动配合他人完成任务，仪容仪表符合酒店服务标准	在任务完成中起到带动作用，积极参与任务完成，仪容仪表符合酒店服务标准

表2.7.2 任务评分表（满分100分）

小组编号： 学生姓名/学号：

评分项目	4分	8分	12分	16分	20分
是否与客人确认房号及叫醒时间	○	○	○	○	○
是否准时叫醒，是否人工叫醒两次	○	○	○	○	○
在话务员做叫醒服务时，可故意不接电话（每次响铃3~5声，中间间隔5分钟做第二次叫醒），看前厅及客房如何做进一步处理（话务员应及时通知客房台班，与台班确认客人是否在房间，如在即应敲门叫醒）	○	○	○	○	○
查总机对酒店的服务项目是否了解，在非正常的营业时间提出消费需求，看总机如何处理（此处请详细写明）	○	○	○	○	○
通过内线打总机找员工，看总机如何处理，若找的人不在即报明身份看总机如何处理	○	○	○	○	○
总分					

各小组整理教材、教学参考资料，引导学生建立本学习领域的学习档案，训练学生的工作能力。

思考题

1. 简述如何运用酒店管理系统为0701房的李婷办理叫醒服务。

2. 简述如何运用酒店管理系统为0601房的张小宋提供电话留言服务，留言内容：早7点本酒店2楼玫瑰厅开会，请勿迟到，收到请回电89810022。

【项目推荐阅读书目】

何玮，2022. 前厅服务与数字化运营[M]. 北京：清华大学出版社.

项 目 小 结

    本项目主要介绍了为客人提供电话转接服务的工作流程及注意事项、为客人提供叫醒服务的工作流程及注意事项，以及为客人提供电话留言服务的工作流程及注意事项。

项目八 商务中心服务与管理

项目描述 ─•••••

酒店前厅部商务中心文员为客人如何提供商务中心文印、票务等服务。

项目目标 ─•••••

※ 能力目标

- 能熟练操作复印机、打印机、传真机、多功能打字机、录音机、装订机、碎纸机等办公设备。
- 能根据操作程序和标准，向商务客人提供传真收发服务、电子文件、打印、复印与装订服务。
- 能根据相应服务操作程序和标准，快速熟练地向客人提供会议室出租服务、上网服务。
- 能根据操作程序和标准，为客人提供票务服务。

※ 知识目标

- 熟悉商务中心的设施、设备与商务中心基础知识。
- 熟悉商务中心各项业务的程序与操作要领。

※ 素质目标

- 具备良好的酒店服务意识。
- 在接待酒店顾客时做到文明待客、礼貌待人。
- 养成积极主动的工作态度。
- 能够熟练操作计算机操作系统、熟悉软件安装、熟练操作 office 办公软件。
- 对待外宾服务时不卑不亢。
- 能够掌握一门外语。

工作任务 一　为客人提供文印等服务

任务分析

班级学生 2~3 人一组，一人扮演酒店前厅部商务中心接待员，其他人扮演入住酒店的客人，教师设置客人到店后的突发事件或客人的特殊要求，学生根据要求完成任务。

任务布置

（1）为入住酒店的客人提供电传和传真服务。
（2）为入住酒店的客人提供复印、打印服务。
（3）为入住酒店的客人提供秘书服务。
（4）为入住酒店的客人提供会议室出租服务。

相关知识

（一）商务中心

商务中心是商务客人"办公室外的办公室"，其主要职能是为客人传递各种信息和提供各种秘书性质的服务。

先进的设施设备、齐全的服务项目、高素质的服务人员，是商务中心提供高水准、高效率服务的基本保障，也是现代高档次酒店的重要标志之一。除此之外，商务中心还应备有相关的查询资料。

商务中心的服务项目主要有：会议室（包括洽谈室）出租服务、电传和传真服务、复印服务、打印服务、秘书服务、设备出租服务、票务服务等。

（二）会议室出租服务

1. 受理会议室预订

（1）接到预订，要简明扼要地向客人了解相关内容，并做好记录。了解的内容包括预订人姓名或公司名称、联系电话；如果是住店客人预订会议室，要问清房间号码、租用的时间、参加会议的人数及其他要求等。

（2）告知租用会议室的费用（包括免费的服务种类，如茶水、文具、音响、录放机等），并邀请客人参观会场，介绍服务设施设备。

（3）确认付款方式，并要求对方预付 50% 的定金。预订从收到定金时开始生效。

（4）填写会议室出租预订单，并在交接班记录本上做好记录。

2. 会议前准备工作

（1）按参加会议的人数，准备好各类合格的饮具、文具及会议必需品，待布置会场时使用。

（2）按参加会议的人数摆放桌椅、饮具及文具等。

（3）主管或领班要亲临现场指挥和督导员工按客人要求布置会场，发现问题及时纠正。

3. 会议接待服务

（1）服务员站立在会议室门口恭候客人，引导客人到会议室就座。

（2）按先主位、后次位的原则，逐一为客人提供茶水。

（3）会议过程中要注意做好添加茶水、更换烟灰缸等工作。

4. 会议送客服务

（1）会议结束时，服务员应在会议室门口站立，微笑送客，并有礼貌地说："再见""欢迎下次光临"等告别敬语，目送客人离去。

（2）客人离开后，迅速进入会场检查，如发现有客人遗忘的物品，立即设法送给客人，如送不到，则速交主管或大堂副理。

（3）收拾会场。

（三）电传和传真服务

1. 电传发送服务

（1）主动、热情地问候客人，按要求受理客人的发送电传业务。

（2）仔细阅读客人所要发送电传的文字内容，与客人核对确认。

（3）在账单上填好项目，并注明时间。

（4）先打印一份电文稿请客人核对，根据客人要求更改，请客人再次核对。

（5）输入电传机发送电文。

（6）根据发送时间进行计费，办理结账手续。

（7）向客人致谢，按要求在宾客发电传登记表上登记。

2. 传真发送服务

（1）主动、热情地问候客人，问明发送传真的国家和地区。

（2）告知客人发送传真需收费，并向宾客说明收费标准。

（3）核对客人所提供的国家或地区传真号码、页数及其他要求。

（4）确认无误后，将传真稿件放入传真机发送架内进行发送操作。

（5）传真发出后，应将发送成功报告单连同原件一起交给宾客。

（6）按酒店规定计算传真费用，并办理结账手续。

（7）向客人致谢，按要求填写宾客发传真登记表。

3. 电传和传真接收服务

（1）当接收到发来的电传和传真后，首先应与前厅确认收件人的姓名及房号，核对份数、页数。

（2）将核对过的电传或传真装入信封内，在信封上注明收件人的姓名、房号、份数、页数。

（3）电话通知客人有电传或传真来件。

（4）按规定的价格计算费用，办理结账手续。

（5）疑难来件（如查无此人的来件）应及时请示大堂经理并妥善处理。

（6）填写宾客电传、传真来件登记表。

（四）复印服务

（1）主动、热情地问候客人，介绍收费标准。

（2）接过宾客复印原件，问明客人要复印的数量和规格。

（3）将复印原件在复印平面上定好位置，根据宾客要求，选择纸张规格、复印份数以及深浅程度，按"复印"键。

（4）如需放大或缩小，按比例调整尺寸，检查第一张复印效果，如无问题，则可连续复印。

（5）复印完毕，取原件交给宾客，如原件为若干张，则按顺序整理好。

（6）问明是否要装订文件，替客人装订好。

（7）根据复印张数和规格，开立账单，办理结账手续。

（8）填写宾客复印登记表。

（五）打印服务

（1）主动、热情地问候宾客，介绍收费标准。

（2）接过客人的原稿文件，了解宾客的打印要求以及特殊格式的安排，浏览原稿，检查是否有不清楚的地方或字符。

（3）告知宾客预计完成时间。

（4）打字完毕后认真校对一遍，并请客人核对，进行修改。

（5）修改后，再和客人核对一遍。

（6）将打印好的文件交给宾客，按规定价格、页数、字数，办理结账手续。

（7）询问宾客是否存盘及保留时间，若无须保留，则删除该文件。

（8）向客人致谢，填写宾客打印登记表。

（六）秘书服务

（1）热情主动地问候客人，了解客人的要求：需要什么秘书服务、服务时间、服务地点等，并向客人介绍收费标准。

（2）问清客人的姓名、房号。

（3）确定付款方式，收取定金。

（4）认真填写宾客租用秘书登记表。

（5）向客人致谢，在交接班记录本上做好记录。

任务实施

步骤一 情景引入（布置任务，分组）。

前厅部晨会：

（1）沈阳××假日酒店前厅部商务中心主管赵倩公布今日工作。

（2）早、中、晚3个班次中遇有客人的要求要尽量给予满足。

（3）每日培训，今日培训内容具体如下：

① 如何为客人提供电传传真服务；

② 如何为客人提供复印、打印服务；

③ 如何为客人提供秘书服务；

④ 如何为客人提供会议室出租服务。

步骤二 工作任务实施。

（1）早班：你是沈阳××假日酒店商务中心王强，2001房的日籍客人东田一郎来商务中心要求复印护照并传真护照给日本的家人，你要如何来帮他？

（2）午班：1903房的美籍客人丽莎要求打印她的会议记录，并在后天上午租用会议室3个小时。

（3）晚班：0508房的德籍客人穆勒来商务中心要求为他提供秘书、翻译等服务，如果你是商务中心文员，你应如何来处理？

（4）夜班：0508房的德籍客人穆勒来商务中心要求为他提供打印等服务，共消费了60元，客人要求挂到房账下一起结算，如果你是商务中心文员，你应如何来处理？

每组同学以抽签的方式决定完成任务的班次，然后进行排练，讨论确定任务完成方案，最后进行情景表演。

步骤三 成果展示及评定反馈。

每个工作小组展示任务的完成过程中，各选出一名代表进行录像，任务完成后，各组通过录像回放进行自评、互评，教师在学生完成任务过程中对其进行评价。将以上3项打分相加的总分作为每名学生的最后得分。

学习考核与评价

　　教师评价，从中找出优缺点、不足和错误，指出努力改善方向，进行评分，奖励优秀的小组及个人，以进一步掌握正确的工作过程与工作方法，训练学生工作能力、自我监控能力和评价能力。

　　课上任务的各项评分说明详见表2.8.1，任务评分表详见表2.8.2。

表 2.8.1　任务评分说明

评分项目	4分	8分	12分	16分	20分
服务质量及效率	无法为顾客提供此项服务	不能按时完成任务，在服务过程中出现3处以上的错误	不能按时完成任务，在服务过程中出现2~3处错误	能够按时完成任务，在服务过程中出现1处错误	能够按时完成任务，服务过程准确完整
完成的正确性	完成情况较差，出现5处以上错误	完成情况一般，出现3~5处错误	完成情况基本正确，出现1~2处错误	完成情况良好，出现1处错误	完成情况良好，无错误
完成的流畅性	任务完成过程中出现5次以上停顿，任务完成混乱无序	任务完成过程中出现3~5次停顿，组员之间缺乏配合	任务完成过程中出现2~3次停顿，组员之间配合默契	任务完成过程中出现1次停顿，组员之间配合默契	任务完成过程流畅，组员之间配合默契
表情和肢体语言	表情紧张，无相应的肢体语言	表情较为紧张，能运用少量的肢体语言	表情较为自然，能运用少量的肢体语言	表情较为自然，能运用相应的肢体语言	表情自然、大方得体，肢体语言运用流畅自如
精神面貌、服装仪表	情绪消极，仪容仪表不符合酒店服务标准	较为被动，仪容仪表不符合酒店服务标准	能主动进入角色，仪容仪表基本符合酒店服务标准	能主动配合他人完成任务，仪容仪表符合酒店服务标准	在任务完成中起到带动作用，积极参与任务完成，仪容仪表符合酒店服务标准

表 2.8.2　任务评分表（满分100分）

小组编号：　　　　　　　　　学生姓名/学号：

评分项目	4分	8分	12分	16分	20分
服务质量及效率	○	○	○	○	○
完成的正确性	○	○	○	○	○
完成的流畅性	○	○	○	○	○
表情和肢体语言	○	○	○	○	○
精神面貌、服装仪表	○	○	○	○	○
总分					

　　各小组整理教材、教学参考资料，引导学生建立本学习领域的学习档案，训练学生的工作能力。

工作任务 二 为客人提供设备出租、票务等服务

任务分析

班级学生 2～3 人一组，一人扮演酒店前厅部商务中心接待员，其他人扮演入住酒店的客人，教师设置客人到店后的突发事件或客人的特殊要求，学生根据要求完成任务。

任务布置

（1）为入住酒店的客人提供设备出租服务。
（2）为入住酒店的客人提供票务服务。

相关知识

（一）为客人提供设备出租服务

（1）热情主动地问候客人。
（2）了解客人要求，认真填写《宾客租用设备登记表》，包括客人姓名、房号，租用设备的名称、规格、型号，使用的时间、地点等。
（3）确定付款方式，收取定金。
（4）及时通知有关部门和工作人员，按时将设备送到并安装调试好。
（5）向客人致谢，在交接班记录本上做好记录。

（二）票务服务

（1）热情主动地问候宾客。
（2）了解宾客订票需求。礼貌地询问宾客订票的细节，包括航班、线路、日期、车次、座位选择及其他特殊要求等。
（3）查询票源情况。通过计算机进行快捷查询。如遇到宾客所期望的航班、车次已无票源时，应向宾客致歉，并做好解释，同时主动征询宾客意见，是否可延期或更改航班、车次等。
（4）办理订票手续。此时，票务员应注意：迅速、仔细检查登记单上的全部项目，礼貌地请宾客出示有效证件、相关证明，并注意与登记单内容进行核对。
（5）出票与确认。此时，票务员应注意礼貌地请宾客支付所需费用，并仔细清点核收；认真填写好机票（火车票）并及时将订位信息输入计算机系统。
（6）向宾客致谢，目送宾客离去。

拓展阅读

多收了 300 元好处费

某日，沈阳某五星级酒店有一位客人投诉，说商务中心一名文员在为其办理订票业务时多收了 300 元好处费。酒店经过调查和通过对员工的问话，最终这名员工承认了自己从机票预订中得到了 230 元的回扣。

【分析】

（1）商务中心遇到这种情况较多，如果本身没有对这方面进行要求，则该员工的行为完全是自己一时的行为，那么作为商务中心可以给员工严重警告或记大过一次，以儆效尤，并尽可能对此事做出规定，立下一个制度。如果商务中心在这类问题上之前有过严格的要求，禁止此类行为发生，那么该员工则属于明知故犯，商务中心可以依据相关管理制度对该员工进行货币惩罚、留用观察，或者直接开除。

（2）在中国目前还不流行馈赠小费或收取小费的情况，该员工的行为也与收取小费的性质大有不同。客人的投诉即证明自己不满这种服务，无论从哪个层面上来讲，都会对商务中心造成一定的形象损失。假如这是个案的话，造成的影响是有局限的，毕竟只是一人次的，可以及时纠正和禁止，影响不会很大。但是从长远管理角度来讲，此事需要重视，令行禁止，才是对经营者未来负责的做法。

（3）酒店要对此事负责。因为员工是在酒店的管理期间发生此类事情的，无论商务中心知情与否，都应该承担管理疏忽给客户造成损失的责任，商务中心需要向客户进行相对正式的道歉，把事情的真相和处理情况告知客户（这是对客户负责的态度），并补还客户的这部分损失，还可适当追加一些其他的赠予服务。

（4）事情发生了，得到正确的补救了，以后的经营才会更加稳健，把坏事看成好事来思考，相信会收获很多的。对于该员工，需要看其改正情况，如果知错能改，尽量用宽容的心态帮助其进步，也是对其他人的温暖和教化。

任务实施

步骤一 情景引入（布置任务，分组）。

前厅部晨会：

（1）沈阳××假日酒店前厅部商务中心主管赵倩公布今日工作。

（2）早、中、晚 3 个班次中遇有客人的要求要尽量给予满足。

（3）每日培训，今日培训内容具体如下：

① 如何为客人提供设备出租服务；

② 如何为客人提供票务服务。

步骤二 工作任务实施。

（1）早班：你是沈阳××假日酒店商务中心王强，2001 房的法籍客人金立来商务中心租借移动硬盘、投影仪和幕布，你应如何为其服务？

（2）午班：1903 房的美籍客人丽莎来商务中心预订机票，要求：沈阳—深圳，下周六，价格最低，时间为晚 24:00 之前到即可。

（3）晚班：1904 房的客人郑霞来商务中心取预订的机票，要求挂账，你应如何处理？

每组同学以抽签的方式决定完成任务的班次，然后进行排练，讨论确定任务完成方案，最后进行情景表演。

步骤三 成果展示及评定反馈。

每个工作小组展示任务的完成过程中，各选出一名代表进行录像，任务完成后，各组通过录像回放进行自评、互评，教师在学生完成任务过程中对其进行评价。将以上 3 项打分相加的总分作为每名学生的最后得分。

学习考核与评价

教师评价，从中找出优缺点、不足和错误，指出努力改善方向，进行评分，奖励优秀的小组及个人，以进一步掌握正确的工作过程与工作方法，训练学生工作能力、自我监控能力和评价能力。

任务评分表详见表 2.8.3。

表 2.8.3 任务评分表（满分 100 分）

小组编号： 学生姓名/学号：

评分项目	2 分	4 分	6 分	8 分	10 分
服务员是否主动热情地招呼客人	○	○	○	○	○
对服务价格是否掌握，对邮电收费情况是否掌握	○	○	○	○	○
复印/打字/传真/上网/制作胶片是否快捷	○	○	○	○	○
操作是否规范，效果及准确率如何	○	○	○	○	○
收费是否符合要求，结账速度如何，找零钱如何处理（此处请详细写明）	○	○	○	○	○
收到传真后多长时间送到客人房间	○	○	○	○	○
租用相机/传呼机及手机充电器的办理情况	○	○	○	○	○
离开时有无道别语	○	○	○	○	○
完成任务是否流畅，有 1 处停顿扣 1 分，有 2 处停顿扣 2 分，有 3 处停顿扣 3 分，4 处以上不得分	○	○	○	○	○
仪容仪表符合预订员要求，仪态大方，服饰干净，不化浓妆，头发干净整齐，修剪指甲。有一处扣一分，3 处以上不得分	○	○	○	○	○
总分					

各小组整理教材、教学参考资料，引导学生建立本学习领域的学习档案，训练学生的工作能力。

思 考 题

1. 假设你是沈阳××酒店服务员商务中心文员李明，参加会议的客人要求安装计算机杀毒软件，你应如何处理？

2．假设你是沈阳××酒店服务员商务中心文员张鑫，0909房的客人李琳要求酒店为他安排一位秘书，你应如何为他服务？

【项目推荐阅读书目】

何玮，2022．前厅服务与数字化运营[M]．北京：清华大学出版社．

项 目 小 结

本项目主要介绍了商务中心的设施、设备与商务中心基础知识，以及商务中心各项业务的程序与操作要领。

项目九　大堂副理日常管理工作

▌项目描述 —●●●●●

通过本项目学习掌握大堂副理对客服务工作。

▌项目目标 —●●●●●

※ **能力目标**

- 会检查预抵店 VIP 房间。
- 熟悉 VIP 抵店接待及离店工作。
- 能通过案例较有条理地处理各种投诉事件及应急事件。
- 能够协助前厅部经理，协调与前台有关的各部门的工作。
- 能够维护前厅环境、前厅秩序，确保前厅整洁、卫生、美观、舒适，并始终保持前厅对客服务的良好秩序与纪律。
- 能定期向前厅部经理和饭店总经理提供工作报告。

※ **知识目标**

- 掌握大堂副理的基本知识，并能运用自如地进行各项业务操作。
- 掌握宾客投诉的基本知识与解决措施。

※ **素质目标**

- 具备一定的协调管理能力。
- 在接待酒店顾客时做到文明待客、礼貌待人。
- 能够代表总经理接待团队和 VIP 等宾客，筹办重要活动、重要会议。
- 在对客服务中，特别是遇到突发事件时，保持头脑清醒，处事沉着冷静、有条不紊。
- 至少掌握一门外语，能流利地与外宾进行沟通，解决宾客问题。

工作任务 一 大堂副理接待 VIP 客人服务

任务分析

班级学生 2~3 人一组，一人扮演酒店大堂副理，其他人扮演入住酒店的 VIP 客人和酒店前厅部其他部门员工，教师设置 VIP 客人的特殊要求，学生根据要求来解决客人问题，以满足客人要求。

任务布置

沈阳××酒店的大堂副理接待来自德国××集团的首席执行官穆勒等 VIP 散客服务。

相关知识

（一）大堂副理

大堂副理
日工作流程

大堂副理也称大堂值班经理，工作岗位设在前厅，负责协调酒店对客服务，维护酒店应有的标准，代表总经理全权处理宾客投诉、解决意外或突发事件、协调各班组工作、检查督导，负责宾客生命安全及财产安全等复杂事项。

（二）办理 VIP 客人入住登记接待

1. 准备工作

（1）填写 VIP 申请单，上报酒店总经理审批，确认 VIP 等级。

（2）VIP 用房要选择同类客房中位置、视野、景致、环境、设备保养等方面处于最佳状态的客房。

（3）通知客房部按 VIP 等级布置房间。

（4）VIP 客人抵达前，大堂副理要最后检查一遍房间。

（5）由大堂副理陪同 VIP 客人到达房间，并完成入住登记。

为 VIP 办理
手续流程

2. 办理入住手续

（1）准确掌握当天预抵 VIP 客人的姓名及其他信息资料。

（2）用姓氏头衔称呼 VIP 客人，通知大堂副理亲自接待客人。

3. 信息管理

（1）将客人签名的入住登记单上的内容输入酒店系统。

（2）将 VIP 客人到店的有关信息传递给有关部门。

（3）为 VIP 客人建立档案，并注明身份、等级，以便作为预订和日后查询的参考资料。

任务实施

步骤一 情景引入（布置任务，分组）。

教师：扮演沈阳××酒店前厅部经理。

学生：扮演沈阳××酒店大堂副理、酒店入住客人、行李员等。

注意：学生分成 4 组，分别扮演大堂副理和 VIP 客人、行李员等，完成教师分配的任务，要求要有协作精神，做到服务至上，准确无误。

步骤二 工作任务实施。

任务 1：（教师）今天我们接到了任务，来自德国××集团的首席执行官穆勒先生于明日下午到店，穆勒先生患有糖尿病，不能吃含糖的食物，现在大堂副理王岳峰安排好你所在班次的相关服务员做好 VIP 接待工作。

任务 2：（教师）今天我们接到了任务，来自湖南卫视的著名主持人××小姐来沈阳参加会展中心庆祝活动，于明日下午 6 点乘坐 MU123567 航班到达沈阳桃仙机场，入住我酒店，要求大堂副理郑爽负责到桃仙机场接机，二位客人属于公众人物，要求走贵宾礼遇通道，入住我酒店行政楼层并房号保密，执行电话免打扰等服务。请安排好你所在班次的相关服务员，做好 VIP 接待工作。

任务 3：（教师）今天我们接到了任务，来自美国××学院的詹姆斯·约翰逊教授及夫人，于明日下午 3 点乘坐 MU910991 航班到达沈阳桃仙机场，入住我酒店，要求大堂副理李斌负责安排接机，约翰逊教授喜好中国文化。请安排好你所在班次的相关服务员，做好 VIP 接待工作，办理入住后，请你代表酒店向约翰逊教授介绍并赠送中国文房四宝。

任务 4：（教师）今天我们接到了任务，来自美国的篮球明星××及夫人来沈阳参加体育慈善活动，于明日下午 3 点乘坐 MU910991 航班到达沈阳桃仙机场，入住我酒店，要求大堂副理王冰负责安排接机。请安排好你所在班次的相关服务员，做好 VIP 接待工作，客人要求入住总统套房并更换大床、大号拖鞋、大号浴缸，英文报纸，请提前安排。

每组同学以抽签的方式决定完成任务的班次，然后进行排练，讨论确定任务完成方案，最后进行情景表演。

步骤三 成果展示及评定反馈。

每个工作小组展示任务的完成过程中，各选出一名代表进行录像，任务完成后，各组通过录像回放进行自评、互评，教师在学生完成任务过程中对其进行评价。将以上 3 项打分相加的总分作为每名学生的最后得分。

学习考核与评价

教师评价，从中找出优缺点、不足和错误，指出努力改善方向，进行评分，奖励优秀的小组及个人，以进一步掌握正确的工作过程与工作方法，训练学生的工作能力、自我监控能力和评价能力。

课上任务的各项评分说明详见表 2.9.1，任务评分表详见表 2.9.2。

表 2.9.1　任务评分说明

评分项目	4分	8分	12分	16分	20分
服务质量及效率	无法为顾客提供此项服务	不能按时完成任务，在服务过程中出现 3 处以上的错误	不能按时完成任务，在服务过程中出现2～3处错误	能够按时完成任务，在服务过程中出现1处错误	能够按时完成任务，服务过程准确完整
完成的正确性	完成情况较差，出现 5 处以上错误	完成情况一般，出现 3～5 处错误	完成情况基本正确，出现1～2处错误	完成情况良好，出现1处错误	完成情况良好，无错误
完成的流畅性	任务完成过程中出现 5 次以上停顿，任务完成混乱无序	任务完成过程中出现3～5次停顿，组员之间缺乏配合	任务完成过程中出现2～3次停顿，组员之间配合默契	任务完成过程中出现 1 次停顿，组员之间配合默契	任务完成过程流畅，组员之间配合默契
表情和肢体语言	表情紧张，无相应的肢体语言	表情较为紧张，能运用少量的肢体语言	表情较为自然，能运用少量的肢体语言	表情较为自然，能运用相应的肢体语言	表情自然、大方得体，肢体语言运用流畅自如
精神面貌、服装仪表	情绪消极，仪容仪表不符合酒店服务标准	较为被动，仪容仪表不符合酒店服务标准	能主动进入角色，仪容仪表基本符合酒店服务标准	能主动配合他人完成任务，仪容仪表符合酒店服务标准	在任务完成中起到带动作用，积极参与表演，仪容仪表符合酒店服务标准

表 2.9.2　任务评分表（满分 100 分）

小组编号：　　　　　　　　　　学生姓名/学号：

评分项目	4分	8分	12分	16分	20分
服务质量及效率	○	○	○	○	○
完成的正确性	○	○	○	○	○
完成的流畅性	○	○	○	○	○
表情和肢体语言	○	○	○	○	○
精神面貌、服装仪表	○	○	○	○	○
总分					

各小组整理教材、教学参考资料，引导学生建立本学习领域的学习档案，训练学生的工作能力。

工作任务二 大堂副理处理客人投诉

任务分析

班级学生 2~3 人一组，一人扮演酒店大堂副理，其他人扮演入住酒店的客人和酒店前厅部其他部门员工，教师设置客人的投诉问题及要求，学生根据要求来解决客人问题，以满足客人要求。

任务布置

沈阳××酒店的大堂副理来处理客人因酒店原因带来的投诉。

相关知识

（一）宾客投诉的原因分析

酒店客人投诉的原因涉及方方面面，但最基本的原因是酒店的某些设施和服务未能达到应有的标准，不能给客人以"物有所值"的感觉，即客人感知到的服务与其所期望的服务有差距。宾客对服务质量的评估是一个相当复杂的过程，主要受两个因素的影响：一是宾客经历的服务质量（宾客感知服务）；二是宾客预期的服务质量（宾客预期服务）。事实上，宾客预期的服务质量受诸多可控和不可控因素的影响，如企业市场营销活动、酒店的市场形象、其他宾客口头宣传、宾客的需要与愿望、宾客的文化背景等，而宾客感知服务质量又是受服务的可靠性、响应性、保证性、移情性、有形性 5 个因素的影响。

第一，可靠性是指可靠地、准确地履行服务承诺的能力。可靠的服务行动是宾客所希望的，它意味着服务以相同的方式、无差错地完成。

第二，响应性是指随时准备为宾客提供快捷、有效的服务，即对于宾客的各种要求能及时地满足，把宾客的利益放在第一位，特别是出现服务失败时，能迅速解决问题。

第三，保证性是指服务人员的友好态度与胜任工作的能力，它能增强宾客对酒店服务质量的信心和安全感。

第四，移情性是指酒店服务人员设身处地地为宾客着想，对宾客给予关注。

第五，有形性是指有形的设施、设备和服务人员。

因此，从以上分析可以看出，酒店的服务质量是服务的客观现实和宾客的主观感觉融为一体的产物，受许多可控和不可控因素的影响。要想满足宾客的需要，让宾客满意，就要提供优质的服务，缩小宾客感知服务质量与宾客期望服务质量之间的差距。

（二）宾客不满意的行为表现

1. 不满意行为表现分类

宾客对于酒店服务不满意表现出的行为一般分为两大类：一类是表示沉默；一类是采取行动。第一类表示沉默的顾客对其不满采取消极的态度，他们是否采取行动取决于他们是否愿意再次光顾该酒店，不打算再次光顾该酒店的顾客一般会表示沉默，这对酒店今后的成功营销是一种威胁。第二类顾客面对服务失误采取行动，一般有 3 种反应：一是向酒店投诉；二是向家人或朋友抱怨；三是向第三者倾诉。因此，当酒店出现服务失误时，甚至感觉到顾客有不满情绪时，应及时抓住机会，进行恰当的补救，不能让顾客带着不满意的情绪离开酒店，如果那样的话，酒店失去就不只是一位顾客。

2. 常见的宾客投诉的直接原因

在酒店中容易被客人投诉的环节主要有以下几个方面。

（1）酒店硬件的设施设备出现故障：因设施设备出现故障而导致宾客投诉占有相当大的比例。我国酒店与国际酒店相比，存在的突出问题之一就是设施设备保养不善，这不仅造成酒店经营成本的上升，而且严重影响了酒店的服务质量，常常引起客人投诉。

（2）客人对服务质量不满：主要表现在服务态度、服务效率、服务时间、服务项目等方面达不到客人的要求与期望。

（3）酒店管理不善给客人造成损失或伤害：酒店应提供给客人舒适、方便、安全的休息环境，但是由于酒店管理工作的疏漏会给客人造成不便或损失。

（4）由于客人自身的习惯或观念的不同，对酒店的有关政策规定不了解或理解不全面，而引起客人的不满或投诉。

宾客投诉的原因可以划分为两类：一是有形的设备设施；二是无形的服务。有研究表明：对于有形因素，愿意当面向管理部门提意见的宾客占 59%，而对于无形因素，只占 41%。这说明，顾客对于无形因素，一般不太愿意当面向管理部门提出意见投诉。

（三）客人投诉处理流程

当宾客出现投诉时，如何做好服务补救工作？

第一步，道歉。向宾客道歉、争取理解是服务补救的起点。

第二步，复原。紧急复原工作，解决宾客问题是服务补救的核心。

第三步，移情。当紧急复原工作完成后，要对宾客表现出一点移情，这也是成功服务补救所必需的。

客人投诉
处理流程

第四步，补偿。补偿是服务补救的最高层次策略，对某些服务失败仅向宾客表示道歉、理解、同情并提供协助，只能是缓解或消除宾客的不满情绪。

第五步，跟踪。从一定意义上讲，酒店必须检验其挽回宾客好感的努力是否成功。通过象征性补偿是否被接受进行跟踪观察，酒店可检测其对宾客不满的缓解程度。

拓展阅读

箱子掉了辚辘

在英国的辛顿克罗酒店内，一位住店客人准备离店，行李员接到通知，立刻到该客人房间取走3件行李，推送至前厅行李间，随后挂上行李牌，等待客人前来点收。

客人很快结好账。行李员看到客人已转身朝他走来，便请客人清点行李。客人朝行李打量时，好像忽然发现了什么。他颇为不悦地指着一只箱子说："这只箱子上的小辚辘被你碰掉了，你们酒店要负责！"

行李员听罢感到很委屈，辩解道："我到客房取行李时，您为什么不讲清楚？这只箱子原来就是坏的，我在运送时根本没有碰撞过呀！"

客人一听火冒三丈，"明明是你弄坏的，自己不承认还反咬我一口，我要投诉你。"

这时前厅值班经理听到有客人在发脾气，马上走来向客人打招呼，耐心听取客人的指责，同时仔细观察了箱子受损的痕迹，向行李员询问了操作的全过程，然后对客人说："我代表酒店向您表示歉意，这件事自然应该由本店负责，请您提出赔偿的具体要求。"

客人听了这话，正在思索该讲些什么的时候，前厅值班经理接着说："由于您及时让我们发觉了服务工作中的差错，我们非常感谢您！"

客人此时感到为了一只小辚辘没有必要小题大做，于是不再吭声。前厅值班经理抓住时机顺水推舟，和行李员一起送客人上车，彼此握别。一桩行李受损的"公案"便这么轻而易举地解决了。

【点评】

本例中前厅值班经理的做法是十分明智的，他在没有搞清箱子究竟如何受损的真相之前，就果断地主动向客人表示愿意承担责任的态度，这是由于：

第一，行李员到客房内取行李时没有查看行李是否完好无损，也没有当场绑上行李牌请客人核对行李件数，而是到了行李间才这么做。

第二，在行李员已经和客人争辩了起来时，这样做有助于缓和气氛，避免矛盾激化。

第三，前厅值班经理懂得，如果把"对"让给客人，把"错"留给自己，在一般情况下，客人不会得寸进尺。相反，如果值班经理也是头脑发热，硬要和客人争个是非曲直的话，那后果是不言而喻的。要明白，上述这种事件既然已经发生，那么谁是谁非的结论恐怕难以争得明白，或许也不存在谁是谁非的问题。相反，客人越是"对"了，酒店的服务也就越能使客人满意。从这个意义上来理解，客人和酒店大家都"对"了。

任务实施

步骤一 情景引入（布置任务，分组）（25分钟）。

教师：扮演沈阳××酒店前厅部经理。

学生：扮演沈阳××酒店大堂副理、行李员及酒店入住客人等。

注意：学生分成4组，分别扮演大堂副理和客人、行李员等，完成教师分配的任务，要求要有协作精神，做到服务至上，准确无误。

步骤二 收集资料成果展示（45 分钟）。

（1）每组展示宾客投诉的相关案例和资料。

（2）每组展示宾客投诉的主要程序和注意事项。

步骤三 工作任务实施（40 分钟）。

任务 1：（教师）306 房的美籍客人投诉酒店在午夜 11 点之后有访客来往本酒店客人，你是大堂副理崔红，应如何处理？

任务 2：（教师）302 房的上海籍客人李煜投诉酒店安排的空气加湿器坏了，热水器也在半夜无热水无法洗澡，客人因在北方不适应天气造成皮肤干燥过敏，你是大堂副理张兵，应如何处理？

任务 3：（教师）309 房的美籍华人程海涛先生讲的普通话带有广东口音，在一些发音上不够标准，在给总机打电话要求安排叫早服务时与总机服务员发生误会，造成延误航班，到前台投诉酒店总机服务员态度蛮狠，没有确认他的叫早时间，你是大堂副理麦琪，你应如何处理该项投诉？

任务 4：（教师）2309 房的客人梁爽女士打电话投诉酒店大堂地面湿滑造成她在今早在大堂摔倒，小腿扭伤，你是今天的大堂副理唐晓娟，你应如何处理？

每组同学以抽签的方式决定完成任务的班次，然后进行排练，讨论确定任务完成方案，最后进行情景表演。

步骤四 成果展示及评定反馈。

每个工作小组展示任务的完成过程中，各选出一名代表进行录像，任务完成后，各组通过录像回放进行自评、互评，教师在学生完成任务过程中对其进行评价。将以上 3 项打分相加的总分作为每名学生的最后得分。

学习考核与评价

教师评价，从中找出优缺点、不足和错误，指出努力改善方向，进行评分，奖励优秀的小组及个人，以进一步掌握正确的工作过程与工作方法，训练学生的工作能力、自我监控能力和评价能力。

课上任务的各项评分说明详见表 2.9.3，任务评分表详见表 2.9.4。

表 2.9.3　任务评分说明

评分项目	4 分	8 分	12 分	16 分	20 分
服务质量及效率	无法为顾客提供此项服务	不能按时完成任务，在服务过程中出现 3 处以上的错误	不能按时完成任务，在服务过程中出现 2～3 处错误	能够按时完成任务，在服务过程中出现 1 处错误	能够按时完成任务，服务过程准确完整

续表

评分项目	4分	8分	12分	16分	20分
完成的正确性	完成情况较差，出现5处以上错误	完成情况一般，出现3～5处错误	完成情况基本正确，出现1～2处错误	完成情况良好，出现1处错误	完成情况良好，无错误
完成的流畅性	任务完成过程中出现5次以上停顿，任务完成混乱无序	任务完成过程中出现3～5次停顿，组员之间缺乏配合	任务完成过程中出现2～3次停顿，组员之间配合默契	任务完成过程中出现1次停顿，组员之间配合默契	任务完成过程流畅，组员之间配合默契
表情和肢体语言	表情紧张，无相应的肢体语言	表情较为紧张，能运用少量的肢体语言	表情较为自然，能运用少量的肢体语言	表情较为自然，能运用相应的肢体语言	表情自然、大方得体，肢体语言运用流畅自如
精神面貌、服装仪表	情绪消极，仪容仪表不符合酒店服务标准	较为被动，仪容仪表不符合酒店服务标准	能主动进入角色，仪容仪表基本符合酒店服务标准	能主动配合他人完成任务，仪容仪表符合酒店服务标准	在任务完成中起到带动作用，积极参与任务完成，仪容仪表符合酒店服务标准

表 2.9.4　任务评分表（满分 100 分）

小组编号：　　　　　　　　　学生姓名/学号：

评分项目	4分	8分	12分	16分	20分
服务质量及效率	○	○	○	○	○
完成的正确性	○	○	○	○	○
完成的流畅性	○	○	○	○	○
表情和肢体语言	○	○	○	○	○
精神面貌、服装仪表	○	○	○	○	○
总分					

　　各小组整理教材、教学参考资料，引导学生建立本学习领域的学习档案，训练学生的工作能力。

思 考 题

　　1．如何运用酒店管理系统为 VIP 客人酒店集团首席执行官蔡云女士办理入住手续？

　　2．每组分别思考、讨论并上网收集如何解决客人投诉的案例。

　　3．每组分别思考、讨论并上网（或到图书馆）收集如何处理投诉的相关英文、词汇。

【项目推荐阅读书目】

　　何玮，2022．前厅服务与数字化运营[M]．北京：清华大学出版社．

项 目 小 结

本项目主要介绍了大堂副理的基本知识以及宾客投诉基本知识与解决措施。

项目十 前厅部基层日常管理工作

项目描述 —●●●●●●

通过完成本项目来学习前厅部领班与主管日常管理工作，了解前厅部领班与主管日常管理工作内容。

项目目标 —●●●●●●

※ 能力目标

- 能根据酒店实际情况制作客房价目表。
- 能根据假设的客情给班组"员工"排班。
- 能给前厅新入职的员工制订培训计划书。
- 能评析前厅部班组奖惩制度。
- 会主持班前会。
- 会填写前厅部客情预测表、客房营业日报表、宾客情况分析表，并能初步分析前厅部营业收入情况。
- 能够初步进行前厅部日常运行的现场检查与监督。
- 会建立与使用客史档案。
- 会写管理日志与工作总结报告。

※ 知识目标

- 明确有效沟通与协调的重要性。
- 掌握前厅部与酒店其他部门之间的沟通渠道与方式。
- 掌握前厅部客房销售与价格管理基础知识。
- 掌握客房价格的特点、种类和影响房价的主要因素。

※ 素质目标

- 具备一定的协调管理能力。
- 在接待酒店顾客时做到文明待客、礼貌待人。
- 能够进行前厅部日常运行的现场检查与监督。
- 在对客服务中，特别是遇到突发事件时，保持头脑清醒，处事沉着冷静、有条不紊。
- 至少掌握一门外语，能流利地与外宾进行沟通，解决宾客问题。
- 能够常与员工沟通，解决他们的心理问题，保持上下级和谐良好的关系。

工作任务 一　前厅部各部门领班完成各自基层管理单项工作

任务分析

班级学生 2~3 人一组，一人扮演酒店前厅部各部门领班，其他人扮演入住酒店的客人和酒店前厅部其他部门员工，教师设置酒店员工出现的问题，各部门领班根据要求来解决员工工作中出现的问题。

任务布置

（1）前台进行客流量分析，监督检查员工接待服务。
（2）总机领班检查各班次长话费是否准确录入。
（3）行政楼层领班分配当天工作任务。
（4）商务中心领班检查员工仪容仪表。
（5）礼宾部领班处理日常客人难题。

相关知识

一、前台、行政楼层领班岗位工作职责及工作内容

（一）工作职责

保证前台、行政楼层接待中的各项工作顺利进行，能圆满完成。

（二）工作内容

（1）阅读交接班记录，了解本班应完成工作。
（2）阅读有关报表，了解当日房态、当日预订情况、VIP 情况、店内重大活动。
（3）接受主管指示和部门行政指令。
（4）根据当日工作情况给员工分配工作任务。
（5）亲自或指定专人负责排房工作。
（6）必要时，亲自参与对客服务。
（7）指定专人处理预订资料和填写钥匙使用状况表。
（8）处理紧急事故和员工不能处理的问题。
（9）按标准检查员工的仪表仪容、语言表达和出勤情况。
（10）随时注意员工的对客服务是否符合规定的程序和标准。
（11）检查员工在岗状况，有无脱岗、违纪等现象。

（12）每日对员工进行考核。

（13）草拟前台接待工作计划和管理细则，报主管审批。

（14）每周参加部门例会，并负责向员工传达会议精神。

（15）每月召开班组月工作总结会。

（16）每月向主管呈报日工作报表和员工全月日考核表。

（17）加强现场培训和督导。

（18）负责指导与其他部门、班组的沟通与协作。

二、礼宾组领班岗位工作职责及工作内容

（一）工作职责

通过正确有效的管理，确保本班组工作正常运转，并督导下属员工为客人提供高质量、高效率的行李运送服务和其他相关服务。

（二）工作内容

1. 日常工作

（1）认真查阅交接班记录，了解昨日工作完成情况。

（2）阅读相关报表，了解当日进店客人量、旅行团、VIP 情况及店内重大活动等，听取主管指示和部门行政指令。

（3）根据当日情况，给迎宾员、门童分配任务。

（4）处理日常服务工作中的疑难问题。

（5）繁忙时亲临现场指挥协调，必要时亲自参与对客人服务。

（6）指定专人负责"A"类客人的行李运送。

（7）检查迎宾员、门童、行李员和派送员是否按规定的程序和标准为客人提供服务。

（8）检查行李寄存情况是否符合标准。

（9）检查每日抵离行李的运送记录、存储记录、报表派送记录、留言派送记录。

（10）每日对员工做出正确的评估、考核。

（11）检查本班组各种用品能否保证工作正常运行。

（12）检查员工的仪表仪容及出勤情况。

（13）制订本班组管理细则和培训计划。

2. 月工作

（1）每月召开一次班组月工作总结会。

（2）每月向部门呈报一次月工作报表和员工全月考核表。

（3）统计每月进出店的行李总件数，每日向部门呈报一次。

（4）每周参加部门管理例会，会后负责向员工传达会议精神。

（5）每日晨会向主管部门汇报昨日工作，听取主管指示。

三、总机领班岗位工作职责、工作内容及工作地点

（一）工作职责

保证为客人提供高效、优质的电话服务。

（二）工作内容

（1）认真阅读夜班记录、留言记录和叫早记录，了解各班次工作情况。
（2）阅读有关报表，了解当日客人进出量、VIP 情况、店内大型活动。
（3）将当日重要情况写在白板上。
（4）听取主管指示部门行政指令。
（5）处理电话业务中的特殊情况和意外事件。
（6）业务繁忙时，亲自参与电话服务。
（7）负责收听天气预报。
（8）指定专人负责接发传真和处理留言、问询。
（9）负责与其他部门、班组进行沟通和协调。
（10）检查各班次长话费是否准确录入，长话单是否按要求存放。
（11）检查留言叫早是否记载和录入，督促派送员及时将留言送上指定楼层。

（三）工作地点

酒店总机室，隶属于前厅部。

四、商务中心领班岗位工作职责、工作内容及工作地点

（一）工作职责

保证为客人提供各类商务服务。

（二）工作内容

（1）认真阅读值班记录，检查上一班次工作的完成情况。
（2）听取主管批示和部门行政指令。
（3）阅读有关报表，了解当日进店客人情况、店内大型活动、VIP 情况。
（4）根据当日工作量合理调配人员，安排工作。
（5）处理紧急情况和员工不能处理的问题。
（6）负责与店外相关单位、店内有关部门和班组进行沟通与衔接。
（7）负责每月向部门和财务部呈报月经营收入和利润分表。
（8）每月向部门和财务部呈报成本控制表。

（9）必要时，亲自参加对客接待服务工作。

（10）每日对员工做出考核和评估。

（11）检查员工是否按程序和标准为客人提供服务。

（12）检查员工在岗状况、仪表仪容、语言表达、出勤情况。

（13）检查设施、设备是否正常运转。

（14）检查办公用品是否充足。

（15）督导员工完成各种账务的录入和登记。

（16）检查员工开出的发票，统一向财务部结算。

（17）制订班组管理细则、工作计划、培训计划，报主管审批。

（18）每周参加部门例会，负责向员工传达会议精神。

（19）每月召开班组月工作总结会。

（20）每月向主管呈报月工作报表和员工全月的日考核表。

（21）随时向主管或部门经理汇报重要情况，每日早晨向主管汇报昨日工作，听取主管指示。

（三）工作地点

酒店商务中心，隶属于前厅部。

任务实施

步骤一　情景引入（布置任务，分组）。

教师：扮演沈阳××酒店前厅部经理。

学生：扮演沈阳××酒店前厅部各部门领班、员工以及入住酒店的客人等。

注意：学生分成4组，分别扮演各部门领班、酒店各部门员工和客人等，完成教师分配的任务，要求要有协作精神，做到服务至上、准确无误。

步骤二　收集资料成果展示。

（1）各组收集及展示前厅部各部门领班岗位职责和工作任务。

（2）酒店领班管理案例分析。

步骤三　工作任务实施。

任务1：（教师）306房的美籍客人爱德华投诉酒店前台员工温蒂接待服务超时并且错收钱款，李淼，你作为前台领班，请调查此事并解决该问题。

任务2：（教师）谢丽霞，现在你是前厅部总机的领班，早晨上班后你在检查晚班录入话费情况时发现员工王晓燕将1001房的客人李海的话费录入错误，请你调查清楚并用前台操作系统将此问题更正。

任务3：（教师）今天我们接到了任务，来自德国××轮胎集团的首席执行官张先生于明晚8点到店，张先生要求接机服务、偏好朝南安静的房间，不吃辛辣的食物，作为行政楼层领班，冯立，请安排好你所在班次的相关服务员，做好VIP接待工作。

任务 4：（教师）赵晓娟，你是今天的商务中心领班，请检查你所在班次的员工的仪容仪表并做简单的培训。

任务 5：（教师）赵全庆，你是今天的礼宾部领班，你所在班次的实习生严一平向你汇报，有位客人想将自己的孩子托给礼宾部照管，并将购买的海鲜一起寄存于礼宾部，你应如何处理？

每组同学以抽签的方式决定完成任务的班次，然后通过排练，讨论确定任务完成方案，最后进行情景表演。

步骤四 成果展示及评定反馈。

每个工作小组展示任务的完成过程中，各选出一名代表进行录像，任务完成后，各组通过录像回放进行自评、互评，教师在学生完成任务过程中对其进行评价。将以上 3 项打分相加的总分作为每名学生的最后得分。

 学习考核与评价

教师评价，从中找出优缺点、不足和错误，指出努力改善方向，进行评分，奖励优秀的小组及个人，以进一步掌握正确的工作过程与工作方法，训练学生的工作能力、自我监控能力和评价能力。

课上任务的各项评分说明详见表 2.10.1，任务评分表详见表 2.10.2。

表 2.10.1　任务评分说明

评分项目	4 分	8 分	12 分	16 分	20 分
服务质量及效率	无法为顾客提供此项服务	不能按时完成任务，在服务过程中出现 3 处以上的错误	不能按时完成任务，在服务过程中出现 2～3 处错误	能够按时完成任务，在服务过程中出现 1 处错误	能够按时完成任务，服务过程准确完整
完成的正确性	完成情况较差，出现 5 处以上错误	完成情况一般，出现 3～5 处错误	完成情况基本正确，出现 1～2 处错误	完成情况良好，出现 1 处错误	完成情况良好，无错误
完成的流畅性	任务完成过程中出现 5 次以上停顿，任务完成混乱无序	任务完成过程中出现 3～5 次停顿，组员之间缺乏配合	任务完成过程中出现 2～3 次停顿，组员之间配合默契	任务完成过程中出现 1 次停顿，组员之间配合默契	任务完成过程流畅，组员之间配合默契
表情和肢体语言	表情紧张，无相应的肢体语言	表情较为紧张，能运用少量的肢体语言	表情较为自然，能运用少量的肢体语言	表情较为自然，能运用相应的肢体语言	表情自然、大方得体，肢体语言运用流畅自如
精神面貌、服装仪表	情绪消极，仪容仪表不符合酒店服务标准	较为被动，仪容仪表不符合酒店服务标准	能主动进入角色，仪容仪表基本符合酒店服务标准	能主动配合他人完成任务，仪容仪表符合酒店服务标准	在任务完成中起到带动作用，积极参与表演，仪容仪表符合酒店服务标准

表 2.10.2 任务评分表（满分 100 分）

小组编号： 　　　　　　　　　学生姓名/学号：

评分项目	4 分	8 分	12 分	16 分	20 分
服务质量及效率	○	○	○	○	○
完成的正确性	○	○	○	○	○
完成的流畅性	○	○	○	○	○
表情和肢体语言	○	○	○	○	○
精神面貌、服装仪表	○	○	○	○	○
总分					

各小组整理教材、教学参考资料，引导学生建立本学习领域的学习档案，训练学生的工作能力。

工作任务二　学习前厅部主管岗位职责

任务分析

班级学生 2～3 人一组，一人扮演酒店前厅部各部门领班，其他人扮演入住酒店的客人和酒店前厅部其他部门员工，教师设置酒店员工出现的问题，各部门领班根据要求来解决员工工作中出现的问题。

任务布置

学习前厅部主管岗位职责。

相关知识

前厅主管的岗位职责：

（1）掌握前厅营业的基本情况，如客人到离人数、客房出租率、客房状况、订房情况等，发现问题及时向前厅经理汇报。

（2）协调前厅与客房、餐饮以及工程维修部门的关系，共同做好服务工作。

（3）严格按照酒店规定对前厅询问、接待、行李、结账等环节的服务态度、服务方式、服务质量等方面进行督导。

（4）了解员工的思想、学习、工作、生活情况，协助前厅经理做好员工的技术培训与业务考核工作。

任务实施

步骤一 情景引入（布置任务，分组）。

教师：扮演沈阳××酒店前厅部经理。

学生：扮演沈阳××酒店前厅部各部门主管、员工、入住酒店的客人等。

注意：学生分成三组，分别扮演各部门主管、酒店各部门员工等，完成教师分配的任务，要求要有协作精神，做到服务至上、准确无误。

步骤二 收集资料成果展示。

（1）各组收集并展示前厅部各部门主管岗位职责。

（2）前厅部各部门服务案例分析。

步骤三 工作任务实施。

任务1：请大家根据酒店前台操作系统，查看预订情况，编制前台下一周工作计划。

任务2：请大家根据酒店前台操作系统，查看客房状态分析情况，编制前台一周工作总结。

任务3：请大家根据主管岗位职责结合礼宾部工作要求，编制礼宾部新员工一周培训计划。

每组同学以抽签的方式决定完成任务的班次，然后进行排练，讨论确定任务完成方案，最后进行情景表演。

步骤四 成果展示及评定反馈。

每个工作小组展示任务的完成过程中，各选出一名代表进行录像，任务完成后，各组通过录像回放进行自评、互评，教师在学生完成任务过程中对其进行评价。将以上3项打分相加的总分作为每名学生的最后得分。

学习考核与评价

教师评价，从中找出优缺点、不足和错误，指出努力改善方向，进行评分，奖励优秀的小组及个人，以进一步掌握正确的工作过程与工作方法，训练学生的工作能力、自我监控能力和评价能力。

课上任务的各项评分说明详见表2.10.3，任务评分表详见表2.10.4。

表2.10.3　任务评分说明

评分项目	4分	8分	12分	16分	20分
服务质量及效率	无法为顾客提供此项服务	不能按时完成任务，在服务过程中出现3处以上的错误	不能按时完成任务，在服务过程中出现2～3处错误	能够按时完成任务，在服务过程中出现1处错误	能够按时完成任务，服务过程准确完整
完成的正确性	完成情况较差，出现5处以上错误	完成情况一般，出现3～5处错误	完成情况基本正确，出现1～2处错误	完成情况良好，出现1处错误	完成情况良好，无错误

续表

评分项目	4分	8分	12分	16分	20分
完成的流畅性	任务完成过程中出现5次以上停顿，任务完成混乱无序	任务完成过程中出现3～5次停顿，组员之间缺乏配合	任务完成过程中出现2～3次停顿，组员之间配合默契	任务完成过程中出现1次停顿，组员之间配合默契	任务完成过程流畅，组员之间配合默契
表情和肢体语言	表情紧张，无相应的肢体语言	表情较为紧张，能运用少量的肢体语言	表情较为自然，能运用少量的肢体语言	表情较为自然，能运用相应的肢体语言	表情大方得体，肢体语言运用流畅自如
精神面貌、服装仪表	情绪消极，仪容仪表不符合酒店服务标准	较为被动，仪容仪表不符合酒店服务标准	能主动进入角色，仪容仪表基本符合酒店服务标准	能主动配合他人完成任务，仪容仪表符合酒店服务标准	在任务完成中起到带动作用，积极参与表演，仪容仪表符合酒店服务标准

表2.10.4 任务评分表（满分100分）

小组编号：　　　　　　　　学生姓名/学号：

评分项目	4分	8分	12分	16分	20分
服务质量及效率	○	○	○	○	○
完成的正确性	○	○	○	○	○
完成的流畅性	○	○	○	○	○
表情和肢体语言	○	○	○	○	○
精神面貌、服装仪表	○	○	○	○	○
总分					

各小组整理教材、教学参考资料，引导学生建立本学习领域的学习档案，训练学生的工作能力。

思考题

1．如何运用酒店管理系统检索酒店客房状态分析表。
2．每组分别思考、研讨并上网收集解决客人投诉的案例。
3．每组分别思考、研讨并上网（或到图书馆）收集投诉的相关英文、词汇。

【项目推荐阅读书目】

何玮，2022．前厅服务与数字化运营[M]．北京：清华大学出版社．

项 目 小 结

本项目主要介绍了酒店前厅部的业务特点、前厅部主管等基层管理人员岗位设置和职责，以及基本素质要求等。

模块三　客房服务与管理

项目一　客房部认知

▌项目描述 —•••••

　　学生通过对本项目的学习，能够认识酒店客房部基本设施和客房设备用品，以及了解客房部管辖区域的业务分工及各部门的职责。

▌项目目标 —•••••

※　能力目标

- 能熟练表述酒店客房部的业务特点。
- 能熟练地说出客房部的主要工作任务。
- 能基本说出客房部的组织机构、岗位设置及职责。
- 能熟练回答客房部员工基本素质要求。
- 能够正确介绍客房类型及客房设施的功能布局。
- 学会规范的站、坐、行姿势及带路、指引、微笑服务等基本的服务礼仪。

※　知识目标

- 认识客房设施和客房设备用品。
- 了解客房部管辖区域业务分工。
- 了解客房部组织机构设置。
- 掌握客房基本礼仪。

※　素质目标

- 具备良好的酒店服务意识。
- 在接待酒店顾客时做到文明待客、礼貌待人。
- 到突发事件时，保持头脑清醒，处事沉着冷静、有条不紊。
- 具有较好的身体素质和较强的责任心及开拓创新精神。

工作任务 一　客房部认知

任务分析

作为一名合格的客房部员工，应该熟悉客房部在酒店中的功能、地位及其工作任务，并能了解客房部的组织机构设置及岗位职责，本任务通过以客房部经理招聘员工，以面试的形式使学生能够更快地认知客房部。

任务布置

（1）通过上网查阅相关资料熟悉客房部在酒店中的功能、地位及其工作任务。
（2）到酒店了解客房部的组织机构设置及岗位职责。

相关知识

一、客房部的功能

（一）生产客房商品

客房是酒店出售的最重要的商品。完整的客房商品包括房间、设备设施、用品和客房综合服务。客房属于高级消费品，要能满足客人的多方面需要。因此，客房布置要高雅美观，设备设施要完备、舒适耐用，日用品方便齐全，服务项目全面周到，客人财物和人身安全有保障。总之，要为客人提供清洁、美观、舒适、安全的暂住空间。

（二）为酒店创造清洁幽雅的环境

客房部主要负责酒店内所有公共区域的清洁、美化、设备设施及植物养护、环境布置，使酒店时刻处于清洁、幽雅、常新的状态，让酒店各处都能给住客留下美好印象。

（三）为酒店各部门提供洁净美观的棉织品

酒店的棉织品除了客房使用的一系列品种外，还有餐饮部门的台布、餐巾以及酒店所有窗帘、沙发套、员工制服。在附设洗衣房的酒店，这些棉织品的选购、洗涤、收发、保管、缝补和熨烫，都由客房部所属的洗衣房负责。

二、客房部的地位

（一）客房是酒店的基本设施和主体部分

人们外出旅行，不管是住招待所、旅馆还是酒店，从本质上说它们都是住客房。因此，客房是人们旅游投宿活动的最主要场所，是酒店的最基本设施。

另外，客房的数量还决定着酒店的规模。国际上通常将酒店划分为大型酒店、中型酒店和小型酒店 3 类：拥有 300 间以下客房的为小型酒店；拥有 300～600 间客房的为中型酒店；拥有 600 间以上客房的为大型酒店。酒店综合服务设施的数量一般也由客房数量决定，盲目配置将造成闲置浪费。从建筑面积看，客房面积一般占酒店总面积的 70% 左右。如果加上客房商品营销活动所必需的前厅、洗衣房、客房库房等部门，总面积将达 80% 左右。客房及内部配备的设备物资无论种类、数量、价值都在酒店物资总量中占有较高比重，因此说客房是酒店设施的主体。

（二）客房商品质量是酒店商品质量的重要标志

客房商品质量如何，直接关系到客人对酒店的总体评价和印象，如客房清洁卫生、装饰布置、服务员的服务态度与效率等。

酒店公共区域，如前厅、洗手间、电梯、餐厅、舞厅等，客人同样希望这些场所清洁、舒适、优雅，并能得到很好的服务。非住客对于酒店的印象更是主要来自公共区域的设施与服务，因此客房商品质量及其外延部分是客人和公众评价酒店质量的重要依据。

（三）客房收入是酒店经济收入的主要来源

酒店的经济收入主要来源于客房收入、饮食收入和综合服务设施收入。其中，酒店客房收入一般要占酒店全部营业收入的 50%～60%，功能少的小型酒店可以达到 70% 以上。从利润来分析，因客房经营成本比餐饮部、商场部等都小，所以其利润是酒店利润的主要来源，通常可占酒店总利润的 60%～70%，高居首位。另外，客房出租又会带动其他部门设备设施的利用，会给酒店带来更多的经济效益。

（四）客房部的管理直接影响酒店的运行管理

如前所述，客房部能为酒店的总体形象和其他部门的正常运行创造良好的环境和物质条件，加之客房部员工占酒店员工总数的比例较大，其培训管理水平对员工队伍整体素质的提高和服务质量的改善有着重要意义。另外，客房部的物质设备众多，对酒店成本控制计划的实现有直接作用。因此，客房部的管理对于酒店的总体管理关系重大，是影响整个酒店运行管理的关键部门之一。

三、客房部的工作任务

（1）提供客房设备用品，如布巾类用品、工作服、客人日用消耗品、备品、家具、地毯、床及床上用品等。

（2）设计和装饰室内的布置。

（3）公共场所的清洁卫生。

（4）承担客人需要的服务性工作。

（5）受理客人遗失物品。

（6）代办客人需求的各类事务。

四、客房部的组织结构

酒店客房部的组织结构示意图如图 3.1.1 所示。

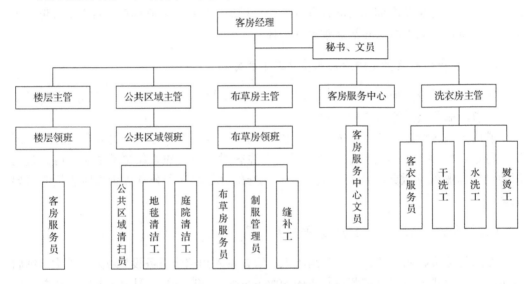

图 3.1.1　酒店客房部的组织结构示意图

五、客房部业务分工

（一）经理办公室（Manager Office）

通常设正、副经理各 1 名，配备秘书 1 名，文员若干。主要负责客房部日常事务性工作及与其他部门联络协调等的事宜。

（二）楼层服务组（Floor）

通常设主管 1 名，早、中、夜班领班若干名。负责所有住客楼层的客房、楼层、电梯口的清洁卫生和接待服务工作。

（三）公共区域服务组（Public Area）

通常设主管 1 名，早、中、夜领班各 1 名。负责酒店除厨房外的所有公共区域的清洁卫生。

（四）布草房（Linen）

通常设主管、领班各 1 名，下设布草房服务员、制服管理员和缝补工若干。主要负责酒店布草、员工制服的收发、送洗、缝补和保管等工作。

（五）客房服务中心（Housekeeping Service Center）

通常设主管 1 名，文员若干。下设早、中、夜 3 个班次。客房服务中心主要负责处理客房部信息，包括向客人提供服务信息和内部工作信息的传递；调度调节对客服务；控制员工出勤；管理工作钥匙；处理客人失物和遗留物品。

（六）洗衣房（Laundry）

通常设主管 1 名，早、中班领班若干，下设客衣组、水洗组、干洗组、熨衣组。主要负责洗涤客衣和酒店所有布草与员工制服。

任务实施

步骤一 情景引入（客房部新员工培训）。

地点：沈阳××酒店客房部培训室。

教师：扮演培训师，即客房部经理。

学生：扮演客房部新员工。

（1）客房部经理进行自我介绍，介绍前厅部副经理、文员、秘书等岗位。

（2）客房部经理进行部门介绍、岗位职责、主要工作介绍。

（3）新员工进行岗位面试。

步骤二 工作任务实施。

班级同学自愿报名自己喜爱的岗位，每个岗位 4~5 人，形成一个面试小组，要求每位同学制作简历，整理仪容仪表。

每组问题具体如下。

经理办公室面试问题：

1. 经理办公室的英文是什么？

Manager Office。

2. 客房办公室文员的主要工作有哪些？

（1）准确无误地接听电话，并做好记录，重要事宜应记录在专门的记录本上。

（2）对客人的要求迅速做出反应，通知相关岗位及人员。

（3）保持与其他部门的联系，传达有关表格、单据和报告，严格执行钥匙的领用制度。

（4）对外借物品进行登记，并及时收回。

（5）统计客房酒吧的消耗量，填写酒水补充报告单，并负责保存。按规定时间到前台收银处取反馈单，送酒水消耗统计表。

（6）保管各种设备和用具，并编写建档，定期清点。

（7）随时掌握房态，准确无误地输入酒店管理系统，并与前台保持密切的联系。遇有特殊事项，及时向领班及上级部门汇报。

（8）及时通知楼层领班即将抵店或离店的贵宾、团队的房号。

（9）每日做好 24 小时维修的统计工作，及时更改和填写维修房情况和房间加床的显示记录。

（10）负责楼层服务员对本楼层房态、各项问题的咨询。准确无误地做好各个班次的交接工作，重要事宜要向领班及部门报告。

（11）将销售部转交的贵宾通知单转交领班，落实各项接待工作。

（12）详细登记客人遗留物品，并妥善分类保管。

（13）结账房号及时通知当班服务员，并将 17:00 后结账房号通知中班主管，以便及时安排清洁。

（14）及时将客人的投诉报告领班、主管或部门，并做好记录。

（15）负责客房中心的卫生和安全。填写服务员工作报告表、楼层酒水控制表。

（16）及时将客人在客房消耗的各类费用输入酒店管理系统。

3．为什么选择文员的工作？

略。（提示：根据自身情况作答）

4．做好文员工作需要哪些素质？

（1）稍懂财会和文秘知识；会计算机基本操作；文字输入 60 字/分钟以上，能运用 Word、Excel 处理文件图表。

（2）有气质、有涵养，性情温和，声线柔顺，酒店服务意识强。

（3）能快速、准确记录各类信息和填写各类表格单据；懂得运用语言技巧，清晰完整地表述某个问题或事件。

（4）有较强的沟通、协调、内部公关能力，与内外各部门岗位能友善沟通，和睦相处，搞好协作关系。

（5）具有良好的心理素质和工作习惯，能承受工作压力，懂得控制自己的情绪和平衡排除内心不满。

楼层服务组面试问题：

1．楼层服务组的英文是什么？

Floor。

2．楼层服务组的主要工作有哪些？

负责所有住客楼层的客房、楼层、电梯口的清洁卫生和接待服务工作。

3．为什么楼层服务组的工作？

略。（提示：根据自身情况作答）

4．你是楼层服务组新员工，客人向你问路，而你却不知道，这时你应如何处理？

可以先向客人说明自己不知道，并迅速找来一名熟悉路线的员工为客人带路。

公共区域的面试问题：

1．公共区域的英文是什么？

Public Area。

2．公共区域的主要工作有哪些？

负责酒店除厨房外的所有公共区域的清洁卫生。

3．为什么选择到公共区域的工作？

略。（提示：根据自身情况作答）

4．公共区域包含哪些范围？

公共区域是指酒店内公众所共有共享的活动区域。

公共区域一般包括室内和室外两部分。室外公共区域主要指酒店的外围部分，如花园、前后大门、车道、外墙等处；室内公共区域又分为前台和后台两部分，前台公共区域主要是指客人使用的场所，如大堂、电梯、楼梯、公共洗手间、餐厅、歌舞厅及多功能厅等处，后台公共区域则是指员工使用部分，包括员工休息室、员工更衣室和员工餐厅等。

客房服务中心的面试问题：

1．客房服务中心的英文是什么？

Housekeeping Service Center。

2．客房服务中心的主要工作有哪些？

（1）接收住客电话提出的服务要求，迅速通知楼层服务员，对楼层服务员无法解决的难题与主管协商解决。

（2）与前厅部、工程部等有关部门保持密切联系，尤其是与楼层和总台定时核对房态。

（3）接收楼层的客房消耗酒水报账，转报总台收银处入账，并与餐饮部联系补充物品事宜。

（4）负责楼层工作钥匙的保管分发，严格执行借还制度。

（5）受理住客投诉。

（6）负责对客借用物品的保管、借还和保养。

（7）负责客房报纸的派发，并为VIP客人准备礼品。

（8）负责做好各种记录，填写统计报表。

（9）负责酒店拾遗物品的保存和认领事宜。

（10）负责员工考勤。

3．什么选择到客房服务中心来工作？

略。（提示：根据自身情况作答）

4．怎样处理客人的失物和遗留物品？

（1）楼层服务员做房时如发现任何物品（不是酒店的物品，是客人的），应送到服务中心的，必须将房间号码、物品名称、客人姓名清楚地登记在失物招领记录本上，同时做好失物招领卡，保证一物、一卡、有记录。做物品登记时，必须要将物品的数量、大小、颜色、形状详细记录清楚。

（2）所有一般物品应锁在客房部遗留物储存柜内。

（3）贵重物品（价值500元以上的）做好记录后，马上通知大堂经理需转大堂经理保存，由大堂经理在失物招领记录本上签字，大堂经理将贵重物品保存在前台保险柜中，服务中心文员要做好记录。如是价值不清的物品，通知大堂经理由其进行鉴定，该物品是否保存在服务中心或做其他处理，同时在失物招领记录上做好记录，以备查。大堂经理同意保存在服务中心的贵重物品，必须存放在保险柜内。当服务员报有客人遗留物品时，文员要马上通知大堂经理联系客人认领。

（4）遗留的食品药品做好记录后，存放三天后如无人认领就扔掉。

（5）领取或移交的物品，必须有客人或大堂经理的签字，如是客人领取物品，必须在失物招领卡上填写有效证件号码或是可以联系到的电话号码。

（6）遗留物品由客人或楼层服务员领取后，必须要求在失物招领卡和失物招领记录上签字确认。服务中心文员必须妥善保管每张失物招领卡片，以备查。

（7）遗留物品若是衣物时，应将衣物整理之后文员再做保存。

（8）服务中心文员每月复查遗留物品登记本，按规定清理一批库存的 L/F，并与前台主管及时沟通，核销记录。

（9）在物品发放前，把具体发放的物品清单复印一份提供给保安部存底。

（10）发放遗留物品时，必须由服务中心文员与楼层主管进行账务核对后，再进行发放。遗留物品超过三个月无人认领时，就转发给物品的拾到人；贵重物品超过六个月以后无人认领的，由总经理按酒店业惯例适当安排处理，并在失物招领记录上由相关人签字。

步骤三：成果展示及评定反馈。

每个工作小组展示任务的完成过程中，教师作为客房部经理进行面试，依次询问每名面试员工，分数高者成为该岗位的员工。

学习考核与评价

教师评价，从中找出优缺点、不足和错误，指出努力改善方向，进行评分，奖励优秀的小组及个人，以进一步掌握正确的工作过程与工作方法、自我监控能力和评价能力。

在每组学生任务完成过程中，教师、小组其他成员按照任务评分说明（表3.1.1）对各组进行打分，任务评分表详见表3.1.2。

表 3.1.1　任务评分说明

评分项目	4 分	8 分	12 分	16 分	20 分
完成的正确性	完成情况较差，出现 5 处以上错误	完成情况一般，出现 3～5 处错误	完成情况基本正确，出现 1～2 处错误	完成情况良好，出现 1 处错误	完成情况良好，无错误
完成的流畅性	任务完成过程中出现 5 次以上停顿，任务完成混乱无序	任务完成过程中出现 3～5 次停顿，组员之间缺乏配合	任务完成过程中出现 2～3 次停顿，组员之间配合默契	任务完成过程中出现 1 次停顿，组员之间配合默契	任务完成过程流畅，组员之间配合默契
表情和肢体语言	表情紧张，无相应的肢体语言	表情较为紧张，能运用少量的肢体语言	表情较为自然，能运用少量的肢体语言	表情较为自然，能运用相应的肢体语言	表情自然、大方得体，肢体语言运用流畅自如
精神面貌、服装仪表	情绪消极，仪容仪表不符合酒店服务标准	较为被动，仪容仪表不符合酒店服务标准	能主动进入角色，仪容仪表基本符合酒店服务标准	能主动配合他人完成任务，仪容仪表符合酒店服务标准	在任务完成中起到带动作用，积极参与任务完成，仪容仪表符合酒店服务标准

表 3.1.2　任务评分表（满分 80 分）

小组编号：　　　　　　　　　　　　学生姓名/学号：

评分项目	4 分	8 分	12 分	16 分	20 分
完成的正确性	○	○	○	○	○
完成的流畅性	○	○	○	○	○
表情和肢体语言	○	○	○	○	○
精神面貌、服装仪表	○	○	○	○	○
总分					

思 考 题

五星级酒店标准间的客房设施有哪些？

工作任务二　认识客房部设备设施

任务分析

学生可以自行到酒店进行参观，在前台接待处可以询问酒店客房的类型及价格，如果酒店允许，还可以进入酒店客房，熟悉客房内部的设施设备，并进行记录。

任务布置

（1）组织学生到当地五星级酒店了解标准间的客房设施以及各种房型对应的价格。

（2）制作客房部采购计划表。

相关知识

一、客房的类型

（一）单人间

单人间（single room）又称单人客房，是在房内放一张单人床的客房，适合单身客人使用。传统的单人间属于经济实惠型，一般酒店单人间数量很少，并且多把面积较小或位置偏僻的房间作为单人间。

（二）大床间

大床间（king room）（图 3.1.2）是在房内一张双人床的客房，主要适用于夫妻旅行者居住。当用作新婚服务使用时，大床房又称作蜜月客房。

图 3.1.2　酒店大床间

高档商务客人很喜欢大床间的宽敞舒适，也是这种房间的适用对象。目前，高星级酒店出现的商务单人间就是以配备大床并增设先进办公通信设备为特色。在以接待商务客人为主的酒店，大床间的比例逐渐增加，多者可占客房总数的 50%～60%。

（三）双床间（double room）

1. 配备两张单人床

中间用床头柜隔开，可供两位客人居住，通常称为标准间。这类客房占酒店客房数的绝大部分，适合于旅游团队和会议客人的需要，普通散客也多选择此类客房。

2. 配备两张双人床

可供两个单身旅行者居住，也可供夫妇或家庭旅行客人居住。这种客房的面积比普通标准间大。

3. 其他

配备一张双人床和一张单人床，或配备一张大号双人床和一张普通双人床，这类客房容易满足家庭旅行客人的需求。

（四）三人间

三人间（triple room）是在房内放置 3 张单人床，属经济型客房。中高档酒店这种类型的客房数量极少，有的甚至没有。当客人需要 3 人同住一间时，往往采用在标准间加一张折叠床的办法。目前，所有星级酒店都提供加床服务。

（五）套间（suite room）

1. 普通套间

普通套间一般是有连通的 2 个房间，称双套间，又称双连客房，一间作卧室，另一间作起居室，即会客室。卧室中放置一张大床或两张单人床，并附有卫生间。起居室也设有供访客使用的盥洗室，内有便器与洗面盆，一般不设浴缸。

2. 豪华套间

豪华套间的室内陈设、装饰布置、床具和卫生间用品等都比较高级豪华，通常配备大号双人床或特大号双人床。此类套间可以是双套间，也可以是 3～5 间。按功能房间可分为卧室、客厅、书房、娱乐室、餐室或酒吧等。

3. 复式套间

复式套间是一种两层楼套间，由楼上、楼下两层组成。楼上一般为卧室，楼下为起居室。

4. 总统套间

总统套间通常由 5 间以上的房间构成，多者达 20 间。套间内男女主人卧室分开，男女卫生间分用。还设有客厅、书房、娱乐室、会议室、随员室、餐室或酒吧间以及厨房等，有的还设室内花园。总统套间的房间内装饰布置极其考究，设备用品富丽豪华。因房价昂贵，出租率低，一般四星级以上酒店才设。总统套间并非总统才能住，只是标志该酒店已具备了接待总统的条件和档次。

某五星级酒店的房型及房价如图 3.1.3 所示。

图 3.1.3　某五星级酒店的房型及房价

二、客房设备的选择要求

（一）适应性

适应性是指客房设备要适应客人享受的需要，还要适应酒店等级，与客房的格调一致，造型美观，款式新颖。

（二）方便性

方便性是指客房设备的使用应方便灵活。客房设备主要是供客人直接使用的，使用简便尤为重要。同时，要选择易于维修保养、工作效率高的设备。

（三）节能性

节能性是指加强能源利用的性能。设备的选择要考虑节能效果，即选择那些能源利用率高、消耗量低的客房设备。例如，电热淋浴器虽然使用方便而且美观，但耗电量太大，对大多数酒店来说是不应该选择的。

（四）安全性

安全性是酒店客人的基本要求。在选择客房设备时，要考虑是否具有安全可靠的特性和装有防止事故发生的各种装置，如家具饰物的防火阻燃性、冷热水龙头的标识、电器设备的自动切断电源装置等。此外，商家有无售后服务也是设备安全的重要保证。

（五）成套性

成套性是指设备的配套。客房本身就是由房间、冷暖空调设备、家具设备、电器设备、卫生设施、装饰用品和生活用品等多个部分组成的。这些设备用品的有机组合，构成客房产品的硬件部分。客房设备用品要求布局合理，配置得当。一个服务项目、一项服务设施所需的各种设备也要成配套，如闭路电视、音响系统等都要求配套。

三、客房主要的设施设备

（一）睡眠空间

床：床单、被套、枕套、（羽绒）枕芯、（羽绒）被、床垫、保护垫等。

床头柜：电话、便笺纸、笔、相关书籍、灯、开关、拖鞋、擦鞋布、纸巾、遥控器、环保标识卡、睡眠卡、时钟等。

（二）盥洗空间

盥洗空间示意图如图 3.1.4 所示。

图 3.1.4　盥洗空间示意图

洗脸台：中巾、方巾、浴巾、地巾、纸巾、口杯、烟灰缸、牙刷、牙膏、肥皂、沐浴露、洗发水、浴帽、梳子、免费水等。

浴缸：防滑垫、地巾、浴巾、浴盐等。

其他：卷纸、垃圾篓、卫生袋等。

（三）贮存空间

行李架、衣柜、衣架等。

（四）书写空间

书桌：服务指南、安全须知、菜单、烟灰缸、纸、笔、信封、明信片、购物袋、宾客意见书、台灯、椅子等。

（五）起居空间

沙发、茶几、电视、迷你吧（图3.1.5）、烟灰缸、火柴、纸巾、垃圾篓、植物等。

图3.1.5　某星级酒店迷你吧

🌱 拓展阅读

客房部采购计划表

类别：家具、电器类　　　　　　　　　　分部门：楼层、PA

序号	物品名称	规格	单位	数量	备注	到货日期
1	地毯抽洗机	三合一、220V	台	1	地毯抽洗使用	12月15日
2	地毯干擦机	带电子打泡箱	台	1	平时地毯保养使用	12月15日
3	石材处理机	结晶处理、打磨	台	1	石材维护	12月15日
4	沙发清洗机		台	1	软包椅清洗	12月15日
5	高压水枪		台	1	地面清洗使用	12月15日
6	吸水机		台	1	地毯保养使用	12月15日
7	强力风机		台	4	地毯抽洗使用	12月15日
8	吸尘器	低噪声	台	12	楼层日常卫生使用	12月15日
9	消毒柜		台	7	消毒间、总套	12月26日
10	客房小冰箱		台	166	房间配置	12月26日
11	客房保险箱		台	166	房间配置	12月26日
12	客房电脑	机箱封死、带还原、配套	套	30	网管要跟踪还原等	12月26日
13	液晶电视32寸		台	166	房间配置	12月15日
14	42寸		台	8	套房、不含总套	12月15日
15	电水壶	不锈钢	个	180	1：1备用14个	12月25日

序号	物品名称	规格	单位	数量	备注	到货日期
16	小吹风机	卫生间壁挂	台	167	房间配置	12 月 15 日
17	电话机		部	190	房间、楼层、办公	12 月 26 日
18	电子秤	玻璃面	台	166	房间配置	12 月 26 日
19	对讲机		部	23	楼层、公共区域、洗衣房	12 月 10 日
20	办公电脑	常规	台	2	经理、主管	12 月 26 日
21	办公桌椅	1.2 米 3 张、1.6 米 1 张	套	4	客房中心、办公室	12 月 27 日
22	电动跑台		台	2	健身房配置	12 月 27 日
23	商用立车		台	1	健身房配置	12 月 27 日
24	美式落袋台球桌	常规带 4 根球杆、1 球杆架	张	1	健身房配置	12 月 27 日
25	多功能力量训练站		台	1	健身房配置	12 月 27 日
26	腹肌板		台	2	健身房配置	12 月 27 日
27	乒乓球桌	带球拍	台	1	健身房配置	12 月 27 日
28	贵族哑铃		套	1	健身房配置	12 月 27 日
29	电脑台阶器		台	1	健身房配置	12 月 27 日

任务实施

步骤一 情景引入（客房部设施设备的采购）。

地点：沈阳某五星级酒店（未开业）。

教师：扮演客房部经理。

学生：扮演客房部采购员。

（1）客房部经理介绍本酒店的客房数量、类型、面积等基本情况。

（2）要求 5 组采购员根据不同的客房类型，采购相应的客房设施设备。

（3）在采购之前，提交采购单，并进行详细的说明。

步骤二 工作任务实施。

班级同学分成 5 组，每组 6 人，根据客房的不同类型，经过讨论，列出采购单，最后由组长向客房部经理进行详细的说明。

步骤三 成果展示及评定反馈。

每个工作小组展示任务的完成过程中，教师作为客房部经理，对五种类型客房的采购员进行提问，采纳合理的建议，并指出缺点。

学习考核与评价

教师评价，从中找出优缺点、不足和错误，指出努力改善方向，进行评分，奖励优秀的小组及个人，以进一步掌握正确的工作过程与工作方法、自我监控能力和评价能力。

任务评分说明详见表3.1.3，任务评分表详见表3.1.4。

表3.1.3　任务评分说明

评分项目	4分	8分	12分	16分	20分
房间设施设备的适应性	设备无法使用	设备可以使用，但无法适应客人享受的需要	适应客人享受的需要，与客房的格调不一致	适应客人享受的需要，与客房的格调一致，造型比美观	适应客人享受的需要，与客房的格调一致，造型美观，款式新颖
房间设施设备的方便性	无法方便客人的使用	设备使用不灵活快捷	客房设备的使用方便灵活，无法进行维修	客房设备的使用方便灵活，但不易于维修和清洁	客房设备的使用方便灵活的同时，要选择易于维修保养、工作效率高的设备
房间设施设备的节能性	设备操作复杂，无法使用	设备使用并不灵活快捷	设备能源利用率低，无法达到节能的目的	设备节能，但不美观方便	设备能源利用率高、消耗量低，使用方便而且美观
房间设施设备的安全性	设备无法使用	设备使用不灵活快捷	设备无防火、防电性	设备具有防火阻燃性，并带有自动切断电源装置	家具饰物的防火阻燃性，冷热水龙头的标识，电器设备的自动切断电源装置等，以及商家有无售后服务
房间设施设备的成套性	设备操作复杂，无法使用	设备使用并不灵活快捷	设备不具有成套性	设备具有成套性，但与装饰装修风格不符	客房设备用品要求布局合理，配置得当

表3.1.4　任务评分表（满分100分）

小组编号：　　　　　　　　学生姓名/学号：

评分项目	4分	8分	12分	16分	20分
房间设施设备的适应性	○	○	○	○	○
房间设施设备的方便性	○	○	○	○	○
房间设施设备的节能性	○	○	○	○	○
房间设施设备的安全性	○	○	○	○	○
房间设施设备的成套性	○	○	○	○	○
总分					

思考题

1. 客房部的工作任务有哪些？
2. 客房部组织机构设置及岗位职责是什么？
3. 客房的类型有哪些？
4. 如何选择客房的设施设备？

【项目推荐阅读书目】

1．谢玉峰，2016．酒店前厅客房服务与管理[M]．郑州：郑州大学出版社．
2．仇学琴，2023．酒店前厅客房服务与管理[M]．北京：机械工业出版社．

项 目 小 结

　　客房部是酒店的主要标志，面积占酒店的60%以上，收入占酒店的50%以上。通过本项目的学习，了解客房部的地位和作用、房间类型、设施设备，对于以后的学习打下坚实的基础。

项目二 客房卫生及质量管理

▋项目描述 ─•••••

学生通过对本项目的学习，能够了解客房部的日常清洁工作以及周期卫生清洁计划，并能够独立完成客房清理工作。

▋项目目标 ─•••••

※ **能力目标**

- 能熟练地按要求做好岗前准备工作。
- 能按要求准确填写客房清洁表单与报表。
- 能按照要求独立完成中式铺床、西式铺床；能按照要求独立完成走客住客房清扫工作；能按照要求独立完成客房晚间小整工作。

※ **知识目标**

- 熟悉客房部常规卫生与计划卫生知识。
- 熟知做好客房常规卫生工作应考虑的因素。
- 掌握常规卫生与计划卫生的形式、内容、要领。

※ **素质目标**

- 具备良好的酒店服务意识。
- 在接待酒店顾客时，做到文明待客，礼貌待人。
- 养成积极主动的工作态度。
- 在对客服务中，特别是遇到突发事件时，保持头脑清醒，处事沉着冷静、有条不紊。

工作任务一 走客房的清洁

任务分析

带领学生到几个走客房内，分组练习走客房的清洁，使学生能在实际操作中掌握卧室的清洁以及中式坐床的步骤。

任务布置

（1）清洁走客房。

（2）到酒店了解客房部常规卫生与计划卫生知识。

相关知识

一、客房清洁准备工作

（一）领取工作钥匙

领取需要清洁的客户钥匙或房卡。

（二）了解客房状态

了解客房状态，确定清扫顺序，主要按旺季和淡季确定清扫顺序。

1. 旺季清扫顺序

（1）空房。

（2）总台指示要尽快打扫的房间。

（3）普通客房。

（4）要求"请速打扫"的房间。

（5）VIP 房间。

（6）其他住客房间。

2. 淡季清扫顺序

（1）总台指示要尽快打扫的房间。

（2）要求"请速打扫"的房间。

（3）VIP 房间。

（4）走客房。

（5）其他住客房间。

（6）空房。

客房清扫不必仅局限于以上顺序，也可根据酒店的实际情况，灵活掌握。另外，住客房的清扫应尽量在客人外出时进行，以免打扰客人工作和休息。DND（请勿打扰）房一般在客人取消要求前不予打扫，但是如果客房长时间亮着指示灯（超过 12 小时）或挂"请勿打扰"指示牌，则需要上报管理人员，按照酒店规定进行处理。

（三）准备房务工作车，备齐清扫工具

准备房务工作车（图3.2.1），并按固定位置备齐布草，客用物品、清洁用品和客房清洁报表及客房用品每日消耗情况表等。

图3.2.1　房务工作车

（四）明确清扫要求

（1）简单清扫的房间。空房一般只需简单打扫，如通风换气、擦净浮尘、放掉水龙头内积存的陈水等。

（2）一般清扫的房间。长住房和外宿房多采用这种打扫方式，除了正常的抹尘和卫生间清理外，仅对床铺进行整理，一般不需要更换床上用品。

（3）彻底清扫的房间。走客房一般采用这种打扫方式，这类房间一般需要对房间进行彻底除尘和清洁，需要更换布草和其他用品。

二、住客房的清扫

住客房的清扫和走客房大致相同，但应注意以下情况。

（一）客人在房间内

如果客人在房内，应先征求客人意见是否清扫客房，如果客人同意，在清扫客房时应注意动作要轻，操作要快；如果客人不同意清扫，应礼貌致歉，并记下房号和客人要求清扫的时间。

（二）客人中途回房

如果清扫中途客人回房，应先礼貌请客人出示房卡，确认是房间主人后，再征询客人意见是否继续清扫房间。

（三）房间内客人的物品

客人的物品，只做简单整理，尽量不挪动位置，更不可随意翻看；尤其是相机、钱包等贵重物品，不要随意触摸；如果床上或沙发上有客人的衣物，可稍加整理；除了垃圾桶内的物品，服务员不得将客人的任何物品撤出房间。

（四）房间内电话铃响

清扫客房时，若客房内电话铃响，不可接听。

三、空房的清扫

（1）每天进房一次，通风换气，检查有无异常情况。

（2）用抹布擦净家具浮尘。

（3）连续 2～3 天未出租的房间，应吸尘一次；同时将卫生间的各水龙头放水约一分钟左右，以确保水质洁净。

（4）卫生间的毛巾因空气干燥，时间长会失去弹性和柔软度，需在客人入住前更换新毛巾。

四、客房常规清洁标准

客房卧室的清洁标准详见表 3.2.1，卫生间的清洁标准详见表 3.2.2。

表 3.2.1　卧室的清洁标准

项目	标准
房门	干净无污迹、浮灰，油漆无脱色或破损；门铃、请勿打扰灯、门号牌、门锁、防盗链、门吸正常，请勿打扰牌（请速打扫牌）、早餐牌、安全指示图完好
衣柜	衣柜门、衣柜灯、保险柜使用正常；衣架齐全无灰尘，挂衣杆、衣柜底与隔板干净卫生；鞋篓完好，鞋篓内物品齐全卫生；浴衣清洁无破损
墙面和天花板	无霉点、污迹，无蜘蛛网，无油漆脱落和墙纸起翘
地毯	无褶皱，无破损，无污迹，无异味
窗户	窗框、玻璃洁净无灰尘；窗帘轨、钩完好；遮光布不漏光；窗帘、窗纱干净无破损
灯具	使用正常，灯罩、灯泡清洁无尘
床	床铺平整美观，包边包角整齐；床罩、被罩、床单、枕套洁净无破损，被子、枕头松软，无异味；床垫定期翻转，床架稳固
家具	干净无尘，无破损划伤，抽屉干净、灵活
电视机	开关正常，电视机屏幕无污迹，图像清晰稳定，音质良好
空调	运转正常，滤网清洁
电冰箱	工作正常；无污迹、浮灰、无异味，定期除霜；饮料配备齐全
客用品	配备齐全、按规定摆放

表 3.2.2　卫生间的清洁标准

项目	标准
门	无破损变形，开关正常无噪声，洁净无污迹
墙壁	瓷砖洁净光亮，无破损
地面	洁净无污迹、无杂物；地漏无杂物，无异味
灯具	使用正常，清洁无尘
面盆及梳妆台	干净无水渍，无污迹；上下水正常；电镀部件洁净光亮
浴缸	浴缸内外清洁，无水渍、污迹和毛发；花洒、上下水、浴缸塞等洁净光亮，使用正常；浴帘干净无霉迹，无异味，无破损；杆、钩正常
马桶	内外清洁，无污渍、水垢、异味；使用正常，冲水顺畅
排气扇	运转正常，噪声低
毛巾	各种毛巾洁净柔软，无破损；按规定摆放
客用品	配备齐全，按规定摆放

五、中式做床的步骤

（一）拉床垫

弯腰下蹲，双手将床垫稍抬高，慢慢拉出，离床头板约 50cm。

（二）开单

用左手抓住床单一头，用右手提住床单头，并将其抛向床头边缘，顺势打开床单。

（三）甩单

两手相距约为 80～100cm，手心向下，抓住床单头，提起约 70cm 高，身体稍向前倾，用力甩出去，床单在床四周均匀垂下。床单应正面朝上，中线居中。

（四）包角

包床头时，应将床头下垂的床单掖进床垫下面；包角时，右手将右侧下垂床单拉起折角，左手将右角部分床单折成直角，然后将折角向下垂直拉紧，包成直角，右手将余出下垂的床单掖入床垫下面。每个角要紧而且要成直角。

（五）将床垫复位

弯腰将床垫缓缓推回贴在床头板上，切勿用力过猛。

（六）套枕套

将枕芯反折 90°，压在枕套口上，把枕芯一次放到位；套好的枕头必须四周饱满平整，枕芯不外露。

（七）放枕头

将两个枕头放置居中，距床头约 10cm 处，枕套口反向床头柜。

（八）套被套

被套展开一次到位，被子四角以饱满为准，正面朝上。

（九）铺被子

被边反折回 30cm，与枕头成切线，两侧自然下垂；被尾自然下垂，两角折成 90°，中线与床单中线对齐。

（十）铺床尾巾

将床尾巾平铺于床尾，不偏离中线，两侧自然下垂，距离相等；将床复位，弯腰将做好的床缓缓推到床头板并对齐床头板。

中式做床效果如图 3.2.2 所示。

图 3.2.2　中式做床效果

任务实施

步骤一　收集资料。

学生分组，通过资料查询、参观酒店等方式来了解客房清洁的准备工作、客房清洁的程序及标准。

步骤二　观看视频。

通过课堂上播放酒店中式做床的视频，使学生了解中式做床的步骤以及标准。

步骤三 做好准备工作。

学生分组,根据客房清洁准备工作的流程,为清理走客房做好物质准备及精神准备。

步骤四 清理走客房。

根据客房清洁整理的程序,清洁走客房,并填好客房清洁报表。

 学习考核与评价

由教师对整理清洁好的房间进行查房,从中找出优缺点、不足和错误,指出努力改善方向,进行评分,奖励优秀的小组及个人,使同学们进一步掌握正确的工作过程与工作方法。任务评分表详见表 3.2.3。

表 3.2.3 客房清洁任务评分表(满分 140 分)

日期　　　　　　小组编号:　　　　　　学生姓名/学号:

项目	序号	标准	分数(每项 2 分)
房门	1	门锁开启时转动是否灵活?开门是否有声音?	
	2	门脚磁吸是否起作用?防盗扣是否完好无损?	
	3	门后是否有火警疏散示意图?	
	4	门锁后是否挂有"请速打扫"和"请勿打扰"牌?	
衣柜	5	是否有足够的衣架?	
	6	行李架是否按要求摆放?	
	7	衣柜的自动开关电灯是否正常?	
	8	衣架杆上是否积灰?挂衣架的杆子上是否积灰?	
写字台	9	抽屉是否活动自如,内部是否积灰?	
	10	家具表面是否脱色和破损?台灯是否完好?	
	11	服务指南内物品是否齐全?	
	12	梳妆镜是否明亮,上沿是否有积灰?	
组合柜	13	电视机是否工作正常,频道是否已调好?	
	14	电视转盘是否灵活转动?	
	15	棉被是否折叠整齐?(被套是否更换?)	
	16	家具表面是否脱色和破损?	
吧台	17	吧台镜面是否明亮?	
	18	电热水壶是否干净无水垢?	
	19	杯具是否干净无水迹	
	20	茶盘是否干净无积灰?	
灯具	21	开关是否正常?	
	22	灯罩接缝处是否放在背面?	
	23	灯泡是否有积灰?	
	24	灯罩是否清洁,灯具是否有指印或污渍?	
垃圾桶	25	垃圾桶内是否有垃圾?	
	26	垃圾桶内外是否清洁?	
	27	垃圾桶的底部有无锈迹?	

续表

项目	序号	标准	分数（每项2分）
空调器	28	调节器是否在控制范围内？	
	29	温度是否适中？	
	30	风口是否发出响声及藏有灰尘？	
电话	31	电话是否操作正常？	
	32	电话机和电话线是否清洁卫生？	
	33	电话机显示屏的时间是否正确？	
床	34	床铺是否铺叠完美、平整？	
	35	床铺是否清洁卫生而无破损？	
圈椅	36	坐垫布料有无破损？	
	37	坐垫上是否有污渍？	
壁画	38	是否悬挂正常？	
	39	是否积灰、霉变？	
地毯	40	有无烟洞、破损？	
	41	清洁程度如何？	
	42	地毯角是否积灰？	
	43	有无顽劣污渍、咖啡渍、茶渍、蜡渍、口香糖渍？	
浴缸	44	浴缸四壁有无有皂液、水渍？	
	45	浴缸上部墙面有无皂液及水渍？	
	46	防滑垫是否清洗干净，有无皂渍、水迹？	
	47	浴巾架是否有水渍及污渍？	
镜子	48	是否有水渍及灰尘？	
	49	是否有破裂或脱水银的现象？	
座厕	50	盖板及座板是否清洁？	
	51	冲水系统是否操作正常？	
	52	座厕内壁是否清洁卫生？	
	53	座厕外壁是否有污渍？	
	54	马桶水阀按手是否太紧或太松，操作是否正常？	
	55	洗手盆及浴缸的所有钢器是否保持光亮？	
	56	瓷盆内壁是否有水珠或肥皂渍？	
	57	冷、热水龙头是否操作正常？	
	58	排水系统是否正常？	
	59	盆内水塞是否积有毛发？	
	60	皂碟是否积聚碎肥皂渍？	
	61	座圈是否清洁？	
台面	62	是否清洁明亮？	
	63	有否被磨花或磨损？	
客用品	64	是否弥补齐全、干净，四巾是否补齐？	
气味	65	地漏是否有异味？	

续表

项目	序号	标准	分数（每项2分）
地面	66	是否擦拭干净？	
	67	是否有烟灰及毛发？	
墙壁	68	墙纸是否有污渍和破损？	
	69	天花板有无裂缝、漏水或有霉点的现象？	
	70	墙角是否有蜘蛛网？	
总得分			

思 考 题

1. 客房清洁的准备工作有哪些？
2. 客房清洁的程序是什么？

工作任务 二　做夜床服务

任务分析

在清洁好走客房之后，可以让学生进行做夜床服务，并通过实际操作，熟悉客房做夜床服务的程序与标准。

任务布置

提供做夜床服务，并熟悉客房做夜床服务的程序与标准。

相关知识

一、夜床服务

（一）什么是夜床服务

夜床服务（图3.2.3）又叫开晚床服务或夜间服务，即对住客房进行晚间就寝前的整理，其主要作用是方便客人夜晚休息。夜床服务主要包括做夜床、整理房间、清理卫生间等3项内容。夜床服务一般在18:00至20:00进行，因为这个时段客人多外出就餐，不会打扰客人。

做夜床服务

图 3.2.3 夜床服务

（二）客房做夜床服务的程序与标准

1. 敲门

（1）如果房间开着请勿打扰灯，则将客人通知卡从门缝中塞入房间，此房间不开夜床。

（2）服务员站到房门正前方 30cm 处，确保客人通过房间的窥视镜能够看清服务员的面部及工作牌。

（3）按一声门铃，然后用食指轻扣房门 3 下，并讲"Housekeeping，客房服务员"，间隔 3s 再次重复上述敲门动作。

（4）开门前等待约 10s 后，再进入房间。

（5）轻轻把门推开约 10cm，再次报明身份示意客人。

（6）如遇客人在房间内，得到客人允许后，方可开门进入房间。

（7）进入房间后，要先问候客人，再报明来意；征询客人是否可以开夜床。

（8）如果卫生间门关着，按敲门方法敲卫生间门。

（9）确定客人不在房间，进入房间，将取电卡放入电源盒里。

（10）将进房时间填写在夜床服务表上。

2. 开空调和灯

检查房间内的设施设备，打开空调和灯，调至适宜的温度和亮度。

3. 拉合窗帘

拉合窗帘，若客人要求不关窗帘的除外。

4. 清理杂物

（1）如果房间有客人用过的餐具，将餐具撤出房间，并通知送餐部及时将餐具收走。
（2）收垃圾，清理烟灰缸。
（3）检查酒水使用情况，开单并补充。
（4）补充客用品。

5. 开夜床

（1）将靠枕、床尾巾叠好收起，放在衣柜上层搁板上。
（2）站在床的外侧中央位置，掀起被角，将被子打开至枕头中间部分，与床屏成 90°直角，将被子侧面的下垂部分整理好。
（3）将枕头平放；如果是第二天即将离店的房间，在枕头的正中摆放宾客意见书。
（4）将开夜床小礼品放在床头柜上。
（5）将拖鞋取出，放在床头柜前面 30～40cm 处。VIP 客人的房间先将晚安地巾铺在床前，再将拖鞋放在地巾上，新拖鞋要先用手打开，以便客人使用。
（6）将晚安卡放到床头柜上。
（7）将免费水果、相应的报纸放到写字台上。

6. 整理卫生间

整理卫生间，补齐卫生洗漱用品。

开夜床服务

7. 结束

退出房间，填好工作表。

二、客房小整理服务

（一）什么是客房小整理

客房小整理服务即在住客外出时，客房服务员对其房间进行简单的整理，使客人回到房间时感到清洁和舒适。由于酒店档次、房价水平、客人身份的不同，酒店可根据具体情况选择是否提供这项服务，一般对 VIP 客人会提供客房小整理服务。

（二）客房小整理服务的程序

（1）清理桌面、地面、烟灰缸、纸篓内的垃圾杂物。
（2）整理客人用过的床铺。

（3）简单整理卫生间，更换客人使用过的毛巾、杯具等。

（4）补充房内茶叶、文具等客用品。

🌱 任务实施

步骤一 收集资料。

学生分组，通过资料查询、参观酒店等方式来了解客房做夜床服务的程序。

步骤二 观看视频。

通过观看视频，了解客房做夜床服务的程序及标准。

步骤三 开夜床服务。

学生分组，进行开夜床服务。

📖 学习考核与评价

由教师对客房夜床服务进行评价，从中找出优缺点、不足和错误，提出努力改善方向，任务评分表详见表3.2.4。

表3.2.4 客房夜床服务任务评分表（满分120分）

日期   小组编号：   学生姓名/学号：

项目	标准	分数（每项20分）
床	床铺平整美观，包边包角整齐；床罩、被罩、床单、枕套洁净无破损，被子、枕头松软，无异味；床垫定期翻转，床架稳固	
客用品	配备齐全、按规定摆放	
面盆及梳妆台	干净无水渍、无污迹；上下水正常；电镀部件洁净光亮	
垃圾桶	垃圾桶内无杂物，屋内无垃圾	
浴缸	浴缸内外清洁，无水渍、污迹和毛发；花洒、上下水、浴缸塞等洁净光亮，使用正常；浴帘干净无霉迹、无异味、无破损，杆、钩正常	
毛巾	各种毛巾洁净柔软，无破损；按规定摆放	
总得分		

📖 思 考 题

1. 开夜床服务有哪些注意事项？

2. 开夜床服务的程序是什么？

【项目推荐阅读书目】

1. 谢玉峰，2016. 酒店前厅客房服务与管理[M]. 郑州：郑州大学出版社.

2. 仇学琴，2023. 酒店前厅客房服务与管理[M]. 北京：机械工业出版社.

项 目 小 结

　　本项目主要讲述了客房清洁的服务程序以及如何进行开夜床服务，希望同学们能够利用课余时间实地考察或亲自练习，为以后走上工作岗位打好基础。

项目三　客房对客服务

▌项目描述 →•••••

学生通过对本项目的学习，能够进行楼层迎宾服务、VIP 客人接待与客房布置、洗衣服务、擦鞋服务、离店查房、客房送餐服务、私人管家服务等个性化服务。

▌项目目标 →•••••

※　能力目标

- 能够迅速熟练地按要求做好岗前准备工作。
- 能够按要求准确填写服务表单、报表。
- 能按规范要求做好楼层迎宾服务、VIP 客人接待与客房布置、洗衣服务、擦鞋服务、离店查房、客房送餐服务、私人管家服务。

※　知识目标

- 掌握客房对客服务的特点和要求。
- 掌握客房对客服务的模式及优缺点。
- 掌握客房对客服务的主要项目、规范及要点。
- 熟悉客房对客服务质量控制的方法与要点。

※　素质目标

- 具备良好的酒店服务意识。
- 在接待酒店顾客时，做到文明待客，礼貌待人。
- 养成积极主动的工作态度。
- 对客服务中，特别是遇到突发事件时，保持头脑清醒，处事沉着冷静、有条不紊。

工作任务一 VIP 楼层接待服务

任务分析

对学生分组后，让学生分别模拟演练 VIP 楼层接待时可能发生的一些特殊状况，如遭到客人的投诉，能够很好地处理这些特殊状况也是客房部员工应具备的基本素质之一。

任务布置

对来酒店住店的客人提供楼层接待服务。

相关知识

一、楼层接待服务程序和标准

楼层接待服务的具体程序及对应的标准详见表 3.3.1。

表 3.3.1 楼层接待服务程序和标准

程序		标准
迎客服务的准备工作	1. 楼层服务员了解客情	详细了解客人的人数、国籍、抵离店时间、宗教信仰、风俗习惯和接待单位对客人生活标准要求、付费方式、活动日程等信息，做到情况明确，接待任务清楚
	2. 布置房间	(1) 根据客人的风俗习惯、生活特点和接待规格，调整家具设备、配备齐日用品，补充小冰箱的食品饮料。 (2) 全面检查房间的设施设备
客人到店的迎接工作	3. 楼层口迎宾	(1) 服务员微笑问候客人。 (2) 如无行李员引领客人时，楼层服务员应帮助客人提拿行李引领入房，对第一次住店的客人，应介绍房间设施设备的使用方法
	4. 分送行李（团队客人的行李）	(1) 在装运行李之前，再次清点检查一次，无误后才能装上车，走行李通道送行李上楼层。 (2) 行李送到楼层后，应将其放在门一侧，轻轻敲门三下，报称"行李员"。 (3) 客人开门后，主动向客人问好，把行李送入房间内，等客人确认后，热情地向客人道别，迅速离开房间。 (4) 如果客人不在房间，应将行李先放到房间行李架上
送客服务工作	5. 行前准备工作	(1) 服务员应掌握客人离店的准确时间，检查客人洗烫衣物是否送回，交办的事是否完成。 (2) 主动征求客人意见。 (3) 提醒客人收拾好行李物品，不要将物品遗忘在房间
	6. 行时送别工作	(1) 如客人有需要，可代客人通知行李处派人员到房间取送行李。 (2) 客人离房时，送到门口，热情道别。 (3) 对老弱病残客人，要护送至酒店正门口
	7. 善后工作	(1) 客人离店后，迅速查房。 (2) 做好客人离店记录。 (3) 对客人委托服务员处理的未尽事宜，要做好记录并必须履行诺言

二、VIP 服务

（一）什么样的客人属于 VIP（very important person，非常重要的客人）

（1）对酒店的业务发展有极大帮助，或者可能给酒店带来业务者。

（2）知名度很高的政界要人、外交家、艺术家、学者、经济界人士、影视明星、社会名流等。

（3）本酒店系统的高级职员。

（4）其他酒店的高级负责人。

（5）酒店董事会的高级成员。

（二）VIP 服务程序和标准

VIP 服务程序和标准详见表 3.3.2。

表 3.3.2　VIP 服务程序和标准

程序	标准
1. 接到贵宾通知书后，服务员将房间彻底打扫	按贵宾等级配备好各种物品，并在客房内摆放有总经理签名的欢迎信、名片；摆放饭店的赠品，如鲜花、果篮和饮料等
2. 房间由主管、客房经理严格检查，由大堂副理最后检查确认	同查房标准
3. 楼层迎接	客人在酒店有关人员陪同下抵达楼层时，客房服务员、主管、经理要在楼层迎接
4. 贵宾入住期间，服务员增加清扫次数	按照贵宾等级提供相应的服务。对特别重要的贵宾，提供专人服务，随叫随到，保持高标准服务

拓展阅读

客房服务员对客服务技巧

（1）一名喝醉的客人，找不到自己的房间，又没有带任何证件，对此酒店应如何处理？

答：① 寻求这名客人同伴的帮助，与系统核对无误后，送客人到房间。

② 如果客人没有同伴，帮助客人找一个临时住处，如职工宿舍，并派保安人员照看。

③ 请医务室大夫对客人进行检查；确定有无危险并决定是否送医院进行观察。

④ 待客人酒醒后，询问客人房间号码等情况，并与系统核对无误后送客人到房间。

（2）酒店一客房卫生间浴盆冷热水龙头装反，在客人洗澡时将客人烫伤，对此酒店应如何处理？

答：① 首先安慰客人，然后马上送客人到医院治疗（轻伤可带客人到医务室就诊），随即向主管、经理汇报。

② 不见客人伤势，带上水果等到房间问候，并致歉。医疗费酒店方承担。

③ 对客人在服务上给予特殊照顾。

④ 马上通知工程部对设备进行修理。

⑤ 做好事故发生记录，检查事故发生原因，防止类似事故再次发生。

（3）查退房时，如发现房间设备有损坏或丢失应怎么办？

答：① 礼貌地了解客人损坏设备的原因，保留好现场。

② 将此情况报大堂副理。

③ 由大堂副理与客人进行协商索赔事宜。

④ 客人同意赔偿后，客房服务员开出账单让客人签字认可。

（4）房间打扫的顺序？

答：① VIP房→挂牌清洁房间→住房→长住房→走房→空房。

② 若开房时间较紧张，次序灵活变动。

③ VIP房→挂牌清洁房间→走房→住房→长住房→空房。

具体打扫时，卫生班应听从主管、服务中心的安排，不得一意孤行，贪图方便。

（5）做卫生时，客人要进房间，服务员应怎么办？

答：① 首先有礼貌地请客人出示房间钥匙或房卡，确定这是该客人的房间。

② 应向客人表示是否稍候再整理房间。

③ 如果可以继续清理，应尽快清理完，以便客人休息。

（6）住客房间电话铃响，服务员是否可以接？为什么？

答：服务员此时不宜听电话，原因如下：

① 客人租下这房间，房间使用权归客人所有。

② 考虑维护客人的隐私权。

③ 以免误会（特别是对方的夫人打来，而是女服务员接的）。

（7）楼层房间发生火灾时，怎么处理？

答：① 客房服务员平时要熟悉酒店和本楼层的应急楼梯位置，熟悉消防器材的性能和使用方法、安放位置。

② 如发现房间失火，服务员要保持沉着冷静。

③ 初起之火，应立即扑灭。

④ 火势一时不能控制，应立即报告有关部门，并及时引导客人疏散，特别注意考虑救出醉酒和熟睡的客人。

⑤ 事后保护现场，协助有关部门查明起火原因。

（8）自称是客人朋友的人来领取客人遗失在酒店的物品时怎么办？

答：① 首先确认是否有客人委托书。

② 如有，应进行核对。

③ 确认委托书和来人对失物描述无误后，请来者出示有效身份证件。

④ 记录来者的姓名、取走的时间、证件名称与号码，留下委托书。做好记录后，请来者签名。

⑤ 双方当面做好清点后，将失物交给来者。

⑥ 如来者没有客人委托书或对失物描述不全，应婉言拒绝；没有完整的证明，失物不能轻易交给来者。

（9）客房服务中，应怎样防止盗窃事故发生？

答：① 服务员应坚守岗位，掌握客人进出情况。

② 对来访客人做好记录，加强管理。

③ 清扫房间执行登记表格制度。

④ 加强钥匙管理。

⑤ 客人离房后立即查房。

（10）客房常用的灭火器材有哪几种？

答：泡沫灭火器、酸碱灭火器、干粉灭火器、二氧化碳灭火器、1211灭火器等5种。

（11）怎样处理挂"请勿打扰"牌的房间？

答：① 由大堂副理再打一次电话到房内。

② 如无人接听，则由客房部主管、大堂副理、保安人员一起开门入房。

③ 入房后，如有异常现象，则由大堂副理负责协调处理。

④ 如判断是客人忘记取下"请勿打扰"牌，则客房服务员可以安排房间清理，由客房部主管留言告诉客人。

（12）当发现房间失火时怎么办？

答：① 立即拨内线电话通知总机。

② 说清自己的姓名、所在部门及火情准确位置。

③ 如果火势初起，取就近灭火器扑救。

④ 若火势凶猛，努力通过安全通道自救，直到酒店消防队员到达。

（13）客人要求加急洗衣怎么办？

答：① 首先了解客人需要在什么时间内完成。

② 如果是在正常的特快洗衣时间内，应立即通知洗衣房进行洗涤。

③ 如果要求在很短的时间内完成，应跟洗衣房联系，然后再决定洗涤。

（14）客人中午回店后发现房间未整理，强烈表示不满怎么办？

答：① 向客人道歉。

② 同时做适当的解释。

③ 征求客人意见是否可以马上整理房间。

④ 做好记录，以提醒相关人员第二天提早整理该房。

（15）深夜时客人来电话说隔壁客人很吵，无法入睡怎么办？

答：① 向客人表示歉意。

② 问清客人房号。

③ 打电话或直接去房间，劝告吵闹客人。

④ 如客人仍吵闹，将情况报告大堂副理。

（16）客人投诉房间灯光太暗怎么办？

答：① 首先查看房灯是否全部完好。

② 各房灯瓦数是否符合规定。

③ 如不是以上两个原因导致的灯光暗，则应考虑给客人增加台灯或落地灯，不可使用超过规定瓦数的灯泡，以避免造成灯罩烧坏。

（17）总机通知某房有外线电话打不进去，需要客房服务员提醒客人，但房门上挂着"请勿打扰"牌怎么办？

答：① 如房门上挂有"请勿打扰"牌，即使外线再着急，也不能打扰客人，应及时将此情况通知总机。

② 由总机给客人做留言服务。

（18）遇到临时停电怎么办？

答：① 客房服务员应保持镇定。

② 清理过道，将放在走廊上的工作车、吸尘器推到就近空房中。

③ 如果光线不够，无法清理过道，楼层领班应指导服务员站在工作车或吸尘器旁边，以提醒客人防碰撞。

④ 楼层领班利用手电筒向询问的客人做好解释工作，并劝客人不要离开房间。

⑤ 客房服务中心应向工程部了解停电原因和停电时间，以便做好解释工作。

⑥ 正常供电后，应全面巡视所属区域，检查送电后的安全情况。

（19）发现客房内客人死亡怎么办？

答：① 客房服务员应保持镇静，切不可惊慌失措，勿在走廊上奔跑或喊叫，以免引起混乱。

② 关闭房门，禁止其他员工进入，做好保护现场工作。

③ 电话通知保安部、大堂副理和部门主管到现场。

④ 向有关部门人员和有关单位提供客人资料及访客情况。

⑤ 待有关部门人员完成取证、调查、运走尸体后，经有关部门允许后把房间用品撤出进行消毒或燃毁，并对房间进行彻底消毒与清理。

（20）被客人呼唤入房间时怎么办？

答：① 被客人呼唤入房间时，服务员应先在门外虚门，并说"我是服务员，请问有什么事要帮忙吗？"征得客人同意后方可进入房间。

② 进入房间时不宜把门关上；客人让座时应表谢意，但不宜坐下；对客人的吩咐要留心听清；站立姿势要端正，眼睛不可东张西望。

③ 结束后应立即离开，不宜在房间逗留太久；离开房间时，要面对客人轻轻将门关上。

（21）晚上客人打电话缠住服务员要求陪其聊天怎么办？

答：① 委婉告诉客人，当班时间有很多工作要做，如果不能按时完成，会影响对客人的服务质量。

② 同时告诉客人，聊天会长久占用酒店的营业电话，招致其他客人的投诉。

③ 向客人介绍饭店的各类娱乐场所。

（22）客人要求在房中摆放鲜花，怎么办？

答：① 了解客人所需鲜花种类、数量、摆放方式和时间，问清客人禁忌的花卉。

② 了解客人摆放鲜花的原因，以进一步做好细致的服务，如果是因为客人的生日，则向客人表示祝贺。

③ 告知所需的费用并及时请客人付清相关款项。

④ 按客人要求进行摆放。

（23）VIP的接待程序是什么？

答：客房在接到贵宾接待通知单后，应根据通知单的要求，按贵宾房的准备与布置程序准备客房。

① 客务中心接到总台的通知单后，应将贵宾的房号首先通知楼层服务员，以便服务员再进行一次特别的打扫；然后客务中心将贵宾的房号、抵店时间、客房布置的规格标准通知领班、主管、经理，若贵宾当日不到，客务中心一定做好交接班记录。

② 楼层服务员根据通知单的特别要求，配合领班将贵宾房应增放的物品（如鲜花、水果、茶水等）放进客房并布置好。

③ 领班、主管和经理在各自的下属完成对贵宾房的布置和检查后，应及时对客房进行复查，发现问题及时解决。

④ 最后，由大堂副理再进房间巡查一遍，以确保万无一失。

⑤ 当贵宾房准备好后，客房的有关服务人员应做好贵宾抵达时的迎接工作，当客人到达该楼层时，客房部经理或主管、领班和楼层服务员应在电梯口迎接，并随时做好相关的服务工作，必要时可由专人负责。

（24）为客人提供擦鞋服务时，应注意哪几点？

答：① 要用鞋篮取送鞋。

② 防止弄混客人的鞋。

③ 选用合适的鞋油。

④ 鞋底和鞋口边沿要擦净，不能留有鞋油，以免弄脏地毯和客人的袜子。

⑤ 擦鞋前，要在地面铺上布和报纸，防止尘土和鞋油将地面弄脏。

⑥ 如果无法处理，提示客人送鞋匠处理。

（25）为长住客人服务时应做哪几点？

答：① 客房清扫尽量安排在客人非办公时间内进行。

② 清理客房时，要谨慎处理房内垃圾，不要随便挪动客人的办公设备和办公用品。

③ 根据酒店与长住客人或所属公司签的合同要求提供客房用品和饮料。

④ 防止未输登记手续的外来人员留宿。

⑤ 把握亲疏有度。

（26）钥匙的管理应注意哪几点？

答：① 领发钥匙时必须登记签名。

② 上班期间不得将钥匙从身上取下，更不得乱放。

③ 不得将钥匙供给他人使用。

④ 不得随便为他人发钥匙（除规定的人员外）。

⑤ 客人要求开门时，请其与总台联系。

（27）如果客人外出前交代若有来访客人可以在房中等待，服务员应怎么做？

答：① 首先向客人了解来访者姓名及主要特征。

② 来访客人到楼层，经过辨别确认后请来访者办理访客登记。

③ 来访者到房间后，客人未回时，如访客要带物品外出应上前及时询问，并做好记录。

（28）晚上开夜床时，发现床上放着许多客人的物品，怎么办？

答：① 发现这种情况暂时不开夜床。

② 不要挪动客人床上物品。

③ 在该床头柜上放一张留言条给客人，告诉客人不开夜床的原因，请客人需要时拨打客务中心电话。

④ 将此情况做好记录。

（29）如何对客务部的设施进行保养？

答：客房设备的保养，首先注意平时的清洁工作，木制家具要用干抹布擦拭、定期喷蜡，电器设备也应用干抹布擦拭，卫生间设备在清洁时要用相应的清洁剂和清洁工具。

其次，所有客房设备不可随意挪动，需要搬动或更换时应经过本部门经理批准并做好记录。

最后，凡客房设备一经发现有损坏，及时报客务中心，由客务中心下维修单。

（30）客人反映房间设备坏了怎么办？

答：① 首先立即到房中检查。

② 确认是否是客人不会使用，若是，则向客人介绍正确的使用方法。

③ 如果确是设备维修问题，向客人道歉。

④ 征得客人同意后，马上通知维修。

⑤ 维修完毕，还应征询客人是否满意。

（31）客人有大量消费怎样处理？

答：① 若客人是当时需要，服务中心应询问前台是否可以签字。

② 若不可签字，请客人现付。

③ 若已消费，无论客人是否有离店迹象都应通知前台收银。

（32）客人要在房间玩麻将，怎么办？

答：① 根据酒店规定执行，先询问前台客人房型是否可以提供。

② 若不可以，应委婉向客人解释，并告诉他们可以到附近的棋牌室玩。

③ 若可以，尽管是让客人签单，也要向其说清收费标准，以免引起误会。

（33）清理房间时客人回来了，怎么办？

答：① 礼貌地请客人出示房卡，确定是该房客人。

② 征询客人是否稍候整理房间。

③ 如可以继续清理，应尽快清理完。

（34）客房报洗地毯的程序是什么？

答：① 客房服务员在清理房间卫生时，若发现房内地毯比较脏或局部有污渍时，应及时报客务中心。

② 客务中心接到电话后应及时在系统"维修房管理"栏内输入"预计洗地毯"并填写报洗单。填写报洗单时，一定要写清报洗人、时间，于14:00送到公共区域（public ares，PA）部，若14:00之后报洗，可在当天21:00时再送一次。

③ 若PA部已清洗完，要及时通知客务中心，客务中心要在"维修房管理"栏内输入"已洗地毯"，以备前厅部准确掌握房态。

（35）如何和总台核对房态差异表？

答：客房服务员在清理房间卫生时，若有预期未离的房间应立即报客务中心，客务中心接到电话后，填写在房态差异表内。若是无人无行李房、外宿房，应立即电话通知前厅，并于12:00、21:00将房态差异表送至前厅，与前厅部核对房态。

任务实施

步骤一 情景引入（客房部晨会）。

（1）客房部经理公布今日即将到店的3个VIP宾客名单，并分配3个楼层服务组对其进行接待服务。

① 史密斯先生只对白色情有独钟，并且有一定的洁癖，客房服务员应如何对其进行服务？

② 王先生每次住酒店时都要求无烟的房间，但最近酒店客满，没有为王先生准备无烟的房间，服务员应如何进行处理？

③ 香港客人刘先生首次来到酒店，他想到附近的旅游景点多走一走，但是他自己不熟悉路线，服务员应如何对其进行服务？

（2）以上3个VIP客人分别由早、中、晚3个班次中的员工负责接待工作。

步骤二 工作任务实施。

3个工作组分别讨论自己所要接待的VIP客人的需求，并按其需求为其提供个性化的服务。

工作要求：

（1）接待人员在工作时能灵活运用所学所见的知识、技能。

（2）组内成员能合理进行分配和协力完成工作任务。

步骤三 成果展示及评定反馈。

每个工作小组展示任务完成的过程，由其他小组和教师共同给予打分，在任务全部实施完毕后由教师进行点评。

学习考核与评价

在每组学生任务完成过程中，教师、小组其他成员按照任务评分说明（表 3.3.3）对各组进行打分。任务评分表详见表 3.3.4。

表 3.3.3　任务评分说明

评分项目	4分	8发	12分	16分	20分
服务质量及效率	无法为顾客提供此项服务	不能按时完成任务，在服务过程中出现 3 处以上的错误	不能按时完成任务，在服务过程中出现 2~3 处错误	能够按时完成任务，在服务过程中出现 1 处错误	能够按时完成任务，服务过程准确完整
完成的正确性	完成情况较差，出现 5 处以上错误	完成情况一般，出现 3~5 处错误	完成情况基本正确，出现 1~2 处错误	完成情况良好，出现 1 处错误	完成情况良好，无错误
完成的流畅性	任务完成过程中出现 5 次以上停顿，任务完成混乱无序	任务完成过程中出现 3~5 次停顿，组员之间缺乏配合	任务完成过程中出现 2~3 次停顿，组员之间配合默契	任务完成过程中出现 1 次停顿，组员之间配合默契	任务完成过程流畅，组员之间配合默契
表情和肢体语言	表情紧张，无相应的肢体语言	表情较为紧张，能运用少量的肢体语言	表情较为自然，能运用少量的肢体语言	表情较为自然，能运用相应的肢体语言	表情自然、大方得体，肢体语言运用流畅自如
精神面貌、服装仪表	情绪消极、仪容仪表不符合酒店服务标准	较为被动，仪容仪表不符合酒店服务标准	能主动进入角色，仪容仪表基本符合酒店服务标准	能主动配合他人完成任务，仪容仪表符合酒店服务标准	在任务完成中起到带动作用，积极参与任务，仪容仪表符合酒店服务标准

表 3.3.4　任务评分表（满分 100 分）

小组编号：　　　　　　　　　　学生姓名/学号：

评分项目	4分	8分	12分	16分	20分
服务质量及效率	○	○	○	○	○
完成的正确性	○	○	○	○	○
完成的流畅性	○	○	○	○	○
表情和肢体语言	○	○	○	○	○
精神面貌、服装仪表	○	○	○	○	○
总分					

各小组整理教材、教学参考资料，引导学生建立本学习领域的学习档案，训练学生的工作能力。

思考题

1. 如何为 VIP 楼层的客人提供接待服务？
2. VIP 服务的接待程序和标准有哪些？

工作任务二　洗衣与擦鞋服务

任务分析

本任务可以通过为客人提供洗衣服务以及擦鞋服务，可以让学生能更快了解洗衣与擦鞋服务的流程以及工作标准，并通过模拟提供洗衣与擦鞋服务时发生的特殊状况，考查学生作为一名客房部员工时的沟通能力以及处理投诉的能力。

任务布置

为在店客人提供洗衣服务和擦鞋服务。

相关知识

一、洗衣服务

（一）洗衣服务的内容

洗衣服务分为水洗、干洗、熨烫 3 种。从洗衣时间上划分，可分正常洗和快洗两种。正常洗多为上午交洗，晚上送回；如下午交洗，则次日送回。快洗不超过 4 小时便可送回，但要加收 50% 的加急费用。

洗衣服务

（二）洗衣服务的程序

（1）客人将要洗的衣物和填好的洗衣单放进洗衣袋，留在床上或挂在门把手上。服务员可代客人填写，但须由客人过目签名。

（2）洗衣单（图 3.3.1）一式三联，一联留在楼面，另两联随衣物送洗衣房。

（3）送洗客衣工作由楼层服务员承担。

（4）送回洗衣：由洗衣房收发员送到楼层，再由楼层服务员将洗好的衣物送入客房并放置在床上，让客人知道送洗的衣物已送回，并可以由客人检查衣物是否受损。

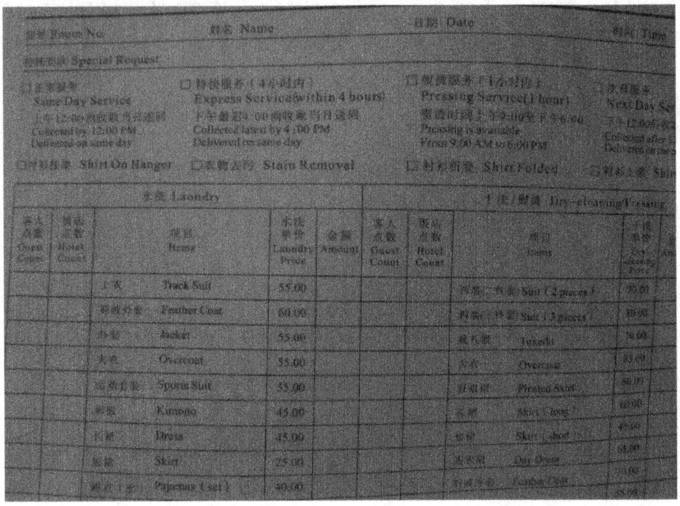

图 3.3.1　酒店洗衣单

二、擦鞋服务

（一）擦鞋服务的内容

客房内通常备有擦鞋纸、擦鞋巾，以方便客人擦鞋。高档酒店还会备有擦鞋机。但真正的擦鞋服务是为客人人工免费擦鞋。在设有此项服务的酒店，客房壁橱中放置了标有房间号码的鞋篮，并在服务指南中告知客人。客人如果需要擦鞋，可将鞋放入鞋篮内，于晚间放在房间门口，由夜班服务员收集到工作间，免费擦拭，擦拭完毕后再送回客房门口。

（二）擦鞋服务的程序

（1）楼层服务员在接到客人电话或通知后的 7 分钟内到客人房间收取皮鞋。

（2）楼层服务员在提供房务服务及清扫时，发现置于鞋篮内的皮鞋，应及时收取并提供擦鞋服务。

（3）服务员在收取皮鞋时，要记清客人的房号，以防送还时出差错。

（4）若遇雨雪天气，客人外出归来，服务员应主动帮助客人擦鞋，使客人满意，亦可防止弄脏房屋地毯。

（5）擦鞋时，应根据客人的皮鞋面料、颜色选择合适的鞋油或鞋粉，认真仔细地进行擦拭。

（6）将擦净的鞋及时送至客人房内，并征求客人意见。

（三）擦鞋服务应注意的问题

（1）要用鞋篮取送鞋。

（2）防止弄混客人的鞋。

（3）选用合适的鞋油。

（4）鞋底和鞋口边沿要擦净，不能留有鞋油，以免弄脏地毯和客人的袜子。

（5）擦鞋前，要在地面铺上布和报纸，防止尘土和鞋油将地面弄脏。

（6）如果无法处理，提示客人送鞋匠处理。

任务实施

步骤一　情景引入。

客房服务中心文员接到 3 个客人的电话，分别要求提供洗衣服务和擦鞋服务。

101 客人有一套西装要洗，并说明两个小时以后开会要用，但现在已经一个半小时过去了，洗衣房员工还没有将衣服送回来，作为 101 房间的客房服务员，你应该如何进行处理？

102 房间的客人打电话要求了干洗服务，洗衣房员工把衣服送回时，102 房间的客人说找不到洗衣单了，作为洗衣房的员工，你应该如何进行处理？

103 房间的客人打电话要求擦鞋服务，你在取鞋时发现鞋子上有一块明显的破损，作为 103 房间的客房服务员，你应该如何进行处理？

步骤二　工作任务实施。

3 个客房部员工在工作的过程中，发现了以上几个问题，按照酒店标准工作流程工作的同时，还应思考如何才能让顾客更加满意。

工作要求：

（1）服务人员在工作时能灵活运用所学所见的知识、技能。

（2）组内成员能合理进行分配和协力完成工作任务。

步骤三　成果展示及评定反馈。

每个工作小组展示任务完成的过程，由其他小组和老师共同给予打分，在任务全部实施完毕后由教师进行点评。

学习考核与评价

教师评价，从中找出优缺点、不足和错误，指出努力改善方向，进行评分，奖励优秀的小组及个人，以进一步掌握正确的工作过程与工作方法，训练学生的工作能力、自我监控能力和评价能力。

在每组学生任务完成过程中，教师、小组其他成员按照评分具体说明（表 3.3.5）对各组进行打分。任务评分表详见表 3.3.6。

表 3.3.5　任务评分说明

评分项目	4分	8分	12分	16分	20分
服务质量及效率	无法为顾客提供此项服务	不能按时完成任务，在服务过程中出现 3 处以上的错误	不能按时完成任务，在服务过程中出现 2～3 处错误	能够按时完成任务，在服务过程中出现 1 处错误	能够按时完成任务，服务过程准确完整
完成的正确性	完成情况较差，出现 5 处以上错误	完成情况一般，出现 3～5 处错误	完成情况基本正确，出现 1～2 处错误	完成情况良好，出现 1 处错误	完成情况良好，无错误
完成的流畅性	任务完成过程中出现 5 次以上停顿，任务完成混乱无序	任务完成过程中出现 3～5 次停顿，组员之间缺乏配合	任务完成过程中出现 2～3 次停顿，组员之间配合默契	任务完成过程中出现 1 次停顿，组员之间配合默契	任务完成过程流畅，组员之间配合默契
表情和肢体语言	表情紧张，无相应的肢体语言	表情较为紧张，能运用少量的肢体语言	表情较为自然，能运用少量的肢体语言	表情较为自然，能运用相应的肢体语言	表情自然、大方得体，肢体语言运用流畅自如
精神面貌、服装仪表	情绪消极，仪容仪表不符合酒店服务标准	较为被动，仪容仪表不符合酒店服务标准	能主动进入角色，仪容仪表基本符合酒店服务标准	能主动配合他人完成任务，仪容仪表符合酒店服务标准	在任务完成中起到带动作用，积极参与任务，仪容仪表符合酒店服务标准

表 3.3.6　任务评分表（满分 100 分）

小组编号：　　　　　　　　　　　　学生姓名/学号：

评分项目	4分	8分	12分	16分	20分
服务质量及效率	○	○	○	○	○
完成的正确性	○	○	○	○	○
完成的流畅性	○	○	○	○	○
表情和肢体语言	○	○	○	○	○
精神面貌、服装仪表	○	○	○	○	○
总分					

　　各小组整理教材、教学参考资料，引导学生建立本学习领域的学习档案，训练学生的工作能力。

思考题

　　1．如何为住店客人提供洗衣服务？

　　2．如何为住店客人提供擦鞋服务？

工作任务三 离店查房

任务分析

本任务通过为客人进行离店查房，可以让学生能更快了解离店查房服务的流程以及工作标准；通过模拟离店查房时发生的特殊状况，考查学生作为一名客房部员工时的沟通能力以及处理应变的能力。

任务布置

客人离店办理离店手续的同时，为客人提供离店查房服务。

相关知识

客人离店时查房的工作程序详见表 3.3.7。

表 3.3.7　离店查房工作程序

工作项目	工作要求	工作程序
接受信息	及时准确	当接到客房中心通知退房结账房号时，立即检查。 如遇请勿打扰或双锁的房间应立即打电话请示客人是否可进房查饮料。 团队的饮料必须在团队离店时间的半小时前检查，并通知收银台
检查小酒吧	操作轻，迅速、准确	检查冰箱、吧台所配饮料有无消费，检查完毕，将冰箱门、柜门关好（注意饮料的拉环和保险环有无打开）
通知收银	无论有无消费，均应立刻通知收银	拨客房服务中心报房号，将所消费的饮料品种、数量通报收款，并询问对方姓名。 留意此房客人是否已经离店，有无遗留物品
记录	准确无误	将所消费饮料数目、品种登记在工作本上
检查衣柜内	仔细、认真	首先看衣柜内有无客人放置的衣物，再看衣架顶上有无物品
检查组合柜后	仔细、无遗漏	检查行李柜后、电视柜后、桌面
检查抽屉内	仔细、无遗漏	检查梳妆台抽屉
检查冰箱柜、冰箱内	仔细、无遗漏	打开行李柜门看两侧； 打开冰箱门看门侧、冰盘上、冰架上、放冰格处
检查电视遥控器	仔细	检查遥控器
检查房间垃圾桶内	仔细	塑料袋与垃圾桶之间有无遗失的贵重物品
检查沙发四周	仔细、无遗漏	用心摸一下沙发四周缝隙，有无遗漏物品，包括沙发垫下
检查床	仔细、无遗漏	检查床上、枕头下、枕头处床垫下、床底（特别是床头、床头柜处地毯上）

工作项目	工作要求	工作程序
检查卫生间台面、毛巾架上	仔细、无遗漏	查看卫生间台面、烟灰缸内有无小件物品,毛巾架、浴巾架有无客人的毛巾或放物等
检查卫生间垃圾桶内	仔细	检查塑料袋与垃圾桶之间有无遗失的贵重物品
检查卫生间门后挂钩处	仔细	检查客人用过的浴衣口袋内有无客人遗留物品

任务实施

步骤一 情景引入。

101 房间的王先生到前台退房,前台员工告知客房服务员进行查房,客房服务员应如何进行查房工作?

102 房间的客人退房,在查房的过程中,发现客房内迷你吧内消费了一瓶矿泉水,但 102 房间的客人声称不记得自己拿过矿泉水,作为 102 房间的客房服务员,你应该怎么做?

103 房间的李先生退房,查房时并无问题,客人走后,客房服务员发现李先生的充电器掉在了床下,作为 103 房间的客房服务员,你应该如何保管客人的遗留物品?

步骤二 工作任务实施。

3 个客房部员工在工作的过程中,发现了以上几个问题,按照酒店标准工作流程进行工作,并思考如何做才能让顾客更加满意。

工作要求:

(1)服务人员在工作时能灵活运用所学所见的知识、技能。

(2)组内成员能合理进行分配并协力完成工作任务。

步骤三 成果展示及评定反馈。

每个工作小组展示任务完成的过程,由其他小组和教师共同给予打分,在任务全部实施完毕后由教师进行点评。

学习考核与评价

教师评价,从中找出优缺点、不足和错误,指出努力改善方向,进行评分,奖励优秀的小组及个人,以进一步掌握正确的工作过程与工作方法,训练学生的工作能力、自我监控能力和评价能力。

在每组学生任务完成过程中,教师、小组其他成员按照评分具体说明(表 3.3.8)对各组进行打分。任务评分表详见表 3.3.9。

表 3.3.8　任务评分说明

评分项目	4分	8分	12分	16分	20分
服务质量及效率	无法为顾客提供此项服务	不能按时完成任务，在服务过程中出现 3 处以上的错误	不能按时完成任务，在服务过程中出现 2～3 处错误	能够按时完成任务，在服务过程中出现 1 处错误	能够按时完成任务，服务过程准确完整
完成的正确性	完成情况较差，出现5处以上错误	完成情况一般，出现 3～5 处错误	完成情况基本正确，出现 1～2 处错误	完成情况良好，出现 1 处错误	完成情况良好，无错误
完成的流畅性	任务完成过程中出现 5 次以上停顿，任务完成混乱无序	任务完成过程中出现 3～5 次停顿，组员之间缺乏配合	任务完成过程中出现 2～3 次停顿，组员之间配合默契	任务完成过程中出现 1 次停顿，组员之间配合默契	任务完成过程流畅，组员之间配合默契
表情和肢体语言	表情紧张，无相应的肢体语言	表情较为紧张，能运用少量的肢体语言	表情较为自然，能运用少量的肢体语言	表情较为自然，能运用相应的肢体语言	表情自然、大方得体，肢体语言运用流畅自如
精神面貌、服装仪表	情绪消极、仪容仪表不符合酒店服务标准	较为被动，仪容仪表不符合酒店服务标准	能主动进入角色，仪容仪表基本符合酒店服务标准	能主动配合他人完成任务，仪容仪表符合酒店服务标准	在任务完成中起到带动作用，积极参与任务，仪容仪表符合酒店服务标准

表 3.3.9　任务评分表（满分 100 分）

小组编号：　　　　　　　　　　　　　学生姓名/学号：

评分项目	4分	8分	12分	16分	20分
服务质量及效率	○	○	○	○	○
完成的正确性	○	○	○	○	○
完成的流畅性	○	○	○	○	○
表情和肢体语言	○	○	○	○	○
精神面貌、服装仪表	○	○	○	○	○
总分					

各小组整理教材、教学参考资料，引导学生建立本学习领域的学习档案，训练学生的工作能力。

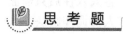 思 考 题

客人离店查房程序有哪些？

工作任务四 送餐服务及私人管家服务

任务分析

本任务首先可以通过让学生搜集当地的五星级酒店送餐服务的资料，使学生进一步了解送餐服务所提供的菜品以及工作程序。通过观看视频，了解私人管家可以向客人提供哪些服务，以及成为一名合格的私人管家应具备哪些素质，为学生到酒店工作打下良好的基础。

任务布置

为住店客人提供送餐服务及私人管家服务。

相关知识

一、送餐的服务程序

（一）订餐

客房用餐分为早餐、便饭、小吃、点心、夜宵等。

若客人需要在客房用早餐，应于前一天晚上在客房备有的早餐牌上选好食物种类，注明用餐时间，然后将其挂在房门把手上，由服务员定时收集，代向餐饮部订餐。客人也可以直接通过电话订餐。

（二）送餐

送餐可由餐饮部送餐员直接送进客房。无专门送餐员的酒店可由餐厅服务员送到楼面，再由客房服务员送进房间。送餐车必须装有保温装置，防止送到时饭菜温度不够，影响食品口味。

二、私人管家服务

私人管家服务是一种贴身的、一对一的高度定制化的服务模式。客人入住后只需面对私人管家而无须再找其他人就可享受各种服务，私人管家负责帮客人协调和解决从入住到离店期间的所有问题。

私人管家服务在国外高星级饭店很盛行。例如，英式管家是世界家政服务领域的经典名词——白衬衣、黑马裤、黑马甲、黑领结，态度谦和、气质庄严、目光炯炯有神；他们经过专业训练，素质高，是主人的私人秘书和亲信；随时待命，听候客人吩咐。我国在 1992 年由广东国际大酒店率先向住客提供私人管家服务，2006 年在深圳富苑酒店产生了我国第一批"英式私人管家"。

私人管家类似于家庭中的保姆，因此又被称为酒店保姆。他们既是服务员，又是秘书，专责料理客人的起居饮食，为客人排忧解难。私人管家关注客人住店期间的每一个细节，从客人入住，私人管家立即为其办理登记，引领入房，端茶送巾，详细介绍酒店情况。此后客人的生活琐事、外出交通、商务活动等也均由其一手操办，直到客人离开酒店。在生活方面，私人管家要会熨烫衣物、调酒、熟悉餐牌、嘘寒问暖、调解纠纷，工作上要能操作计算机、翻译、熟练打字复印等。显然，私人管家要具备极高的自身素质，拥有丰富的服务经验与专业素养。由于私人管家细致周到，体贴入微，深受客人信任。许多客人与曾为自己当过私人管家的服务员结下深厚情谊，为此成为酒店的回头客。

私人管家服务

🌱 任务实施

步骤一 情景引入。

101 房间的王先生由于身体不适，想在客房内用餐，假设你是王先生的私人管家，了解王先生的肠胃不好，你应如何为其推荐菜品？

102 房间的李小姐第一次入住沈阳凯宾斯基酒店，需要私人管家服务。假设你是 102 房间客人的私人管家，并在李小姐来酒店之前，知道李小姐最近有家人去世，你应该如何对其进行服务？

103 房间的李先生是酒店的 VIP 客人，但他却是一位残疾人，平时只能坐轮椅行动，这次来酒店并无其他人陪同，你作为 103 房间的客房服务员，应该如何为其服务？

步骤二 工作任务实施。

3 个客房部员工在工作的过程中，发现了以上几个问题，按照酒店标准工作流程进行工作，思考如何做才能让顾客更加满意。

工作要求：

（1）服务人员在工作时能灵活运用所学所见的知识、技能。

（2）组内成员能合理进行分配和协力完成工作任务。

步骤三 成果展示及评定反馈。

每个工作小组展示任务完成的过程，由其他小组和教师共同给予打分，在任务全部实施完毕后由教师进行点评。

📖 学习考核与评价

教师评价，从中找出优缺点、不足和错误，指出努力改善方向，进行评分，奖励优秀的小组及个人。以进一步掌握正确的工作过程与工作方法，训练学生的工作能力、自我监控能力和评价能力。

在每组学生任务完成过程中，教师、小组其他成员按照任务评分说明（表 3.3.10）对各组进行打分。任务评分表详见表 3.3.11。

表 3.3.10　任务评分说明

评分项目	4分	8分	12分	16分	20分
服务质量及效率	无法为顾客提供此项服务	不能按时完成任务，在服务过程中出现 3 处以上的错误	不能按时完成任务，在服务过程中出现 2～3 处错误	能够按时完成任务，在服务过程中出现 1 处错误	能够按时完成任务，服务过程准确完整
完成的正确性	完成情况较差，出现 5 处以上错误	完成情况一般，出现 3～5 处错误	完成情况基本正确，出现 1～2 处错误	完成情况良好，出现 1 处错误	完成情况良好，无错误
完成的流畅性	任务完成过程中出现 5 次以上停顿，任务完成混乱无序	任务完成过程中出现 3～5 次停顿，组员之间缺乏配合	任务完成过程中出现 2～3 次停顿，组员之间配合默契	任务完成过程中出现 1 次停顿，组员之间配合默契	任务完成过程流畅，组员之间配合默契
表情和肢体语言	表情紧张，无相应的肢体语言	表情较为紧张，能运用少量的肢体语言	表情较为自然，能运用少量的肢体语言	表情较为自然，能运用相应的肢体语言	表情自然、大方得体，肢体语言运用流畅自如
精神面貌、服装仪表	情绪消极，仪容仪表不符合酒店服务标准	较为被动，仪容仪表不符合酒店服务标准	能主动进入角色，仪容仪表基本符合酒店服务标准	能主动配合他人完成任务，仪容仪表符合酒店服务标准	在任务完成中起到带动作用，积极参与任务，仪容仪表符合酒店服务标准

表 3.3.11　任务评分表（满分 100 分）

小组编号：　　　　　　　　　　学生姓名/学号：

评分项目	4分	8分	12分	16分	20分
服务质量及效率	○	○	○	○	○
完成的正确性	○	○	○	○	○
完成的流畅性	○	○	○	○	○
表情和肢体语言	○	○	○	○	○
精神面貌、服装仪表	○	○	○	○	○
总分					

　　各小组整理教材、教学参考资料，引导学生建立本学习领域的学习档案，训练学生的工作能力。

思考题

1. 私人管家服务程序有哪些？
2. 如何为客人进行客房送餐服务？

【项目推荐阅读书目】

1. 谢玉峰，2016. 酒店前厅客房服务与管理[M]. 郑州：郑州大学出版社.
2. 仇学琴，2023. 酒店前厅客房服务与管理[M]. 北京：机械工业出版社.

项 目 小 结

　　本项目主要讲述楼层迎宾服务、VIP 客人接待与客房布置、洗衣服务、擦鞋服务、离店查房、客房送餐服务、私人管家服务等的服务程序和标准等知识，对于学生顶岗实习有深刻的借鉴作用。

项目四 公共区域清洁与管理

项目描述 —●●●●●

通过对本项目的学习，使学生能够掌握大理石地面清洁与保养、大堂洗手间清洁与整理、地毯的清洗、大堂的清洁等服务程序。

项目目标 —●●●●●

※ **能力目标**

● 能够迅速熟练地按要求做好岗前准备工作。
● 熟悉大理石地面清洁与保养、大堂洗手间清洁与整理、地毯的清洗、大堂的清洁等服务工作。

※ **知识目标**

● 掌握公共区域的范围。
● 熟悉公共区域卫生知识特点。
● 掌握公共区域卫生工作的主要内容、质量控制措施。

※ **素质目标**

● 树立良好的职业形象。
● 具有良好的服务意识，并形成职业化的思维习惯。
● 具有较好的身体素质和较强的责任心及开拓创新精神。

工作任务 酒店大堂公共洗手间的清洁

任务分析

通过对酒店大堂公共洗手间的清洁这个工作任务，学生能很快掌握公共区域的范围，以及能够独立清扫公共区域。

任务布置

熟悉公共区域卫生工作的内容，并进行酒店大堂公共洗手间的清扫工作。

相关知识

一、公共区域的范围

公共区域（public area，PA）是指酒店内公众所共有共享的活动区域。

公共区域一般包括室内和室外两部分。室外公共区域主要是指酒店的外围部分，如花园、前后大门、车道、外墙等处。室内公共区域又分为前台和后台两部分，前台公共区域主要是指客人使用的场所，如大堂、电梯、楼梯、公共洗手间、餐厅、歌舞厅及多功能厅等处；后台公共区域则是指员工使用部分，包括员工休息室、员工更衣室和员工餐厅等。

二、公共区域清洁保养的内容

（一）大堂

由于酒店大堂的客流量大，宾客进出频繁，因此，大堂需要连续不断进行清洁保养。为了减少对客人的影响，大堂清扫工作的一般原则是：白天以维护和保养为主，夜晚彻底清扫。

酒店大堂公共
区域的清洁

（二）洗手间

洗手间往往是客人最挑剔的地方，洗手间必须保证清洁卫生、用品齐全。酒店一般会根据自身档次、客流量来确定洗手间清扫的频率。洗手间的清扫包括日常保洁和彻底清扫两种。日常保洁主要是指擦净水剂、擦亮金属镀件、拖净地面等；彻底清扫则需要在洗手间门口竖立告示牌，说明原因并指明临近洗手间的位置。有些高星级酒店则会安排专职清洁员，在洗手间负责随时清洁，并为客人提供引领厕位、递送毛巾等服务。

（三）餐厅、宴会厅和酒吧

客房部需要在各餐厅、宴会厅和酒吧营业结束后进行清扫。由于这些场所的营业时间各不相同，客房部应根据具体情况合理安排好清扫时间。如果在餐厅的营业时间内有清洁需要时，必须及时予以处理；由于餐饮等场所的特殊性，容易滋生蚊蝇，服务员应定期喷洒杀虫剂。

（四）绿化

绿化清洁养护的主要程序：每天按顺序检查、清洁、养护所有的植物，拣出花盆里的杂物，并擦拭枝叶上的灰尘，及时对花木进行剪枝或更换，定期浇水，保持花卉盆景的新鲜亮丽。

三、公共区域卫生的准备工作

（1）安排好清洁保养时间。

（2）领取工作钥匙和有关的工作表单。

（3）准备好清洁剂和清洁器具。

四、公共洗手间的日常清洁服务

（1）及时做好洗手间的消毒工作，使之干净无异味。

（2）按序擦净面盆、水龙头、台面、镜面，并擦亮所有金属镀件。

（3）将洗手间的香水、香皂、小方巾、鲜花等摆放整齐，并及时补充更换；拖净地面，擦拭门、窗、隔挡及瓷砖墙面；配备好卷筒纸、卫生袋、香皂、衣刷等用品；检查皂液器、自动烘用器等设备的完好状况。

（4）热情向客人微笑问好，为客人开关门、递送小毛巾等。

五、酒店公共区域卫生管理制度

（一）早班工作内容

（1）大厅正门自动玻璃门及旁门的擦拭，保持干净没有手印。

（2）大厅入口处所铺设地毯的清洁维护。

（3）大厅的地面、柱面、沙发、茶几、报架、擦鞋机、装饰品、指示牌的擦拭并保持光亮清洁。

（4）大厅休闲区、商场的台面卫生、花盆内无杂叶。

（5）电梯间的清洁：换星期地毯、电梯内的擦拭。

（6）竖式垃圾桶随时清洁，无烟蒂，边角没有污垢。

（7）后楼道垃圾桶的清洁。

（8）大厅及楼道盆景花木的整理，花盆内干净无烟头、无花叶。

（9）维持公共卫生间卫生：便池、手盆、水池、隔断板门，做到无污垢、无异味、镜面光亮、地毯清洁。

（10）公共区域所有开关擦拭干净。

（11）电梯间两道门擦拭干净。

（12）下班前将抹布清洁干净。

（二）晚班工作内容

（1）大厅正门自动玻璃门及旁门的擦拭，保持干净没有手印。

（2）大厅的地面、柱面、沙发、茶几、报架、擦鞋机、装饰品、指示牌的擦拭，并保持光亮清洁。

（3）电梯间的清洁：清洗星期地毯、电梯内的擦拭。

（4）竖式垃圾桶随时清洁，无烟蒂，边角没有污垢。

（5）大厅及楼道盆景花木的整理，花盆内干净无烟头、无花叶。

（6）后楼梯清扫及拖地、擦净扶手。

（7）清垃圾，不允许在输送过程中出现泄漏或在楼道、公共区域留下印迹和气味。

（8）维持公共卫生间卫生，便池、手盆、水池、隔断板门，做到无污垢、无异味、镜面光亮。

（9）公共区域所有开关擦拭干净。

（10）下班前将抹布清洁干净。

（三）洗手间的清洁

（1）天花板无灰尘、无污渍、不潮湿。

（2）镜面无水渍、明亮干净，边缘无霉斑或黑点。

（3）灯饰内外干净，无杂物、积尘。

（4）洗手柜无水迹、无毛发，水龙头座四周无青苔、霉斑或积尘。

（5）马桶及小便池内外无污渍，水箱开关功能正常，水箱无漏水，下水不堵塞。

（6）厕位隔间板无污渍、无潮湿，内门锁好，卫生纸卷盖完整无水痕、锈迹。

（7）地面干净不湿滑，排水孔正常，无毛发杂物阻塞。

（8）排风口、空调出风口无积尘。

（9）洗手乳液补充完整，乳液瓶外表干净。

（10）擦手纸补充完整，纸箱外表干净不潮湿。

（11）纸篓随时清理。

（12）洗手间标示牌清洁不积尘。

（13）洗手间无任何异味。

（四）清洁落地大烟灰缸的工作程序

（1）清除烟灰缸中的垃圾、烟蒂。

（2）从烟灰缸中拣出烟蒂并将它们掐灭。

（3）把烟灰缸中的大理石细粒整理搅拌并弄平整，使之美观。

（4）每周按期清洁二次所有的大理石细粒。

（5）烟灰缸内的大理石细粒数量应放足。

（6）把烟灰缸的表面和内里擦拭干净。

（7）擦干净整个烟灰缸台，包括它的后部。

（8）把落地大烟灰缸搬回原处摆好。

公共区域的

卫生清洁

任务实施

步骤一　收集资料。

学生分组，通过资料查询、参观酒店等方式了解酒店大堂洗手间清洁的准备工作、清洁的程序及标准。

步骤二　观看视频。

通过课堂上播放公共区域清洁视频，使同学们了解酒店大堂洗手间清洁的详细步骤。

步骤三　做好准备工作。

学生分组，根据客房清洁准备工作的流程，为清洁酒店大堂洗手间做好物资及精神准备。

步骤四　清理走客房。

根据酒店大堂洗手间清洁的程序，清洁酒店大堂洗手间，并填好清洁报表。

学习考核与评价

由教师对清洁整理好的公共区域进行检查，从中找出优缺点、不足和错误，指出努力改善方向，进行评分（表 3.4.1），奖励优秀的小组及个人，使同学们进一步掌握正确的工作过程与工作方法。

表 3.4.1　公共卫生间清洁质量标准表（满分 120 分）

日期　　　　　　　　小组编号：　　　　　　学生姓名/学号：

程序	序号	标准	分数（每项 10 分）
提示	1	是否在门口竖立告示牌，说明该卫生间停止使用？	
	2	是否指出邻近卫生间的位置，以方便客人使用？	
检查	3	检查卫生间设备有无损坏？	
清洁物品	4	是否倒空垃圾？	
	5	使用的抹布是否在消毒液中浸泡过？	
	6	镜子、隔墙门等是否擦拭干净，有无水渍？	
清洁面盆、马桶	7	面盆是否清洗干净，有无水渍？	
	8	马桶是否清理干净？	
补充物品	9	皂液是否补充充足？	
	10	卷纸及擦手纸是否补充完善？	
清洁地面	11	地面是否干净，有无水渍？	
室内净化	12	是否喷洒空气清新剂？	

思 考 题

1. 什么叫公共区域？

2. 酒店大堂公共卫生间的清洁程序及标准是什么？

【项目推荐阅读书目】

1．谢玉峰，2016．酒店前厅客房服务与管理[M]．郑州：郑州大学出版社．
2．仇学琴，2023．酒店前厅客房服务与管理[M]．北京：机械工业出版社．

项 目 小 结

　　本项目主要讲述了酒店大堂、洗手间等公共区域的卫生清洁标准及程序，希望同学们在课后能够认真复习，充分掌握。

项目五 客房部基层日常管理

▌项目描述 —●●●●●●

本项目主要介绍编制周期清洁计划；主持召开班前会；处理投诉事件；编写客房部新员工培训计划书；分析客房部营业收入情况等。

▌项目目标 —●●●●●●

※ 能力目标

- 能初步进行客房部日常现场检查督导。
- 能通过案例较有条理地处理各种投诉事件、应急事件。
- 会编写周期清洁计划。
- 会主持召开班前会。
- 能根据假设的客情给班组员工排班。
- 能给客房部新入职的员工制订培训计划书并组织培训。
- 能初步分析客房部营业收入情况。

※ 知识目标

- 掌握客房部周期清洁计划的编制方法。
- 掌握客房服务质量控制方法。
- 掌握客房经营指标及分析与评价方法。

※ 素质目标

- 树立良好的职业形象。
- 具有良好的服务意识，并形成职业化的思维习惯。
- 具有较好的身体素质和较强的责任心及开拓创新精神。

工作任务 一 制订客房部周期清洁计划

任务分析

客房部会在日常清洁的基础上，拟订一个周期性的清洁计划。本任务可以让学生模拟作为客房部的文员，自己拟订一个以一个月为周期的客房部清洁计划，以进一步了解什么是客房计划卫生。

任务布置

了解客房部周期清洁计划，并制订一份客房部周期清洁计划。

相关知识

一、客房计划卫生的定义

计划卫生即周期性的清洁保养工作。客房计划卫生是指在日常清洁卫生的基础上，拟订一个周期性的清洁计划，采取定期循环的方式，将日常清扫中不易做到或不易做彻底的项目，须定期清洁保养的项目，全部清洁整理一遍。客房计划卫生分为楼层计划卫生和公共区域计划卫生。

二、客房计划卫生的意义

减轻客房服务员的日常劳动强度，保证客房和公共区域清洁的质量，使设施设备处于良好的状态。

三、客房计划卫生的制订

（1）列出计划卫生的全部项目。除了日常清洁保养的项目外，计划卫生的项目不可遗漏，应该列全。例如，客房内取电盒的清洁，常被忽视，未列入计划卫生。

（2）分析计划卫生项目的清洁要求。不论是楼层计划卫生还是公共区计划卫生，各项目繁多，应认真分析每个项目清洁的不同要求。

（3）确定计划卫生项目清洁的周期。根据计划卫生项目的不同清洁要求，确定该项目清洁的周期，如计划卫生的周期有每日、每月、短期、季节和年度之分。

四、客房计划卫生的主要内容

1. 房间部分

一般包括：冷热水瓶清洁除垢，墙纸、壁画除尘去渍，地毯去渍清洗，床下、家具下吸尘，家具打蜡和后侧除尘，翻转床垫，洗涤毛毯、床罩及窗帘，清洗沙发，电话机消毒，清洁垃圾桶内外壁，清洁玻璃窗户，植物修剪清洁等。

2. 卫生间部分

一般包括：清洗换气扇，清洗马桶水箱，清洗面盆、浴缸下水口，清洗浴帘，刷洗卫生间四壁、地板，地漏清洁除臭，金属件抛光等。

 拓展阅读

某酒店客房部制订的一份清洁计划图样如表 3.5.1 所示。

表 3.5.1　计划图样

早班周计划		
计划完成时间	计划卫生项目	备注
星期一	抹卫生间门百叶片	
星期二	清洁房间窗轨	
星期三	清洁床底柜底，房间边角位	
星期四	清洁房间墙身污迹	
星期五	房间低位电制板和地脚线清洁	
星期六	清洁房间富贵竹及换水	
星期日	清洁空调机外壳	
中班周计划		
星期一	清洁一楼二楼工作间及拖地	
星期二	公共区域边角位喷蚊药	
星期三	清洁三楼、四楼的工作间及拖地	
星期四	清点麻将及清洁麻将桌	
星期五	整理各楼层服务台抽屉及拖地	
星期六	整理监控室、茶水间及原阅览室物品及拖地	
星期日	清扫客房公共区域蜘蛛网	
夜班周计划		
星期一	清洁阳台铁台椅及地漏	
星期二	拖走火通道及清洁楼梯墙面污迹	
星期三	清洁公共区域窗轨	
星期四	抹应急灯及楼梯对上的墙柱及窗台	
星期五	用 GIF 清洁热水瓶瓶身	
星期六	清洁休息室边角位卫生	
星期日	清洁消防器材及灭蚊灯	

续表

月度计划		
计划完成时间	计划卫生项目	备注
每月 1～10 日	清洗空调机过滤网	
每月 1～10 日	清洁面盆龙头及花洒头过滤网	
每月 1～10 日	清洁走廊空调出风口	
每月 1～10 日	用不锈钢水清洁走廊垃圾桶	
每月 1～10 日	抹走廊墙壁上污迹	
每月 11～20 日	擦门号牌及服务间铜牌	
每月 11～20 日	会议室家具表面上蜡	
每月 11～20 日	清洁房间走廊出风口及卫生间抽风机外壳	
每月 11～20 日	清洗卫生间防滑垫	
每月 11～20 日	清洁马桶水箱及黄迹	
每月 20～30 日	清洁卫生间小五金	
每月 20～30 日	清洁电热水壶	
每月 20～30 日	清洗卫生间浴帘	

任务实施

步骤一 收集资料及资料展示。

要求学生上课前分组到市内酒店，如华苑大酒店、商贸饭店（订单班同学可到订单酒店如黎明国际酒店）收集酒店纸质资料、酒店客房周期清洁计划，采访酒店员工了解酒店目前客房计划卫生情况及清洁计划的执行效果等。

步骤二 分组讨论。学生分组讨论计划卫生的如下内容：

（1）列出计划卫生的全部项目。

（2）确定计划卫生周期。

步骤三 制作客房部周期清洁计划。

各组分别制订一份客房部周期清洁计划，以一个月为周期。

学习考核与评价

教师根据学生所制订的酒店周期清洁计划所包含元素来评分，每一项根据学生的完成情况赋分，具体任务评分表详见表 3.5.2。

表 3.5.2 任务评分表（满分 60 分）

小组编号：　　　　　　　　学生姓名/学号：

评分项目	2 分	4 分	6 分	8 分	10 分
早班服务员的计划卫生安排	○	○	○	○	○
中班服务员的计划卫生安排	○	○	○	○	○
夜班服务员的计划卫生安排	○	○	○	○	○

续表

评分项目	2分	4分	6分	8分	10分
月度计划卫生安排	○	○	○	○	○
时间安排的合理性	○	○	○	○	○
学习态度、完成效率及整体质量	○	○	○	○	○
总分					

思 考 题

1. 客房计划卫生的含义是什么？
2. 如何制订客房部周期清洁计划？

工作任务 二　培训客房部员工

任务分析

客房部培训员工时，都会先由培训部门拟订一个客房部培训计划书，再根据计划书中的内容，对员工的知识、技能、素质等进行培训。本任务也要求学生完全按照酒店培训时的真实步骤进行模拟，先拟订计划培训书，再进行培训，使学生对酒店培训更加印象深刻。

任务布置

了解客房部员工需要掌握的技能，并制订员工培训计划书。

相关知识

下文以某五星级酒店客房部 30 天培训计划为例，加以介绍。

客房部 30 天员工培训计划书

新的实习生分配到本酒店，为了使其尽快熟悉运行程序，早日投入工作，将对实习生进行岗前为期 30 天的脱产培训，理论与实操相结合，培训计划具体如下：

第一天

（1）仪容仪表的要求及标准。

（2）礼貌规范及注意事项。

（3）电话接听礼仪规范（具体细节和规范操作）。

第二天

（1）回顾昨日培训内容。

（2）客房部及有关部门的联系电话。

（3）楼层的分布以及房型的介绍（细节掌握和规范操作）。

第三天

（1）回顾昨日培训内容。

（2）各种房态表示含义。

（3）楼层服务员的岗位职责（具体细节和规范操作）。

第四天

（1）回顾昨日培训内容。

（2）楼层服务员的服务规范。

（3）磁卡的领取使用及注意事项。

（4）签到与签退（具体内容和规范操作）。

第五天

（1）回顾昨日培训内容。

（2）如何使用对讲机。

（3）参观楼层各类房型及工作间。

（4）讲解工作车的运用（规范操作和运用）。

第六天

（1）回顾昨日培训内容。

（2）客人遗留物品的处理程序。

（3）退客房的处理程序。

（4）棋牌房的清洁程序及注意事项（规范化操作程序和讲解）。

第七天

（1）回顾昨日培训内容。

（2）VIP 总套房入住的接待程序。

（3）铺床的方法及标准。

（4）实操退客房的布草拆除手法（规范化操作程序和讲解）。

第八天

（1）回顾昨日培训内容。

（2）收送客衣的程序。

（3）楼层的房吧操作程序，消费单的填写，物品领取、补充。

（4）额外加酒水程序（规范化操作程序和讲解）。

第九天

（1）回顾昨日培训内容。

（2）易耗品配备及注意。

（3）客人要求开门的程序。

（4）实操铺床（单、标间的规范化操作程序和讲解）。

第十天

（1）回顾昨日培训内容。

（2）退房清洁程序及注意事项。

（3）OK 房清洁程序及注意事项。

（4）房间小整理程序（规范化操作程序和讲解）。

第十一天

（1）回顾昨日培训内容。

（2）维修处理程序及注意事项。

（3）清洁剂使用及注意事项。

（4）吸尘器使用及注意事项（规范化操作程序和讲解）。

第十二天

（1）回顾昨日培训内容。

（2）客房的清洁标准。

（3）清洁房间程序标准及注意事项。

（4）实操清洁浴室（规范化操作程序和讲解）。

第十三天

（1）回顾昨日培训内容。

（2）清除地毯、沙发的污渍程序。

（3）房间物品损坏及遗失的处理程序。

（4）客人遗留物品的处理程序（规范化操作程序和案例讲解）。

第十四天

（1）回顾昨日培训内容。

（2）擦鞋服务、叫醒服务。

（3）加送外卖的服务。

（4）实操清洁浴室（操作规范和流程讲解）。

第十五天

（1）回顾昨日培训内容。

（2）服务员打扫房间时客人回来如何处理。

（3）客人借物规程。

（4）加床的程序及注意事项（规范化操作程序和讲解）。

第十六天

（1）回顾昨日培训内容。

（2）客人借用熨斗、熨板的流程。

（3）当客人提出无理要求时的处理。

（4）脏布草的处理程序。

（5）清洁浴室。

第十七天

（1）回顾昨日培训内容。

（2）房间物品摆放的标准及要求。

（3）工作车的摆放标准及要求。

（4）发现有贵重物品及现金的处理程序（规范化操作程序和案例讲解）。

第十八天

（1）回顾昨日培训内容。

（2）早班的计划卫生。

（3）如何按规定填写工作表。

（4）交接班的注意事项（规范化操作程序细节）。

第十九天

（1）回顾昨日培训内容。

（2）客房清扫前的准备。

（3）早班服务员的工作流程。

（4）中班客房清扫前的准备。

（5）夜班服务员的工作流程。

（6）实操房间摸尘（规范化的操作和讲解）。

第二十天

（1）回顾昨日培训内容。

（2）续客房清扫前的准备和流程。

（3）敲门的技巧。

（4）续客房的清洁程序及注意事项（规范化的操作和案例讲解）。

第二十一天

（1）回顾昨日培训内容。

（2）客房部在酒店中的位置。

（3）客房部各岗位职责。

（4）房态的认识及标示。

第二十二天

（1）回顾昨日培训内容。

（2）客房小整理及开夜床的操作程序。

（3）清洁住人房的注意事项。

（4）检查退房要求及注意事项（规范操作和案例讲解）。

（5）VIP 的接待规格及服务程序。

第二十三天

（1）回顾昨日培训内容。

（2）房务中心的工作程序。

（3）客房安全管理规范。

（4）安全服务规范。

（5）安全操作规范（操作流程和案例讲解）。

第二十四天

（1）回顾昨日培训内容。

（2）客房万能钥匙的管理规范。

（3）客房质量检查验收标准。

（4）客房服务效率标准。

第二十五天

（1）回顾昨日培训内容。

（2）空房、脏房、住人房清洁效率。

（3）物品配送效率。

（4）客人投诉处理效率（操作流程和案例讲解）。

（5）退房检查效率、遗留物品处理效率。

第二十六天

（1）回顾昨日培训内容。

（2）客人交代的其他代办事务效率（规范操作和案例讲解）。

（3）客房洗衣的收取要求及注意事项。

（4）客房综合知识问答。

（5）客房木质家具的保养及护理。

第二十七天

（1）回顾昨日培训内容。

（2）客房五金件的清洁保养方法。

（3）地毯的日常保养护理方法及要求。

（4）客房常见污染、污迹的分类及清洁方法。

（5）客房常用清洁剂种类的使用方法及注意事项。

（6）客房吸尘器的运用维修及护理。

（7）布草的分类与管理。

第二十八天

（1）回顾昨日培训内容。

（2）了解公共卫生间清洁员的岗位职责。

（3）公共卫生间的清洁质量要求。

（4）公共卫生间清洁剂的分类及使用方法。

（5）公共卫生间常见污迹的分类及清洁方法。

（6）公共卫生间机器设备的安全使用方法、注意事项及保养条例。

第二十九天

（1）了解保安员岗位职责。

（2）各类突发事件及消防安全的处理。

（3）住客物品丢失。

（4）火情的处理与宾客疏散。

（5）消防守则和火灾的预防。

（6）消防通道的使用管理规定。

（7）消防喷淋系统及烟感系统的熟悉操作与使用。

（8）停车场的安全管理和登记。

第三十天

（1）对各岗位的培训回顾。

（2）怎样和前厅部的沟通和配合。

（3）客房服务员的职责。

（4）测试一个月来所有培训的各岗位内容。

任务实施

步骤一 情景引入（布置任务，分组）（10分钟）。

教师：扮演沈阳××酒店客房部经理。

学生：扮演沈阳××酒店客房部培训经理及员工。

学生分成3组，分别扮演客房部培训经理、酒店各部门员工等，完成教师分配的任务，要求要有协作精神，做到服务至上，准确无误。

步骤二 任务实施。

由客房部培训经理制订培训周计划，并对客房部员工进行培训。

步骤三 成果展示及评定反馈（30分钟）。

每个工作小组展示任务的完成过程，由其他小组和老师共同给予打分，在全部实施完毕后由教师进行点评。

学习考核与评价

教师评价，从中找出优缺点、不足和错误，指出努力改善方向，进行评分，奖励优秀的小组及个人，以进一步掌握正确的工作过程与工作方法，训练学生的工作能力、自我监控能力和评价能力。

在每组学生表演过程中，教师、小组其他成员按照任务评分说明（表3.5.3）对各组进行打分。任务评分表详见表 3.5.4。

表 3.5.3　任务评分说明

评分项目	4分	8分	12分	16分	20分
服务质量及效率	无法为顾客提供此项服务	不能按时完成任务,在服务过程中出现3处以上的错误	不能按时完成任务,在服务过程中出现2~3处错误	能够按时完成任务,在服务过程中出现1处错误	能够按时完成任务,服务过程准确完整
完成的正确性	完成情况较差,出现5处以上错误	完成情况一般,出现3~5处错误	完成情况基本正确,出现1~2处错误	完成情况良好,出现1处错误	完成情况良好,无错误
完成的流畅性	任务完成过程中出现5次以上停顿,任务完成混乱无序	任务完成过程中出现3~5次停顿,组员之间缺乏配合	任务完成过程中出现2~3次停顿,组员之间配合默契	任务完成过程中出现1次停顿,组员之间配合默契	任务完成过程流畅,组员之间配合默契
表情和肢体语言	表情紧张,无相应的肢体语言	表情较为紧张,能运用少量的肢体语言	表情较为自然,能运用少量的肢体语言	表情较为自然,能运用相应的肢体语言	表情自然、大方得体,肢体语言运用流畅自如
精神面貌、服装仪表	情绪消极,仪容仪表不符合酒店服务标准	较为被动,仪容仪表不符合酒店服务标准	能主动进入角色,仪容仪表基本符合酒店服务标准	能主动配合他人完成任务,仪容仪表符合酒店服务标准	在任务完成中起到带动作用,积极参与任务,仪容仪表符合酒店服务标准

表 3.5.4　任务评分表(满分 100 分)

小组编号:　　　　　　　　　学生姓名/学号:

评分项目	4分	8分	12分	16分	20分
服务质量及效率	○	○	○	○	○
完成的正确性	○	○	○	○	○
完成的流畅性	○	○	○	○	○
表情和肢体语言	○	○	○	○	○
精神面貌、服装仪表	○	○	○	○	○
总分					

思考题

1. 客房部培训的内容是什么?
2. 客房部员工应掌握哪些服务要领?

【项目推荐阅读书目】

1. 谢玉峰,2016. 酒店前厅客房服务与管理[M]. 郑州:郑州大学出版社.
2. 仇学琴,2023. 酒店前厅客房服务与管理[M]. 北京:机械工业出版社.

项 目 小 结

　　本项目主要讲述了客房部员工培训的重要性、培训计划的制订及培训的主要内容，希望同学们了解客房部员工需要掌握的技能，并能够独立制订员工培训计划书。

模块四　餐饮服务与管理

项目一　餐饮服务基本技能

项目描述 ──●‥‥‥

餐饮服务基本技能是指从事餐饮服务接待工作所必须掌握的技艺，包括托盘、餐巾折花、摆台、斟酒、上菜与分菜、餐厅结账、花艺制作及其他服务技能。餐饮服务技能的规范化、程序化和标准化是衡量餐饮服务质量优劣的依据之一，也是评价餐饮企业经营管理水平的一个标准。

项目目标 ──●‥‥‥

※　能力目标

- 能用正确的托盘端托姿势灵活使用托盘；能轻松用托盘实现物品递送、酒水斟倒等服务。
- 能熟练完成10种以上杯花造型和盘花造型。
- 能通过观、闻、品等熟练判断酒水的品种；能根据不同酒水品种提供相应的酒水服务。
- 能根据高星级酒店中餐厅摆台要求，完成零点、宴会摆台。
- 能根据高星级餐厅服务标准完成上菜与分菜服务；能结合客人具体需求，灵活提供分菜服务。
- 能根据用餐客人的需求插制最合时宜的餐台花饰。
- 能准确理解酒店花房花艺设计任务订单。
- 能熟练地做好插花前准备工作。
- 能根据不同客人的需求做好中餐圆桌餐台花艺的插制与布置。
- 能根据不同客人的需求做好西餐长桌餐台花艺的插制与布置。

※　知识目标

- 了解托盘的分类和端托形式；掌握轻托的动作要领。
- 掌握不同中式和西式酒水品种及特性；掌握不同酒水的服务方法。
- 了解餐巾的分类、用途、功效；掌握不同餐巾花折法。
- 掌握中餐零点与宴会的摆台操作程序和要求。
- 掌握西餐零点、宴会及自助餐的摆台操作程序和要求。
- 掌握中式不同菜系菜肴的口味特色；掌握上菜与分菜的动作操作要领。

- 掌握中/西餐餐台花艺插制的主要步骤、动作要领及注意事项。
- 了解餐厅花艺的布置要点。
- 掌握酒店中餐圆桌餐台花艺布置特点。
- 掌握酒店西餐长桌餐台花艺布置特点。

※ **素质目标**

- 确立正确的价值观和稳固的专业思想。
- 培养高尚的职业道德和良好的纪律观念。
- 养成良好的性格、积极的情感和坚强的意志。
- 具备良好的团队合作精神和文化修养。
- 培养良好的酒店服务意识和专业操作技能。
- 养成敏锐的洞察力，良好的记忆力和积极主动的工作态度，具备一定的推销技巧。

工作任务 一 托盘端托服务

任务分析

在餐厅服务工作过程中，从餐前摆台、餐中提供菜单、酒水和客人更换餐具、递送账单，到餐后的收台整理等一系列服务，都要使用托盘，托盘是服务员的"第二生命"。本任务主要学习托盘的种类、质地、操作要领等，使同学们熟练掌握托盘操作技能，托盘的轻托与重托服务是餐饮从业人员必须具备的基本技能之一。

托盘操作应严格按规范要求进行，不可单手抓盘边操作，以确保操作安全。

任务布置

（1）教师介绍托盘的种类及用途，托盘在餐饮服务工作中的重要性，并模拟轻托与重托的操作过程。

（2）学生分组练习，能够使用托盘熟练为客人进行餐饮服务。

相关知识

一、托盘在餐饮服务中的作用

（1）体现餐饮服务工作的规范化和文明操作。

（2）是餐饮服务过程中卫生、安全的保证。

（3）可以减少搬运餐饮物品次数，提高工作效率和服务质量。

（4）是重视客人和礼貌待客的重要表现。

二、托盘的种类及用途

（一）种类

从质地上分：木质托盘、金属托盘、胶木托盘等。
从形状上分：方托、圆托。
从规格上分：大、中、小托盘等。

（二）用途

大方形托：一般用于重托，托运菜品、餐盘等重物品。
小圆托：用于递送账单、收款、递送信件（轻托）。
中圆托：用于斟酒、展示饮品、餐中服务（轻托）。

三、托盘的操作要领

（1）托盘有轻托、重托之分；在送菜、端送酒水和席间服务时，用轻托，即胸前托，其操作程序分为理盘、装盘、起盘三部分。

（2）理盘：要将托盘洗净擦干，在盘内垫上专用垫布（勿使用与宾客使用的毛巾、餐巾相似的垫布，以免客人误会），并且要用清水打湿、拧干、铺平拉挺，四边与盘底相齐。

（3）装盘：要根据物品的形状、体积、派用的先后，进行合理装盘，一般重物、高物在内侧；先派用的物品在上、在前，重量分布要得当；装酒时，酒瓶商标向外，以便宾客看清。

（4）用左手托盘，左手向上弯曲成 90°，掌心向上，五指分开，用手指和手掌托住盘底（掌心不能与盘底接触），平托于胸前，略低于胸部，并注意左肘不与腰部接触。

（5）起盘时，左脚在前，右脚在后，屈膝弯腰，用右手慢慢地把托盘平拉出 1/3 或 1/2，左手托住盘底右手相帮，托起托盘撤回左脚。

（6）行走时，必须头正、肩平、盘平，上身挺直，目视前方，脚步轻快而稳健，托盘可随着步伐而在胸前自然摆动，但幅度要小，以防菜汁、汤水溢出。

（7）托盘行走到目的地后站稳，落盘时，要弯膝不弯腰，以防汤水外溢或翻盘；用右手取用盘内物品时，应从前后左右（四周）交替取用，随着托盘内物品的不断变化，重心也要不断调整，左手手指应不断移动，掌握好托盘的重心。特别是用托盘给宾客斟酒时，更要随时调节托盘重心，勿使托盘翻掉而将酒水泼洒在宾客身上。

（8）重托：主要用于托较多的菜品、酒水和空碟，理盘与装盘基本等同于轻托，操作起托时，先用双手将托盘一边移至桌边外，右手扶住托盘边，左手伸开五指，用拳掌托住盘底，在掌握好重心后，用右手协助将托盘慢慢托起，同时转动掌腕，将托盘托于左肩上方，操作时要做到平稳。

（9）重托行走时，步伐不宜过大、过急。行走时，应尽量保持头正、肩平、上身直，随着行走步伐让盘面上、下微动，切不可使盘面左右或前后晃动，注意不能让盘面向外倾斜。

（10）重托落托时，一要慢，二要稳，三要平。当眼睛视面与台面平行时，再用左肩及左手掌将盘向前推进。落托动作结束后，应及时将盘内物品整理好，并擦净盘面以备后用。

任务实施

托盘端托服务

步骤一 情景引入（布置任务，分组）。

餐饮部新员工培训：

地点：沈阳××酒店餐饮部培训室。

教师：扮演培训师，即餐饮部经理。

学生：扮演餐饮部新员工。

（1）餐饮部经理进行自我介绍，介绍托盘的种类及用途。

（2）餐饮部经理进行托盘操作流程介绍。

（3）餐饮部经理进行托盘操作及注意事项介绍。

（4）新员工进行托盘操作。

步骤二 工作任务实施。

班级同学自愿分组，每组 4～5 人，用轻托端送账单、菜肴；用重托运送酒水、菜肴。

（1）圆托的操作方法及训练。

操作程序：理盘→装盘→端托服务。

操作方法：伸出左手，五指分开，掌心朝上，自然呈凹形。大小臂弯曲成 90° 伸于胸前，肘部离腰部约 5cm。（掌心不能与盘底接触）端托行走时，要头正、肩平、步履轻快、仪态大方，保持平稳。

（2）方托的操作方法及训练。方托一般为重托，重托 5kg 以上的物品。

操作方法：用双手将托盘（以大方形托为例）一边移至边台外，右手扶住托盘的边，左手伸开五指，用全掌托住盘底。在掌握好平衡后，用右手协助托盘起至胸前，向上转动手腕，将托盘稳托于肩上。盘底不接触肩，盘前不接近嘴，盘后不靠发，右手自然下垂摆动或扶住托盘的前内角。

行走时，姿势要正确，距离要适当，要做到平、稳、松。

步骤三 成果展示及评定反馈。

以小组为单位，每人托 3 瓶啤酒，2 瓶饮料，进行接力比赛。展示完成后，由教师进行点评。

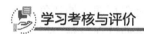
学习考核与评价

教师评价，从中找出优缺点、不足和错误，指出努力改进方向，使用表 4.1.1 进行评分，奖励优秀的小组及个人，以进一步掌握正确的操作过程与操作方法、自我监控能力和评价能力。

表 4.1.1　托盘服务操作评价表（满分 100 分）

考核项目	操作要求	配分	得分
理盘	洗净、擦干、垫好盘巾	10	
装盘	物品摆放合理，符合要求，重心均匀	10	
起托	左脚向前迈一步，右手将托盘拉出台面三分之一	5	
	托盘重心位于掌心处，保持托盘平衡	5	
	左手掌呈凹形，不与盘底接触	10	
	托稳、右手放回体侧成站立姿势	10	
行走	头正肩平、上身挺直	10	
	步伐轻盈、稳健自如	10	
	目视前方、表情自然、精力集中、姿态优美	10	
	托盘随着步伐左右摆动	10	
卸盘	左脚向前迈一步，用右手协助左手把托盘小心推至工作台面	5	
	放稳托盘、卸下物品	5	
合计			

各小组整理教材、教学参考资料，引导学生建立本学习领域的学习档案，训练学生的工作能力。

思考题

1．托盘的种类及用途是什么？
2．轻托与重托的操作要领及注意事项是什么？

工作任务二　餐巾折花

任务分析

餐巾折花是中餐摆台技术中的一项重要内容，通过服务员灵巧的双手将餐巾折叠成不同样式的餐巾花型，这在宴席上给宾客带来美的享受，同时又增添宴饮聚餐时庄重热烈的气氛。餐巾折花通过其无声的语言既表达着主办人员或主办单位的思想情感，又能标志出主人、主宾席席位。餐饮行业的激烈竞争，在很大程度上是餐厅服务的竞争。一个竞争强大的餐厅，其服务员的综合技能一定是过硬的。本次任务通过介绍餐巾折花的重要性、种类及餐巾折花方法，使同学巩固餐饮服务基本技能。

任务布置

（1）通过图片、教师介绍引导同学们认识餐巾的种类。

（2）学习不同造型餐巾折花的方法，能够熟练根据环境选择造型进行餐巾折花。

相关知识

一、餐巾概述

（一）餐巾与餐巾花

（1）餐巾，又称口布、茶布、席布等，它是餐厅中供宾客用餐时的卫生清洁用品。

（2）餐巾花就是餐巾经餐厅服务员折叠成各种各样的花样，插在酒杯或水杯内，或放置在盘碟内。作为餐台布置和装饰美化餐台中的艺术装饰品，供客人在进餐过程中使用的一种卫生用品。餐巾折花是餐前的准备工作之一。

（二）餐巾的发展史

1. 餐巾的起源与发展

（1）在中国的古代典籍中就有宴会中使用"餐巾"覆盖食物和擦手的记载，明清时期，宫廷和贵族宴会就出现了高档的锦缎绣花餐巾，可以说餐巾并非完全是舶来品。

（2）在西方，餐巾也有其很深的历史渊源。最早希腊和罗马贵族一直保持用手进食的习惯，因此在用餐完毕后用一条毛巾大小的餐巾来擦手。更讲究一点的则在擦完手之后捧出洗指钵来洗手，洗指钵里除了盛有水之外，还漂浮着点点玫瑰的花瓣；在埃及有的人则在钵里放上杏仁、肉桂等。餐巾发展到17世纪，除了具有实用意义之外，还更注意观赏。公元1680年，意大利已有数10种餐巾的折法，如教士僧侣的诺亚方舟形状，贵妇人用的母鸡形状，以及一般人喜欢用的小鸡、鲤鱼、乌龟、公牛、熊、兔子等形状。另外，西亚、埃及等地区的文明中也有使用餐巾的历史记载。

2. 现代的餐巾

现代我们使用的餐巾是一种中西合璧的产物，被广泛应用于各式餐厅服务中，成为餐厅和服务的一个重要组成部分。

（三）餐巾的种类

1. 按餐巾的质地分

（1）纯棉织品：吸水性强、去污力强；浆熨后挺括，易折成型，造型效果好，但折叠一次，效果才最佳；手感柔软，但清洗麻烦，需洗净、上浆、熨烫。

（2）棉麻织品：质地较硬，不用上浆也能保持挺括。

（3）化纤织品：颜色亮丽、透明感强；富有弹性，比较平整，如果一次造型不成功，可以二次造型，不用浆烫，使用方便。可塑性不如纯棉织品和棉麻织品好；易清洗，但吸水性差，去污力不如纯棉织品；手感不好。

（4）纸质餐巾：成本低，更换方便；但是不够环保，尽管也能循环再利用；有时也有非正式的感觉和低档次的感觉。

2. 按照餐巾的颜色分

（1）白色餐巾：应用最广，给人以清洁、卫生、典雅、文静之感，它可以调节人的视觉平衡，可以安定人的情绪；但是不耐脏。

（2）冷色调餐巾：给人以平静、舒适的感觉，主要包括浅绿、浅蓝、中灰等。例如，湖蓝色餐巾在夏天能给人以凉爽、舒适之感。

（3）暖色调餐巾：给人以兴奋、热烈、富丽堂皇、鲜艳醒目的感觉等，主要包括粉红色、橘黄色、淡紫色等。例如，大红、粉红餐巾给人以庄重热烈的感觉；橘黄、鹅黄色餐巾给人以高贵典雅的感觉。

（4）条状色餐巾：给人清爽、新奇等感觉，改变一般的餐厅用具印象，一般在零点餐厅、西餐厅应用较多。

3. 按餐巾的规格分

餐巾规格的大小在不同的地区不尽相同，根据实际使用效果，45～50cm 见方的餐巾折叠造型、实际使用较为普遍适宜。

4. 按餐巾的边缘形状分

餐巾边缘有平直形和波浪曲线两种。

二、餐巾折花的作用

（1）装饰美化餐台气氛。不同的餐巾造型，蕴含着不同的宴会主题。形状各异的餐巾花，摆放在餐台上，既美化了餐台，又增添了庄重热烈的气氛，给人以美的享受。

（2）烘托餐台气氛，突出宴会目的，起到一定的无声语言的作用，会对交流思想感情产生良好的效果。例如，寿宴、喜宴上的餐巾花，折出比翼齐飞、心心相印的造型送给一对新人，以表示永结同心、百年好合的美好祝愿。国宴上，如用餐巾折成喜鹊、和平鸽等造型表示欢快、和平、友好，给人以愉悦之感。

（3）卫生保洁的作用。餐巾是餐饮服务中的一种卫生用品。宾客用餐时，餐厅服务员可将大餐巾折起（一般对折）折口向外平铺在腿上，可将小餐巾伸开直接铺在腿上，不可将餐巾挂在胸前（但在空间不大的地方，如飞机上也可以如此），餐巾可用来擦嘴或防止汤汁、酒水弄脏衣物，避免用自己的手帕。拭嘴时，需用餐巾反摺的内侧的上端，而不是用其正面，这是应有的礼貌。决不可用餐巾擦脸部或擦刀叉、碗碟等。手指洗过也用餐巾擦。若餐巾已脏，请侍者重新更换一条。另外，一般不用把餐巾压在餐盘底下进餐，因为这样做容易不小心带动餐巾从而使餐盘滑落。在用餐期间与人交谈之前，可先用餐巾轻轻地揩一下嘴；女士进餐前，可用餐巾轻抹口部，除去唇膏。在进餐时若需剔牙，应拿起餐巾遮挡口部。

（4）餐巾折花造型的摆放可显示出主宾、主人的席位。在折餐巾花时，应选择好主宾的造型，主宾造型高度应高于其他造型高度以示尊贵。

（5）餐巾折花可起到沟通宾主之间感情的作用，象征意义和寓意，是基本的礼仪、习俗的表现与要求。

（6）在西餐宴会中，餐巾有很多信号的作用。在正式宴会上，女主人把餐巾铺在腿上是宴会开始的标志，这就是餐巾的第一个作用，它可以暗示宴会的开始或结束。若中途暂时离开，可将餐巾放在本人座椅面上。

（7）酒店服务艺术和情感化的表现之一。

三、餐巾折花的基本类型

（一）按照餐饮折花的盛器分

（1）杯花：一般应用在正式宴会中，不同的宴会有相对稳定的餐巾花搭配和设计。杯花的特点是折叠的技法复杂，程序较多，操作有一定的技巧，服务规范，造型别致和多种多样，成为服务艺术和优质服务的组成部分。

（2）盘花：盘花一般在西餐和中餐零点餐厅中应用较多，这是零点餐饮餐巾花的一个小潮流。盘花的特点是折叠简单，操作方便，服务简单，造型简洁明快，餐巾折痕较少；造型完整，成型后不会自行散开，可放于盘中或其他盛器内。

（3）环花：将餐巾平整卷好或折叠成造型，套在餐巾环内，称环花。餐巾环也称为餐巾扣，有瓷制的、银制的和塑料制等。餐巾环花通常放置在餐盘上，特点是简洁、雅致。

（二）按照餐饮折花的造型分

各种各样的餐巾花，形形色色、千奇百怪、栩栩如生，目前比较成熟的餐巾折花造型有近百种，经常使用的有五六十种，有时，同一种餐巾折花造型往往有数种折法，而我们一般要求熟练掌握 20 种。

1. 植物花

主要是模仿植物的花、叶、茎、果实等，是餐巾折花中最重要的一类。
（1）花卉型，如月季、荷花、梅花、牡丹、玫瑰、水仙、鸡冠花等造型。
（2）叶，如荷叶造型。
（3）茎，如竹笋造型。
（4）果实，如玉米造型。

2. 动物花

主要模仿鱼、虫、鸟、兽等的整体形态或局部特征。例如，孔雀、凤凰、鸽子、鸳鸯、仙鹤、海鸥等飞禽造型，也有白兔、松鼠等走兽造型，还有蝴蝶、蜻蜓等昆虫造型，以及金鱼、对虾、海螺等造型。动物造型形态生动，活泼可爱。

3. 实物花

主要模仿生活中的各种实物形态而折成的花，如花篮、领带、折扇、风帆、马蹄、帽子等造型。

4. 抽象花

抽象花造型比较少见，但是近年来有的个性化餐厅和设计酒店中的餐饮服务中会出现此类的抽象花造型。

四、餐巾折花的基本技法

1. 叠

叠是最基本的餐巾折花手法，所有折花都可用到。叠是折叠、堆叠的意思，是将餐巾平行取中一折二、二折四，单层或多层叠，或成正方形、矩形，或斜折成三角形、菱形、梯形、锯齿形等各种几何图形。
叠的要领：要熟悉基本造型，叠时要看准折缝线和角度，一次叠成，避免反复，否则餐巾上会留下折痕，影响挺括、美观。

2. 推

推是折裥（打折）时运用的一种手法，是将餐巾叠面折成褶裥的形状，使造型层次丰富、紧凑、美观。

3. 卷

卷是将餐巾卷成圆筒形并制出各种造型的一种手法。
卷的要领：平行卷要求两手用力均匀，同时平行卷动，使餐巾两头形状一样；斜角卷要求两手能按所卷角度的大小，互相配合。

4. 穿

穿是指用工具从餐巾的夹层折缝中边穿边收，形成折皱使造型更加逼真美观的一种手法。另外，有的造型在穿之前不折裥，而将筷子直接穿入，再将折巾从两头向中间挤压而成"皱纹"。这种"挤皱"的方法，常用来折制花的卷叶。

穿的要领：穿用的工具要光滑、洁净，褶皱要均匀。

5. 攥

攥是为了使叠出的餐巾花半成品不易脱落走样，一般用左手攥住餐巾的中部或下部，然后再用右手操作其他部位，攥在手中的部分不能松散。

6. 翻

翻是指将餐巾的巾角从下端翻折至上端、两侧向中间翻折、前面向后面翻折，或是将夹层里面翻到外面等，以构成花、叶、芯、翅、头颈等形状。

7. 拉

拉就是牵引，是在翻的基础上，为使餐巾造型挺直而使用的一种手法，如折鸟的翅膀、尾巴、头颈，花的茎叶等。通过拉的手法可使折巾的线条曲直明显，造型挺括而有生机。

8. 掰

掰一般用于制作花束，如月季花。掰是将餐巾叠好的层次，用右手按顺序一层层掰出花瓣，掰时不要用力过大，掰出的层次或褶的大小距离要均匀。

9. 捏

捏主要是做鸟或其他动物的头所使用的方法。操作时，用一只手的拇指、食指、中指进行。常见的鸟头形状有：上翘嘴型、平尖嘴型、向下嘴型、弯角嘴型、先翻后捏而成的嘴型以及特殊嘴型。

五、餐巾花摆放要求及注意事项

（一）摆放要求

餐巾花摆放示例如图 4.1.1 和图 4.1.2 所示，具体摆放要求如下：
（1）主位花要插摆在主位上。
（2）将观赏面朝向客人席位。

图 4.1.1　餐巾花摆放示例（1）

图 4.1.2　餐巾花摆放示例（2）

（3）插入杯中的餐巾花要掌握好深浅度，并注意杯内餐巾的整齐。

（4）形态相似的餐巾花造型要错开并对称摆放。

（5）各餐巾花之间的距离要均匀，餐巾花不能遮挡台上用品，不能影响服务操作。

（6）餐巾花要放正放稳，保持折痕清晰。

（二）餐巾折花注意事项

（1）注意清洁卫生。

（2）准备好操作工具。

（3）选择好餐巾花造型并力争一次成型。

（4）餐巾正面朝外。

餐巾折花

任务实施

步骤一　情景引入（布置任务，分组）。

餐饮部新员工培训：

地点：沈阳××酒店餐饮部培训室。

教师：扮演培训师，即餐饮部经理。

学生：扮演餐饮部新员工。

（1）介绍餐巾有哪些种类，以及餐巾折花有哪些作用。

（2）介绍为什么高档宴会场所都要使用餐巾折花，以及如何进行餐巾折花造型的选择。

（3）餐饮部经理进行餐巾折花介绍。

（4）新员工进行餐巾折花操作。

步骤二　工作任务实施。

班级同学自愿分组，每组 4~5 人，每组给出婚宴、寿宴、升迁宴等不同场景，由每组同学根据场合不同选择餐巾折花造型并进行餐巾折花。

步骤三　成果展示及评定反馈。

每个工作小组展示任务的完成过程，教师作为餐饮部经理进行考核，依据所给出的具体环境，餐巾折花造型选择正确，折花造型优美的组获胜。

 学习考核与评价

教师评价，从中找出优缺点、不足和错误，指出努力改善方向，根据表 4.1.2 进行评分，奖励优秀的小组及个人，以进一步掌握正确的工作过程与工作方法、自我监控能力和评价能力。

表 4.1.2　餐巾折花操作评价表（满分 100 分）

序号	考核内容	考核要点	评分标准	配分	扣分	得分
1	叠口布	会折 5 种动物造型、5 种植物造型	按指定品种折花，5 种动物造型，5 种植物造型	30		
		推折均匀整齐，造型形象美观	折叠动作规范、熟练、优美，口布花造型逼真，线条挺括	20		
		手法规范	插入杯中三分之二处，保持形象美观，放入杯中时，手不要碰到杯口	5		
		操作卫生	在平盘内进行，注意卫生，不允许用牙叼咬	5		
2	摆放口布花	摆放整齐，突出正副主人位	正面朝外，摆放整齐，高矮有序，突出正副主人位	10		
		观赏面朝向客人	口布花观赏面朝向客人	10		
		摆放位置与杯具距离	放口布花的水杯摆放在酒杯左侧，杯肚之间距离 1cm	10		
		综合效果	造型美观，形象逼真	10		
合计						

各小组整理教材、教学参考资料，引导学生建立本学习领域的学习档案，训练学生的工作能力。

思考题

1. 餐巾折花有哪些造型？折花过程中及摆放的注意事项有哪些？
2. 如何在 5 分钟之内分别折出 4 种不同的杯花与盘花。

工作任务三　斟　酒

任务分析

斟酒是餐厅服务工作的重要内容之一。斟酒操作技术动作的正确、迅速、优美、规范，往往会给顾客留下美好印象。服务员给客人斟酒时，一定要掌握动作的分寸，不可粗鲁失礼，不要讲话，姿势要优雅端庄，注意礼貌、卫生。服务员娴熟的斟酒技术及热情周到的服务，会使参加饮宴的顾客得到精神上的享受与满足，还可强化热情友好的饮宴气氛。本任务主要学习中餐及西餐各类酒水的开瓶方法及操作要领，学生要多加练习，巩固所学的知识，为将来的就业打好基础。

🌱 任务布置

（1）教师讲解斟酒服务的重要性，介绍斟酒服务的注意事项，并进行模拟斟酒。

（2）学生分组练习斟酒服务操作，并进行斟酒比赛。

💡 相关知识

一、酒瓶的开启要领

开瓶是指开启酒品瓶塞和瓶盖的方法。普通酒品开启瓶盖较容易，但葡萄酒和香槟酒的开启应注意掌握一定的方法。

1. 葡萄酒的开启

开启葡萄酒时，要用专用的酒钻和酒刀。先用酒刀切开酒瓶封口，揭去封口顶部的锡箔，并用布将瓶口擦拭干净，然后将酒钻的螺丝锥对准瓶塞中心，顺时针方向轻轻钻下去，直至将酒钻螺旋部分全部钻入塞内，然后利用酒钻的起拔杠杆下压，使瓶塞升起直到拔出。瓶塞出瓶后，应放在骨碟上，送至客人面前，请客人检查瓶塞上的商标与贴纸内容是否一致。

2. 香槟酒的开启

开启香槟酒时，应注意瓶口朝上或稍加倾斜，切忌对准自己或客人。开瓶时，用右手削掉瓶封出的金属铂后，左手斜拿瓶颈处，大拇指压紧塞顶，呈 45° 斜放，右手转动瓶封处的金属丝将其扭开，去掉金属丝后，拿一块干净的餐巾布紧压住瓶塞的上端，左手轻轻地转动酒瓶，在转动过程中，借助瓶内的压力将瓶塞慢慢顶出瓶口，当瓶塞离开瓶口时，会发出"嘭"的一声清脆响声。瓶塞拔出后，要继续使酒瓶保持 45°，以防酒液从瓶内溢出。

二、斟酒

1. 握瓶姿势

握瓶姿势是指服务员为客人斟酒时手握酒瓶的方法。握瓶时，右手大拇指叉开，其余四指并拢，掌心紧贴于瓶身中下部，酒标朝外，通过腕力和手指的力量控制酒液的流速。

2. 斟酒的姿势与位置

从主宾开始，按照顺时针方向从客人右侧斟酒。

3. 斟酒量

（1）中餐斟倒各种酒水，以八层满为宜。
（2）西餐斟酒不宜太满，红葡萄酒斟至杯的1/2，白葡萄酒斟至杯的2/3。
（3）斟香槟酒分两次进行，先斟至杯的1/3，待泡沫消失后，再斟至2/3。

4. 斟酒顺序

（1）中餐斟酒顺序：宴会开始前，将烈性酒和葡萄酒斟好，斟酒时，按照从主宾位置开始，按照顺时针方向依次斟倒。
（2）西餐宴会斟酒顺序：女主宾→女宾→女主人→男主宾→男宾→男主人。

5. 斟酒三步法

服务员以T字形步姿站在客人右后侧，斟完第一杯酒后，迈出第一步，即右脚抽出向前走一步，落在第一位宾客椅子背后的中间位置；第二步为左脚向前迈到第一、第二位宾客椅子之间的外档；第三步为右脚伸到第一、第二位宾客椅子之间的斟酒站位。整个斟酒过程共三步，故称斟酒三步法。

6. 斟酒要领

（1）斟酒时，服务员站在客人两椅之间，右手握着酒瓶的下半部，酒标朝外，显示给客人。
（2）斟酒时，身体微微前倾，不可紧贴客人，但也不要离得太远，右脚踏入两椅之间，呈T字形侧身而立。
（3）斟酒时，瓶口距杯口2cm左右，不要将瓶口搭在杯口上，以防污染。
（4）斟酒适度后，微微抬起瓶口，同时手腕顺时针旋转45°，使最后一滴酒均匀地分布到瓶口边沿上，不至于滴落在客人的身上或餐布上。
（5）斟酒时做到不滴不洒，不少不溢，尤其是斟啤酒时，速度要慢，防止泡沫过多。
（6）在宴会进行中，讲话开始前要将酒水斟齐，以免敬酒时杯中无酒。
（7）宾主讲话时，服务员要停止一切操作，站在适当位置。讲话结束，负责主桌的值台员要将讲话者的酒水送上供祝酒之用。

7. 托盘斟酒服务程序与标准

斟酒时，服务员将托盘内酒水展示给客人，示意客人自己选择。选定酒水后，服务员站在客人右后侧，右脚向前，左脚在后，呈 T 字形侧身而立。左手托盘向左拉开，右手握住瓶身的下半部，将客人所选酒水斟入杯中。酒量适度后，将瓶口微微抬起，并顺时针旋转 45°，然后收瓶，将酒瓶放入托盘中。

8. 徒手斟酒服务程序与标准

斟酒时，服务员站在客人右后侧，右脚向前，左脚在后，呈 T 字形侧身而立。左手持布巾背在身后，右手握住瓶身的下半部，将客人所选酒水斟入杯中。酒量适度后，将瓶口微微抬起，并顺时针旋转 45°，然后收瓶，用左手的布巾将酒口擦拭干净。如果是从冰桶里取出酒水，应用餐巾包住瓶身斟酒，以避免水珠滴洒在宾客的衣服上。

9. 要点提示

（1）斟酒时，要随时注意瓶内酒量的变化情况，以适当的倾斜度控制酒液的流速，学会巧用腕力。瓶内酒量越少，酒液的流速越快，越容易溅出杯外。

（2）斟酒时，不要站在客人左侧，不要站在一个位置为左右两位客人斟酒，也不要隔位斟、反手斟。

（3）如果由于操作不慎，将酒杯碰翻，应向客人表示歉意，并立即将酒杯扶起，检查有无破损。同时用干净的餐巾将酒液吸干，重新斟酒。

（4）当瓶内酒水不足一杯时，不宜为客人斟酒，瓶底朝天有失礼貌，切忌一杯酒用两只酒瓶同斟。

（5）斟酒时，因为泡沫较丰富，极易沿杯壁冲出杯外，所以斟酒的速度要慢，可以沿酒杯的前壁流入杯内，也可以分两次斟倒。

（6）开启瓶盖或易拉罐时，不要冲着客人，避免气体喷溅到客人。

（7）酒液、汽水混合在一只杯中时，应先斟汽水后斟酒液，以防汽水对酒液的冲击。

（8）清点客人的酒水，在斟第一杯后，全部放回客人餐桌上，若有空瓶、空罐，则及时撤走。

红酒斟酒

（9）斟酒时，尽量注意不要打扰客人交谈，影响客人。

任务实施

步骤一 情景引入（布置任务，分组）。

餐饮部新员工培训：

地点：沈阳××酒店餐饮部培训室。

教师：扮演培训师，即餐饮部经理。

学生：扮演餐饮部新员工。

（1）教师讲解斟酒分为哪几种。

（2）教师讲解为什么高档宴会场所会有斟酒服务。

（3）餐饮部经理进行斟酒操作示范。

（4）新员工进行斟酒服务操作。

步骤二 工作任务实施。

班级同学自愿分组，每组 4~5 人，每组给出中西餐宴会等不同场景，由每组同学根据场合不同进行模拟斟酒服务。葡萄酒、香槟酒的开启模拟，托盘斟酒，徒手斟酒模拟训练等。

步骤三 成果展示及评定反馈。

每个工作小组展示任务的完成过程，教师作为餐饮部经理进行考核，依据每组同学的斟酒操作打分，分数高者获胜。

学习考核与评价

教师评价，从中找出优缺点、不足和错误，指出努力改善方向，使用表 4.1.3 进行评分，奖励优秀的小组及个人，以进一步掌握正确的工作过程与工作方法、自我监控能力和评价能力。

表 4.1.3 斟酒服务评价表（满分 20 分）

序号	评分要素	配分	评分标准	得分	备注
1	做好斟酒前的准备工作	1	打开酒瓶盖，酒标朝向客人握瓶。握瓶姿势不正确扣 1 分		
2	斟酒服务	9	斟酒错位，扣 2 分； 斟酒顺序错，扣 2 分； 瓶口碰杯口，1 次扣 0.5 分； 托瓶底，一次扣 0.5 分； 斟酒姿势不规范，扣 2 分； 不绕椅斟倒，扣 0.5 分； 倒杯，一个扣 0.5 分		
3	符合斟酒标准（八分满）	10	不符合标准，一杯扣 0.5 分； 酒一滴扣 0.5 分； 酒洒过多，扣 2 分		
			合计		

各小组整理教材、教学参考资料，引导学生建立本学习领域的学习档案，训练学生的工作能力。

思 考 题

1．如何开启葡萄酒、香槟酒？

2．中西餐酒水如何斟倒？

工作任务四 摆 台

任务分析

摆台是把各种餐具按要求摆放在餐桌上，它是餐厅配餐工作中重要的一项内容，是一门技术，摆得好坏直接影响服务质量和餐厅的面貌。

任务布置

（1）教师引领学生认知中西餐摆台的种类和摆台要求。

（2）学生在老师的指导下练习，掌握摆台的操作程序与标准，达到操作规范、技能娴熟的训练要求，熟练进行中西餐摆台。

相关知识

一、摆台及基本要求

（1）摆设的台面要清洁卫生。摆台所用的台布、餐巾、餐具、小件物品、调料品及其餐椅和其他各种装饰物品都要符合卫生要求，以防污染。

（2）餐台的布局要做到台形设计考究、合理、井然有序，既方便客人就餐，又能确保服务工作的顺利进行。

（3）台面的设计要尊重客人的民族习惯和饮食习惯，符合待客的礼仪要求。

（4）根据就餐规格和形式设计台面，所配餐具、用具要配套、齐全。

（5）餐具摆放要有条理，各席位的餐具应相对集中、整齐一致，席位之间应有明显空隙，既要方便客人用餐，又要便于餐间服务。

（6）花坛的设计要能体现宴会的主题，力求造型逼真、美观、得体、实用。

二、中餐摆台

（一）中餐宴会的餐台设计

1. 餐台设计的总体要求

美观、实用、大方、便捷。

2. 餐台设计的具体要求

（1）突出主桌。

（2）主桌以外席位的安排遵循先右后左、高近低远的原则。

（3）有针对性地选择台面。

（4）餐桌的排列应根据餐厅的大小以及赴宴人数的多少来安排，桌与桌之间的距离以方便穿行、上菜、斟酒、撤盘为宜。

（5）重要宴会或高级宴会要设分菜服务台，分菜都在分菜服务台进行，然后再分送给客人。

（6）大型宴会除主桌外，所有的桌子都应编号。

（7）多台宴会的设计要根据宴会的形状、大小或主人的要求进行。

（二）中餐宴会席位安排

（1）各桌的主人位置相同，同朝一个方向。

（2）各桌的主人位置方向不一致，但都面向中间。

（三）中餐宴会摆台操作

1. 摆台前的准备

（1）将双手洗净。

（2）领取各类餐具、台布、桌裙等。

（3）用干净的布巾将餐具和各种玻璃器皿擦亮，要求无任何破损、污迹等。

（4）检查台布、桌裙是否干净，是否有褶皱、破洞等，不符合要求的应进行调换。

（5）洗涤所有调味品壶并重新装好。

（6）折叠巾花。

2. 摆台时的操作

（1）铺台布。

（2）玻璃转盘摆在桌面中心，检查转盘旋转是否灵活。

（3）将桌裙沿按顺时针方向（折扣向左）每个相隔 4cm，用摁钉或尼龙搭扣固定在桌沿上即可。

（4）根据出席宴会人数配齐餐椅，一般将餐椅放置为三三、两两，即正、副主人侧各放三张餐椅，另两侧各放两张餐椅，椅背在一直线上。

（5）使用托盘运送各种摆台餐具，骨碟摆在座位正中，距桌边 1.5cm。

（6）口汤碗和味碟摆在骨碟垂直线上方两边，距骨碟 1cm，匙柄朝左与味碟中线成直线；银匙和筷子平行放在羹筷架上，筷架与汤匙柄、味碟中线成直线，筷子底端距桌边 1.5cm。

（7）袋装牙签摆在银匙与筷子中间与银匙尾平齐。

（8）葡萄酒杯摆在口汤碗与味碟中间，与骨碟呈垂直中线上，水杯摆在葡萄酒杯左侧，烈性酒杯摆在葡萄酒杯右侧，三杯杯肚之间距离为1cm，杯心成一直线。

中餐宴会摆台

（9）餐巾花插入杯中或叠成盘花放在骨碟中间，从正主人席位右侧开始，每隔两个座位摆放一个烟灰缸，烟灰缸前端应在水杯的外切线上。

（10）火柴盒封面朝上摆放在烟灰缸里，火柴磷朝向里面。

中餐宴会摆台如图 4.1.3 所示。

图 4.1.3　中餐宴会摆台

（四）中餐零点摆台

1. 早餐摆台

（1）骨碟定位：骨碟摆在座位正中，距桌边 1.5cm。

（2）口汤碗、汤匙摆在骨碟正上方 1cm 处，匙柄朝左。

（3）筷架、筷子摆在口汤碗右侧，筷子装入筷套后放在筷架上，底端距桌边 1.5cm，并与骨碟直线平行，筷套在筷架上方部分长度约 5cm。

（4）茶碟摆在筷子右侧距桌边 1.5cm，茶杯反扣在茶碟里，杯耳朝右与筷架平行。

（5）袋装牙签摆在骨碟与筷子中间，底端距桌边 1.5cm。

2. 午晚餐摆台

（1）骨碟摆在座位正中，距桌边 1.5cm。

（2）口汤碗、汤匙摆放在骨碟左前方 1cm 处，匙柄朝左。

（3）味碟摆在骨碟右前方与口汤碗并排。

（4）筷架摆在味碟中线右侧，筷子放在筷架上，底端距桌边 1.5cm，并与骨碟直线平行。

（5）茶碟摆在筷子右侧距桌边 1.5cm，茶杯反扣在茶碟里，杯耳朝右。

（6）袋装牙签摆在骨碟与筷子中间。

（7）玻璃水杯摆在口汤碗与味碟前方中间，与骨碟呈垂直线，距口汤碗 1cm，也可摆放在筷子右侧与口汤碗、味碟平行的位置上。

（8）餐巾花摆放在骨碟里，也可叠成杯花插在水杯里。

三、西餐摆台

（一）西餐宴会舞台

1. 西餐宴会席位安排

如果属于外交、贸易性质的宴会，如国与国之间、社会团体之间举行的工作性质的宴会，一般都在餐厅举行，因双方都有重要人物出席，因而宴会的气氛正规、严肃，安排座次时还需考虑如下几方面：

（1）参加宴会的双方各有几位首要人物。

（2）双方首要人物是否携带夫人。

（3）双方各自带有译员时，主人的译员坐在主宾的左侧，主宾的译员坐在主人的左侧。

（4）主客要穿插落座。

（5）大型宴会是否需要分桌。

2. 西餐宴会的摆台操作

（1）摆台布。

（2）摆装饰盘（餐盘、垫盘）。

（3）摆刀叉。

（4）摆水果刀、甜点叉、甜点匙。

（5）摆面包盘、黄油刀和黄油盘。

西餐宴会摆台

（6）摆酒具，酒水杯摆放在水果刀、甜点叉、甜点匙右侧，呈下斜线。

（7）摆放餐巾花。

（8）摆放其他用具。

西餐摆台时要按照"底盘→餐具→酒水杯→调料用具→艺术"摆放的程序进行。

西餐宴会摆台如图 4.1.4 所示。

图 4.1.4　西餐宴会摆台

（二）西餐早餐摆台（咖啡厅早餐摆台）

（1）西餐早餐摆台一般不铺台布，铺纸垫式菜单于餐位正中，并距离桌边 2cm。

（2）将餐刀、餐叉分别放于纸垫式菜单的右侧、左侧，刀口向左，叉尖朝上，刀叉后端距桌边 2cm，刀叉之间相离 30cm 左右。

（3）面包盘上放黄油刀并摆在餐叉左侧 1cm 处，盘边距离桌边 2cm；在面包盘中线靠右边处摆放黄油刀，刀刃朝向盘心。

（4）置咖啡杯于餐刀右侧，咖啡杯反扣在咖啡垫碟上，垫碟距餐刀 1cm，咖啡杯柄、咖啡匙把均朝右。

（5）刀、叉之间放上餐巾花。

（6）摆放花瓶、烟灰缸、胡椒盅、糖缸等物品于餐台中心的位置上。

（三）西餐午晚餐摆台（正餐摆台）

（1）西餐午晚餐要铺台布，要求台布平整，正面在上，四角下垂相等。

（2）装饰盘放在餐位正中，离桌边 2cm，盘中放餐巾花，也可以不放装饰盘而直接放餐巾花。

（3）在装饰盘右侧 1.5cm 处放餐刀（刀口向左）和汤匙，餐刀和汤匙两者之间相距 1.5cm，刀、匙后端离桌边均为 2cm。

（4）在装饰盘左侧 1.5cm 处放餐叉，餐叉左侧放色拉叉，叉尖向上，餐叉和色拉叉两者相距 0.5cm，叉子后端距桌边 2cm。

（5）色拉叉左侧 1cm 处放面包盘，在面包盘中线靠右边处摆放黄油刀，刀刃朝向盘心，面包盘边离桌边 2cm，黄油刀上方 3cm 处放黄油碟。

（6）在餐刀尖上方 2cm 处放水杯。

（7）在装饰盘右上方 3cm 处放烟灰缸，左上方 3cm 处放胡椒盅、盐盅，牙签筒放在胡椒盅、盐盅的左侧，三者之间各相距 2cm。餐桌正中除摆放花瓶外，还可摆放烛台。

🌱 任务实施

步骤一　情景引入（布置任务，分组）。

沈阳某家五星级酒店要接待一桌寿宴，请模拟进行摆台。

（1）学生模拟中西餐正餐摆台。

（2）学生模拟中西餐宴会摆台。

步骤二　工作任务实施。

班级同学自愿组合，每个小组 4～5 人，要求每位同学都能够迅速、熟练进行中西餐摆台操作。

步骤三　展示与点评。

每个工作小组展示任务的完成过程，教师作为餐饮部经理进行点评，严格按照摆台操作标准，分数高者成为获胜。

 学习考核与评价

教师评价，从中找出优缺点、不足和错误，指出努力改进方向，使用表 4.1.4 和表 4.1.5 进行评分，奖励优秀的小组及个人，以进一步掌握正确的工作过程与工作方法、自我监控能力和评价能力。

表 4.1.4　中餐摆台评价表（满分 50 分）

序号	评分要素	配分	评分标准	分数	备注
1	做好摆台工作的准备	5	物品未消毒扣 2 分； 手抓杯口，碟内扣 2 分		
2	摆台操作	25	摆放餐碟，1 个间距不等扣 0.5 分； 摆放口汤碗、汤匙，一个间距不等扣 0.5 分； 摆放味碟，一个间距不等扣 0.5 分； 摆放酒杯，一个间距不等扣 0.5 分； 摆放筷架、筷子，一个间距不等扣 0.5 分； 摆放烟灰缸，一个间距不等扣 0.5 分； 摆放花瓶，一个不正扣 0.2 分； 调椅子间距，一个不等扣 0.5 分		
3	操作规范	15	摆放位置错，一次扣 2 分； 端托不规范，扣 2 分； 餐饮用具错位，一项扣 2 分； 漏摆，一项扣 3 分； 餐具落地，一件扣 2 分； 摆台顺序错，一次扣 2 分		
4	仪容仪表	5	穿着工装，戴工作牌，不得佩戴首饰和其他装饰物，化淡妆，以上一项不达标扣 1 分		

表 4.1.5　西餐摆台评价表（满分 50 分）

序号	考核内容	考核要点	配分	评分标准	扣分	分数
1	仪容仪表及准备工作	按规定着装，工作服整洁干净，佩戴标志，仪容仪表整洁大方； 工作台餐用具分类摆放规范、合理	7.5	不按照要求着装，扣 2.5 分； 着装不整洁，扣 1 分； 不佩戴标志，扣 1 分； 餐用具摆放不规范，扣 3 分； 扣完为止		
2	铺台布	铺台布正面朝上、中线对正、台布下垂均匀	2.5	台布反面朝上，扣 1 分； 台布中线不正，扣 1 分； 台布下垂不均匀，扣 0.5 分； 扣完为止		

续表

序号	考核内容	考核要点	配分	评分标准	扣分	分数
3	摆放餐具	按顺序摆放餐用具； 展示盘、面包盘定位准确； 展示盘与面包盘中心线在一条直线上； 刀、叉、勺、摆放准确； 三种杯摆放正确	15	餐用具摆放程序错误，扣3分； 展示盘、面包盘定位不当，每套各扣0.5分； 刀、叉、勺等餐具摆放位置不正，每套各扣1分； 3种杯摆放不准，每套各扣0.5分； 扣完为止		
4	餐巾折花	造型精致、美观大方叠盘花； 操作符合卫生要求； 盘花整体和谐	6	餐巾花折叠不美观，扣2分； 操作不符合卫生要求，扣2分； 餐巾花整体不和谐，扣2分； 扣完为止		
5	摆台面用品	花瓶、用品按图示规范要求摆放	2	各项用具不按照规范摆放，一套扣1分； 扣完为止		
6	围椅	餐椅对位摆放、餐椅与下垂台布间距1cm	3	餐椅摆放错位，各扣0.5分； 扣完为止		
7	斟倒冰水	从客人餐椅的右侧斟倒； 每杯水要以8分满为准、白葡萄酒斟倒2/3杯； 斟倒姿势优雅、规范、持壶手法正确	8	斟倒位置错误，扣1分； 每杯水量不准，扣0.5分； 每杯白葡萄酒量不准，扣0.5分； 斟倒姿势不正确，扣1分； 扣完为止		
8	整体效果	餐台整体效果良好； 餐用具摆放规范、到位	1	餐台整体效果差，扣1分； 扣完为止		
9	操作能力	操作稳妥、拿取餐具符合卫生要求、动作娴熟、协调、规范、操作区域整洁	5	操作不稳妥，扣1分； 手法不卫生，扣1分； 托盘使用不熟练，扣1分； 动作不规范、不协调，扣1分； 台面、工作台不清洁，扣1分； 扣完为止		
10	失误	在总分中扣除		餐具掉地，一次扣5分； 打碎餐用具，一件扣5分； 少摆餐用具，一件扣2分； 最多超时3分钟，超时1分钟扣2分，不足1分钟按1分钟计算，最多扣30分		
	合计		50			

各小组整理教材、教学参考资料，引导学生建立本学习领域的学习档案，训练学生的工作能力。

思考题

1. 中西餐摆台程序及注意事项是什么？

2. 如何进行中西餐摆台？

工作任务五　中餐圆桌餐台花艺插制

任务分析

中餐厅是提供中式菜点、饮料和服务的场所，也是酒店对外国客人宣传中国饮食文化和展示酒店水准的主要场所，其格调高雅，餐台多用圆桌。因此中餐厅花艺要适宜四面观赏，讲究简洁、对称，插花造型以球形或半球形为主。本任务主要探讨酒店中餐厅花艺从订餐开始到最后有完整花艺作品呈现的全过程，在花房花艺订单填写的时候需注意的问题应该予以重视。正确分析订单，才能提供最合适的花艺作品。

任务布置

（1）教师给予模拟中餐厅订餐情景条件。

（2）学生根据条件填写花房花艺任务设计单。

（3）学生根据花房花艺任务设计订单，分组完成所需情景的中餐餐台花艺插制。

相关知识

半球形插花造型设计和图解：

P 花长度与花器宽度相同（也可根据半球大小自定义），插入花泥正中央。A 与 B 花等长，沿花器边缘与 P 花成 90°插入花泥两侧（图 4.1.5）。D 花插在 A、B 花之间的半圆线上，靠近 B 花的 1/3 处。E 花插在 D 花的对角线上。C 花插在 A、B 花之间的半圆线上，靠近 A 花的 1/3 处。F 花插在 D 花的对角线上（图 4.1.6）。

其余花材在 P-F 花构成的半球空间，分层次错开插入。

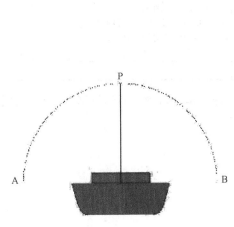

图 4.1.5　正面图

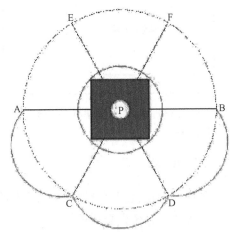

图 4.1.6　俯视图

任务实施

步骤一 课前布置任务。

学生分组到当地酒店现场参观，重点收集餐台、咖啡厅的图片。

步骤二 学生介绍展示。

课前将全班学生分为5组，将小组成员收集的酒店插花作品图片进行选择，选出其中之一，由小组派代表对本组图片进行介绍，并思考插花作品摆放位置是否合适及合适的原因。

步骤三 教师点评。

针对各组学生对收集到的酒店餐厅花艺的图片和相应介绍做出点评，归纳总结酒店餐厅花艺设计并引入相关的知识点。

步骤四 教师提供模拟情景。

春节是中国的传统节日，近年来随着人们生活水平的不断提高，在酒店餐厅中度过除夕之夜的家庭越来越多，这既省掉了又做又洗的麻烦，又能感受到酒店高雅温馨的服务和大厨高超的厨艺。此任务就以中餐厅其中一张圆桌餐台为例，根据订单要求此餐台一家四代同堂，用餐时间为除夕之夜，请同学们分组进行餐台花艺布置。

步骤五 填写花房花艺任务设计单。

由同学们根据教师提供的模拟订餐情景，完成花房花艺任务设计单的填写。最后由教师点评，并对填写花房花艺任务设计单（表4.1.6）的要求和注意事项进行详细讲解。

表4.1.6 花房花艺设计任务单

订制部门： 餐饮部中餐厅	使用时间： 2011年2月2日	取花时间：2011年2月2日 6:00PM
客人身份： 四代同堂一家老少		用花原因： 除夕夜家宴
备注：用餐时间为除夕夜，注意营造节日气氛		

步骤六 中餐餐台花艺插制。

每一小组分工合作，插制中餐餐台花艺。

步骤七 成果展示。

各组派代表介绍本小组所完成的花艺作品，其他小组或教师进行提问，介绍人进行解答。

学习考核与评价

教师或其他组员按照表4.1.7对各组进行评分。

表 4.1.7　插花评价表（满分 50 分）

评分项目	评价内容		评价标准			A	B	C
明确主题	立意		A. 新颖	B. 体现意境	C. 与花性和花器相得益彰	○	○	○
	构图	色彩	A. 艳丽	B. 和谐	C. 暗淡	○	○	○
		形态	A. 优雅	B. 奇特	C. 一般	○	○	○
插制准备	器具准备		A. 齐全、顺次	B. 齐全、无序	C. 不全、顺次	○	○	○
	花材准备		A. 充分	B. 一般	C. 不充分	○	○	○
	人员准备		A. 热情饱满	B. 情趣盎然	C. 有条不紊	○	○	○
花艺插制	固定		A. 牢固	B. 一般	C. 松动	○	○	○
	插制		A. 层次分明	B. 层次一般	C. 层次混乱	○	○	○
	构型		A. 优美	B. 特别	C. 一般	○	○	○
场景布置	赋予名称		A. 以形赋名	B. 以韵赋名	C. 诗情画意赋名	○	○	○
总分								

注：A 得 5 分；B 得 3 分；C 得 2 分，满分 50 分。

思 考 题

1. 餐桌花艺对于花材的挑选有哪些要求？
2. 餐桌花艺对造型的选择有哪些要求？

工作任务六　西餐长桌餐台花艺插制

任务分析

西餐厅是为客人提供欧美菜肴、享受西餐饮食文化的重要场所，追求高雅、浪漫，讲究情调。餐台多用长桌或方桌，这样的餐台大多选择椭圆形或水平形造型的插花作品。

任务布置

（1）教师给予模拟西餐厅订餐情景条件。
（2）学生根据条件填写花房花艺任务设计单。
（3）学生根据花房花艺任务设计订单分组完成所需情景的西餐餐台花艺插制。

相关知识

椭圆形插花造型设计步骤具体如下：
（1）确定造型的比例尺度。

（2）插入基部骨架。

（3）插入主枝，确定造型高度、宽度。

（4）插入主花。

（5）插入衬叶和填充花。

任务实施

步骤一 课前布置工作任务。

学生分组到当地酒店现场参观，重点收集西餐餐台花艺设计图片。

步骤二 任务描述。

两位法国朋友来到酒店西餐厅就餐，他们是一对恋人，预订的餐位时间是在 2 月 14 日情人节的晚上 7 点，他们希望在这里度过一个浪漫甜蜜的情人节，请各组在西餐桌中间进行花艺布置，以期两位客人在享受法式美食和服务的同时，让他们在异国他乡感受到与在本国同样浓烈的爱的气息。

步骤三 明确任务要求。

（1）根据预订填写花房花艺设计任务单（表 4.1.8）。

表 4.1.8　花房花艺设计任务单

订制部门：	使用时间： 　　　年　　月　　日		取花时间：　　年　　月　　日 　　　　　　：　　　AM/PM	
客人身份：	用花原因：			
备注：				

（2）分析客人设定的任务场景、人物关系、时间背景等。

步骤四 西餐长桌餐台花艺插制。

按照任务要求，各组插制相适宜的西餐长桌花艺作品。

步骤五 作品评价。

首先以小组为单位进行小组互相点评，总结发现的问题和值得借鉴的长处，然后由教师对各组作品逐一点评，从中找出优缺点、不足和错误，指出努力方向并公布小组作品最终评分。

学习考核与评价

教师评价，从中找出优缺点、不足和错误，指出努力改进方向，并使用表 4.1.9 和表 4.1.10 进行评分，奖励优秀的小组及个人，以进一步掌握正确的工作过程与工作方法、自我监控能力和评价能力。

表 4.1.9　插花评价表（满分 50 分）

评分项目	评价内容		评价标准			A	B	C
明确主题	立意		A. 新颖	B. 体现意境	C. 与花性和花器相得益彰	○	○	○
	构图	色彩	A. 艳丽	B. 和谐	C. 暗淡	○	○	○
		形态	A. 优雅	B. 奇特	C. 一般	○	○	○
插制准备	器具准备		A. 齐全、顺次	B. 齐全、无序	C. 不全、顺次	○	○	○
	花材准备		A. 充分	B. 一般	C. 不充分	○	○	○
	人员准备		A. 热情饱满	B. 情趣盎然	C. 有条不紊	○	○	○
花艺插制	固定		A. 牢固	B. 一般	C. 松动	○	○	○
	插制		A. 层次分明	B. 层次一般	C. 层次混乱	○	○	○
	构型		A. 优美	B. 特别	C. 一般	○	○	○
场景布置	赋予名称		A. 以形赋名	B. 以韵赋名	C. 诗情画意赋名	○	○	○
总分								

注：A 得 5 分；B 得 3 分；C 得 2 分，满分 50 分。

表 4.1.10　花艺制作能力评价表

小组编号：　　　　　　　　　　　学生姓名/学号：

内容			评价	
学习目标		评价目标	小组评价	教师评价
知识	掌握中西餐餐台花艺插制步骤	确定主题：是否符合要求的特定使用场合	是□ 否□	是□ 否□
		准备工作：器具是否齐全完好	是□ 否□	是□ 否□
		插制花品：主宾关系是否得当；线条是否单一；色彩是否艳丽鲜明	是□ 否□	是□ 否□
		整理成型：一次成型，是否烘托出作品的艺术思想	是□ 否□	是□ 否□
专业能力	根据中西餐餐台场景、花形花姿、器皿的特点设计作品	中西餐餐台花艺插制步骤和方法	是□ 否□	是□ 否□
		餐桌插花操作规范	是□ 否□	是□ 否□
		插花员精神面貌良好	是□ 否□	是□ 否□
通用能力	服务能力	积极主动	是□ 否□	是□ 否□
	审美能力	搭配合理	是□ 否□	是□ 否□
	创造力	富有创新	是□ 否□	是□ 否□
态度	工作有条不紊，为人谦虚好学	理解工艺操作工作态度的重要	是□ 否□	是□ 否□

思考题

1. 独立设计一款适合西餐餐台的插花作品。

2. 各国用花礼仪是什么？

【项目推荐阅读书目】

1．樊平，李琦，2022．餐饮服务与管理[M]．2 版．北京：高等教育出版社．

2．汪京强，2021．餐饮服务与管理[M]．3 版．北京：科学出版社．

3．孙娴娴，2021．餐饮服务与管理综合实训[M]．3 版．北京：中国人民大学出版社．

项 目 小 结

通过本项目的学习，了解和掌握托盘、餐巾折花、斟酒、摆台、上菜和分菜及撤换餐用具、中西餐花艺制作等基本服务技能，只有胜任餐厅的这些服务工作，掌握这些基本技能是进行餐饮服务的基础。

▍项目描述 ─•••••

中餐厅是我国餐饮业的主要销售服务场所。中餐厅设计和装饰布置要突出民族风格和地方特色，销售、服务方式及上菜程序要能反映中华民族传统餐饮文化。严格执行各种服务规程，做到服务标准化、操作程序化，提供优质高效的中餐服务是我国餐饮行业的一项重要工作。

▍项目目标 ─•••••

※　**能力目标**

- 能够准时到岗，接受部长的任务分配。
- 能够负责开餐前的准备工作，按照规格要求布置餐厅和餐桌、摆台及补充各种物品。
- 能够按照餐厅规定的服务标准和程序做好对客服务工作。
- 能够主动征询客人对菜肴和服务的意见，接受客人的投诉并及时向餐厅部长汇报。
- 能够负责餐厅环境、家具、台面、地面的整洁和清洁卫生工作。
- 能够积极参加餐厅组织的各种培训活动，不断提高服务技能、技巧。
- 能够完成上级布置的其他各项工作。

※　**知识目标**

- 了解中餐厅的经营特点和服务方式。
- 熟知中餐零点、开餐、就餐、餐后服务环节。
- 了解中餐宴会服务环节。
- 熟知中餐餐台花艺插制的主要步骤、动作要领及注意事项。

※　**素质目标**

- 工作主动、热情、认真，责任心较强。
- 掌握餐厅的服务规程，了解餐厅各种菜肴的基本特点和简单的烹制方法。
- 具有熟练的服务技能技巧和一定的应变能力，能妥善处理服务中出现的一般性问题。

● 掌握一定外语，经过餐饮服务培训，有一定的日常外语会话能力。
● 身体健康，仪表端庄，遵守餐厅的各种规章制度。

工作任务 中餐服务

任务分析

中餐零点服务的特点是客人多而杂，人数不固定，口味需求不一，用餐时间交错，致使餐厅接待量不均衡，服务工作量较大，营业时间较长。因此，餐厅服务员服务时，在突出热情、周到、细致、体贴的同时，还要做到迅速、快捷而不紊乱。本任务主要学习中餐的服务程序及操作要领，这些知识对于学生将来的实习和就业将发挥着重要的作用。

任务布置

通过教师介绍和学生上网查询，引导学生熟悉中国菜特点，了解中餐厅特色，掌握中餐厅服务程序；及时了解客人需求，及时在客人就餐时为客人提供相应服务。

相关知识

一、中国菜肴的历史源流与就餐方法之变迁

（一）中国菜肴的烹调历史

中国菜肴的烹调经历了一个漫长的发展过程，陶器的出现，才有了真正的烹调。同时，社会生产力的发展，食物来源丰富和扩大，都是我国菜肴烹调技艺不断提高的重要因素。

夏商周三代，已有菜肴的出现。在先秦时代，对有关菜肴烹调的选料，提出了去粗取精、精心烹调的饮食要求。到了两汉三国南北朝，我国菜肴之烹调已有相当高的水平。隋唐宋时期，菜的烹调技艺进入了高级阶段，海产品、蚝、墨鱼列入食谱，并进入筵席。同时，也讲究"食疗""食补"，而药膳也开始兴起，同时也有冰食和凉菜的出现、发展。元明清代，菜肴烹调技艺更加精湛，进入完全成熟时期，鱼翅、燕窝、海参登上筵席，尤其是清代宫廷宴席已有冷热菜肴达 120 件，如满汉全席，可谓超级筵席。

（二）中国的就餐方式及筵席之变迁

古人叙食就餐是席地而坐，天子席五重，诸侯三重，大夫二重，寻常人家的婚嫁喜庆待客则一筵一席。隋唐时才有椅，叙食时一人一桌一椅，明末清初才有八仙桌的出现。到了清代才有圆桌。

（三）宴会

宴会即宴饮的叙会，与筵席基本含义相同，都是以社交为目的，而讲究一定的礼节礼仪，在多数场合，人们常把政府社团所举办规模较大的酒席，称之为宴会：

宴会可按以下分类：

（1）按规模分为国宴、社团宴、家宴、便宴。

（2）按形式分为中餐宴会、西餐宴会、酒会、招待会等。

（3）按性质分为婚嫁、祝寿、举丧、酬谢、团叙、送别、迎接等。

（4）按规格分为高级筵席、普通筵席、斋席等。

（5）按质量分为金羊席、金鱼席、鱼翅席、熊掌席等。

二、中国菜肴的主要特点

中国菜肴的特点是：色、香、味、形、器具佳、品种繁多，风味独特，有鲜明的民族色彩，烹调技法变化多端，运用灵活。

三、我国八大菜系的形成及其特点

中国菜系的形成和发展是多因素的，有自然因素，也有社会因素。

（一）广东菜系

广东菜系包括广州、潮州、东江3个地方菜，基本上以广州菜为代表。

1. 广州菜

广州菜的特色：取材广泛，遍及海产河鲜，飞禽走兽；烹调方法，善于吸收变化，推陈出新，讲究鲜嫩爽滑，调味较多。所谓五滋：香松臭肥浓；六味：酸甜苦辣咸之别。

2. 潮州菜

潮州菜是代表潮汕地方风味的菜肴，以烹制海鲜见长，味尚鲜，郁而不腻。特点是汤菜清纯鲜美，焖炖浓香入味，爆炒爽脆香滑，对汤菜海鲜、甜菜独具特色，保持主料原有的鲜味；注重刀工，拼砌整齐美观，讲究调料，每件菜必配上酱碟佐食，如明炉烧、生炊龙虾、豆酱局鸡、白灼螺球、清金鲤虾、鸳鸯膏蟹等。

3. 东江菜

东江菜指兴宁、梅县、惠阳一带客家人的家乡菜，风俗习惯与烹调技艺都各有特色，自成一格，下油重，味偏咸，主料突出，朴实大方，以盐焗鸡尤为见长，别具风味，如酿豆酱煲、爽口牛肉丸、梅菜扣肉等出色名菜。

（二）其他地方主要菜系

（1）四川菜系：主要由成都菜和重庆菜组成的，其烹调技法博大而精深。

（2）山东菜系：山东菜系是我国北方的代表菜系，如东北、华北、北京、天津的菜肴。以禽畜之烹调取胜，口味略咸，基本风味讲究清鲜。

（3）江苏菜系：江苏菜系分为淮扬菜、苏州菜、南京菜 3 个流派。

（4）浙江菜系：浙江菜系以杭州菜为代表。

（5）福建菜系：以福州为代表。

（6）安徽菜系：以徽州为代表。

（7）湖南菜系：以长沙为代表。

中国八大菜系

四、中餐餐厅概述

中餐餐厅是为客人提供中式菜点、饮料和服务的餐厅，是向国内外宾客宣传中国饮食文化的经营服务场所。

中国幅员辽阔，民族多，民俗殊异，往往基于地理、气候、风俗、民情、经济等因素，塑造了多样的文化性格，形成了独特的饮食习惯与奇妙的烹饪方法，有所谓的"南甜、北咸、东辣、西酸"——随地域而变化万端，各地区均形成自己独特的菜系，且既有小吃，又有大菜，如川菜、鲁菜、浙菜、粤菜、皖菜、苏菜、湘菜、滇菜、京菜、东北风味等，不一而足。

五、中餐厅的环境设计

（一）中餐厅的空间布局

1. 总体要求

餐厅布局的总体要求是宽敞整齐、美观雅致，餐厅应在酒店主体建筑物内，或主体建筑物有封闭通道连接，同时，餐厅必须靠近厨房。餐厅应有分区设计，各服务区域设置合理，总体布局较好。同时，餐厅应配置专门的酒水台（吧台），以提供酒水服务。

2. 组成部分

（1）流通空间——门厅、通道和走廊等。

（2）管理空间——服务台、办公室等。

（3）调理空间——备餐间、陈列展示区、水族馆等。

（4）公共空间——迎宾候餐区、休息区或房间、就餐区、洗手间、接待室和衣帽间等。

3. 中式宴会的桌次安排

中式宴会通常 8～12 人一桌，人数较多时也可以平均分成几桌。在宴会不止一桌时，要安排桌次，其具体原则如下：

（1）以右为上。当餐桌分为左右时，以面门为据，居右之桌为上。

（2）以远为上。当餐桌距离餐厅正门有远近之分时，以距门远者为上。

（3）居中为上。多张餐桌并列时，以居于中央者为上。

（4）在桌次较多的情况下，上述排列常规往往交叉使用，居中为上或以远为上。

（二）中餐厅的装饰与布置

中餐厅环境应创造优美、典雅、整齐、协调的艺术效果，以便给客人留下良好的第一印象，增加餐厅的形象吸引力，既增进客人食欲，又满足其精神需要，从而提高酒店经济效益。

（1）中餐厅桌面应使用鲜花，还应有盆栽或盆景以美化环境，但要求无枯枝败叶，修剪效果好。台面要有中华民族特色的摆台设计和用具。

（2）墙面应有一定的字画、条幅或其他墙饰（如木雕），如民间的、民族的艺术品，以达到正规、完整、无褪色剥落的维修保养要求。

（3）设计中餐厅家具。餐厅家具一般包括餐桌（方桌、圆桌等）、座椅、工作台、餐具柜、屏风、花架等，必须根据中餐厅所供菜点风味等设计配套，并与餐厅整体环境相映成趣，形成较为协调的风格。中餐厅的家具造型应科学，尺寸比例应符合目标客源市场的人体构造特点，以增强客人的舒适感。

（三）中餐厅布置与装饰的原则

餐厅是为就餐客人服务的直接现场，和谐统一、美观雅致的内部环境会使酒店客人心情愉快、赏心悦目。餐饮经营者在布置餐厅环境时，必须考虑环境对就餐客人心理活动和就餐行为的影响。

（1）餐厅应布置得整齐和谐、井然有序、清洁明亮、图案淡雅、摆设新颖、挂幅别致。

（2）餐厅布置要坚持个性化与适应性相结合，民族化与现代化相结合，典雅化与气氛化相结合的原则。个性化是指餐厅的设计要突出本身的特点，在外观上直接反映出经营特色，以引起客人的注意。适应性是指餐厅不能过分追求新、洋、豪华的格局，既要反映风格特点，又要使客人感到可以接触，以吸引和留住更多的客人。民族化是指要体现民族特点和风格，体现民族的爱好和风俗习惯。现代化是指餐厅的陈设和布局一定要从整体出发，不能错落凌乱，力求古朴大方，雅观别致。

（3）餐厅布置应考虑到照明对不同客人的心理影响。例如，中国客人喜爱灯火辉煌，因为中国人就餐需要气氛热烈，且大家吃同样的菜肴，所以，中餐厅的灯光应明亮一些。西方客人喜爱柔和的灯光，因为他们认为就餐纯属私人行为，且各自点吃自己的食品，所以，西餐厅的灯光应柔和，并采用可调节开关，以便营造温馨的气氛。

（4）餐厅布置应考虑到色彩对客人用餐心理的影响。一般以红、黄为佳，蓝色为差。

因为黄色可刺激人的食欲，也可使菜肴看起来非常新鲜，而蓝色则会使菜肴黯然失色。

（5）餐厅装饰物要与整个餐厅的氛围相协调。餐厅的四壁、地面、天花板、艺术陈设品进行装饰和摆设时，应把整洁、舒展、艺术、典雅诸因素综合起来加以考虑，壁画、地毯、挂毯、挂幅要和经营特色协调一致。餐厅的字幅、挂图宜多体现中华民族悠久的文化传统。同时，餐厅的外语挂幅、招贴、菜单、艺术品陈设也要充分考虑各国客人的禁忌，所用词语要准确达意，以减少误解。

为使就餐客人有愉快、舒适的感受，餐饮经营者还必须保持餐厅内部环境的洁净、整齐。整洁的视觉形象能引起就餐客人的联想。清洁卫生给客人带来舒适感，也带来安全感。餐厅对整洁的要求应是严格的。

总之，餐厅内部环境的装饰布置要从适合客人的心理需要出发，利用美学理论进行精心设计、构思，为客人创造一个美观雅致、柔和舒适，既刺激客人感观，又唤起客人食欲的富有特色的服务环境，形成一个令客人流连忘返的意境和格局。

（四）中餐厅的服务人员的仪表

（1）着装：要整洁整齐，上班穿工作服，经常保持整齐干净，裤长合适，衣带内不装多余的物品。不可敞胸，服务卡在左胸前。不能将衣袖卷起，女服务员穿裙子，不可露出袜口，应穿肉色袜子。系领带时，要将衣服的下摆扎在裤子里。衬衣也要注意颜色，并保持整洁。领带扎正，脏了要洗，破了要换。鞋子穿黑色的皮鞋或布鞋，皮鞋擦油，保持光亮，布鞋保持干净、整洁。

（2）仪容要求：亲切和蔼、端庄大方。指甲要经常修剪，不留长指甲，不涂指甲油，发式按酒店的规定要求，男士不留长发，发型不留过耳朵和后衣领，每天上班前刮脸修面，保持整洁。女服务员不留披肩发和怪异发型，头发要理整齐。每天早晚刷牙，鼻毛不出鼻孔。饭后漱口，勤洗澡防汗臭，上班不吃异味东西，不饮含酒精的饮料。保持良好的精神状态，面貌自然。

女服务员上班可以淡妆打扮，但不准戴手镯、手链、戒指、耳环及夸张的头饰，戴项链不外露。男女均不准戴有色眼镜和酒店规定以外的物品和装饰品。

（3）行为准则：行为敏捷、动作优美、不卑不亢、训练有序，给宾客服务要依据规格，按规定的程序有序进行，不能马虎和随心所欲。树立顾客至上的思想。

注意一定的礼仪，使宾客有宾至如归的感觉，服务人员要注意自己的住宿仪表和行为举止，给人以端庄大方、美观的感觉。

（五）中餐厅的背景音乐

一家上档次的餐厅，想要营造一种轻松舒服的氛围，甚至给员工一个舒心的工作环境，除了保障服务、卫生、菜品质量等其他外，少不了背景音乐的帮助，但往往大部分的餐厅对于背景音乐的管理重视度不够，背景音乐的使用应注意以下几点：

（1）初上班选择轻快音乐，以调动工作人员的士气。

（2）营业中应选择节奏轻快的音乐，令人感到愉快。

（3）休息时间的音乐应以抒情、轻柔为主。

（4）营业开始时，可固定放同一首曲子，以起到提醒的作用。

（5）营业中忌放流行歌曲，最好以轻音乐为主，曲子在更换的同时，也应保留一优美的固定的曲子作为餐厅主曲，声音控制应适中，切忌时大时小，并由专人负责。

（6）餐厅所放背景音乐一定要符合和满足人的生理需求和饮食健康要求。

（六）中餐厅灯光

人们对餐厅灯具的选择，不应只强调灯具的形式。餐厅的照明方式是局部照明，主要是餐台上那盏灯，照在台面区域，宜选择下罩式的、多头型的、组合型的灯具；灯具形态与餐厅的整体装饰风格应一致，以达到餐厅氛围所需的明亮、柔和、自然的照度要求；一般不适合采用朝上照的灯具，因为这与就餐时的视觉不吻合。中餐厅应使用与餐厅室内环境相协调的高级灯具，灯具造型要有一定特色，可具有民族特色，如宫灯、马灯等，以便能创造较为金碧辉煌、热烈兴奋的气氛。另外，餐厅应设置应急照明灯。

在上班族的生活中，餐厅使用主要是在晚餐，灯光是营造气氛的主角。餐厅宜采用低色温的白炽灯、奶白灯泡或磨砂灯泡，这样的灯是漫射光、不刺眼，带有自然光感，比较亲切、柔和。日光灯色温高，在光照之下，偏色，人的脸看上去会显得苍白、发青，饭菜的色彩也会变样，不宜选用。照明也可以采用混合光源，即低色温灯和高色温灯结合起来用，混合照明的效果相当接近日光，而且光源不单调，可以选择。

餐厅的灯光当然不止一个局部，还要有相关的辅助灯光，起到烘托就餐环境的作用。使用这些辅助灯光有许多手段，如在餐厅家具（玻璃柜等）内设置照明；艺术品、装饰品的局部照明等。需要知道，辅助灯光主要不是为了照明，而是为了以光影效果烘托环境，因此，照度比餐台上的灯光要低，在突出主要光源的前提下，光影的安排要做到有次序，不紊乱。

总之，中餐厅应营造出怡人气氛，装饰布置与餐厅类型及所供菜点应相适应。

六、中餐服务各岗位及其职责

餐前准备工作中所涉及的基层岗位主要有：预订员、迎宾员、传菜员、值台员、库管员。

（一）预订员的工作内容及要求

1. 预订员的岗位职责

（1）按规定着装，提前10分钟到岗，清扫所辖卫生区卫生。

（2）工作期间一要站立，二要微笑，三要问候，接听电话使用服务用语。

（3）全面掌握本餐厅的经营信息，了解当餐菜肴、酒水的价格变动情况。

（4）认真做好宴会预订登记，请客人留下联系电话，预订结束后向客人致谢，及时将预订信息通知相关岗位人员，并做好变更有关工作。

（5）团体用餐前 15 分钟需要电话确认具体到达时间，并及时通知后厨以备上菜。

（6）本着节能降耗的原则，合理安排使用宴会厅。

2. 预订相关知识

（1）预订的方式：电话、面谈、传真、网络等。

（2）预订的内容：时间、单位和人员、联系人、规模与标准、宴会类型、付款方式、宴请事由及特殊要求、场地确定、菜肴酒水要求等。

（3）宴会预订的确认；暂时性预订是指预订员仅仅是填写完预订单而未得到所涉及的有关部门和主办单位的确认。确定性预订是指预订已经得到涉及部门和主办单位负责人的进一步确认。通常是由双方签订预订确认书或宴会合同书。大型宴会需交纳一定的宴会预订金，预订金一般为菜肴总额的 30%～50%。

（4）预订的变更：双方应就预订变更相关事宜事先达成具体协议，如有违约按协议处理。

3. 预订服务程序及标准

主要预订方式是电话预订，如果是大规模或重要宴会通常还需进行当面商讨和确认。电话预订程序及标准详见表 4.2.1。

表 4.2.1　电话预订程序及标准

工作流程	服务标准
问候客人	（1）电话铃响三声之内接听电话； （2）向客人礼貌问好，并准确报出餐厅名称，如您好，××餐厅，我是预订员小张； （3）表示愿意为客人提供服务，如有什么事情需要帮忙？或很高兴为您服务
了解需求	（1）报出姓名的客人，服务员应称呼其姓名，以示对客人的尊重； （2）仔细聆听客人的介绍，了解客人的身份、用餐日期及时间、宴请对象、人数、台数及其他要求； （3）获得客人的同意后为其安排相应的包房或餐台，并告知客人房号或台号
接受预订	（1）复述预订的内容，并请客人确认； （2）留下客人电话、姓名； （3）告知客人，预订餐位最后的保留时间； （4）向客人致谢并道别
预订通知	（1）填写预订单； （2）做好菜单的预订或大型宴会的预订后，立即通知餐厅经理、厨师长、采购部门； （3）对于标准菜单的预订，只通知餐厅即可； （4）特殊要求的预订，要及时通知餐厅总领班和厨师长
预订记录汇总	将预订的详细内容记录在预订登记本上或录入系统
预订变更处理	（1）接到客人变更通知，首先确认客人身份并对变更内容进行详细记录，并根据相关规定予以确认； （2）将变更内容及时通知相关岗位人员

（二）迎宾员的工作内容及要求

1. 迎宾员的工作职责

（1）按规定着装，提前10分钟到岗，做好所负责区域的卫生工作。
（2）了解当餐预订情况，及时与预订员沟通。
（3）为客人引座、选台，做好候餐客人的接待工作。
（4）认真做好送客工作。
（5）做好就餐客人相关信息的记录工作。
（6）积极参加培训，不断提高服务技能技巧，提高服务质量。
（7）及时完成上级交给的工作任务。

2. 迎宾员的服务程度及标准

迎宾员在餐中准备阶段的工作流程及标准详见表4.2.2。

表4.2.2　迎宾员餐中工作流程及标准

工作流程	服务标准
迎宾	客人来到餐厅时，应面带微笑，主动上前问好
引位	（1）如果客人已预订，应热情地引领客人入座； （2）如果客人没有预订，则礼貌地询问客人意见，引领客人到满意的餐台； （3）若餐位已满，在征询客人意见后，将客人安排在候餐区，并告知客人需要等候的时间
拉椅让座	当迎宾员把客人带到餐桌旁时，值台员应主动向前问好，并协助为客人拉椅让座
递送菜单	当客人入座后，打开菜单的第一页，将菜单递到客人手中

（三）传菜员的工作内容及要求

1. 传菜员的岗位职责

（1）按规定着装，提前10分钟到岗，做好备餐间及所辖公共区域的卫生清洁工作。
（2）听从领班布置的开餐任务，以及重要客人和宴会的传菜注意事项。
（3）按照本岗工作程序与标准做好开餐前的准备工作。
（4）熟悉餐厅菜单，掌握当餐菜肴供应情况，并通知相关人员。
（5）根据订单和传菜领班的布置，将菜迅速准确无误传递到餐厅内，向服务员报出菜名及台号。
（6）传菜过程中检查菜的质量、温度及分量，做好厨房和餐厅内的沟通工作。
（7）协助值台员将撤下的餐具分类送回洗碗间洗涤。
（8）负责传菜用具的洗涤、归位、保养及酒具的消毒擦拭，并做好记录。
（9）用餐结束后，关闭电源，做好收尾工作，与下一班做好交接工作。
（10）积极参加培训，不断提高服务技能技巧，提高服务质量。

（11）及时完成上级交给的工作任务。

2. 传菜员的工作程序及标准

传菜员在餐前准备阶段的工作流程及标准详见表 4.2.3。

表 4.2.3　传菜员餐前工作流程及标准

工作流程	服务标准
清洁卫生	做好备餐间及所辖公共区域的卫生清洁工作
物品准备	（1）用具准备：根据宴会、零点情况备好足够的客用餐具、配餐用品，并按规定摆放，保持清洁； （2）用品准备：备好托盘传菜用具、划单用具等
餐前会	参加餐前会，接受工作任务，并按具体情况予以调整
信息准备	（1）熟悉餐厅菜单，掌握当餐菜肴供应情况； （2）熟知餐厅领班当日厨师长推荐菜和不能供应的菜
迎接客人	于开餐前 10 分钟，站立于备餐间规定位置，随时准备划单、传菜

传菜员在餐中服务的工作流程及标准详见表 4.2.4。

表 4.2.4　传菜员餐中工作流程及标准

工作流程	服务标准
接单分类	（1）接到点菜单后，首先检查点菜单上的桌号菜肴名称和有关事项，以防出错； （2）传菜员留第三联，将第二联夹上台号夹交厨房，按厨房分工对菜单进行分类，分送不同的加工间
配料准备	菜肴如有配料、调料，要提前准备好
核菜划单	（1）依据点菜单核对桌号和菜肴名称，避免出错； （2）把好菜肴质量关，做到"五不取"：数量不足不取，汤汁温度不适不取，颜色不正不取，调料、配料不全不取，器皿不洁、破损不符合规格不取； （3）传菜后传菜员核对划单，将做好的菜肴准确无误地送至餐厅
传菜	（1）做好菜肴的保温，按照规定路线及时准确地将菜肴传到餐厅指定位置，传菜时应做到传送平衡、汤汁不洒、及时到位，不拖不压； （2）将菜肴放在工作台上，告知值台员，不得自己动手上菜
收盘	协助服务员将撤下的空盘、杯等撤回洗碗间
信息传递	及时将餐厅客人的进餐情况反映到厨房，保持餐厅与厨房的沟通

（四）值台员的工作内容及要求

1. 值台员的岗位职责

（1）按规定着装，提前 10 分钟到岗，做好所负责区域的卫生工作，保证提供优雅干净的卫生环境。

（2）服从领班安排，按照工作程序与标准做好各项开餐准备工作。

（3）掌握当餐菜肴、酒水及客人情况。

（4）按服务程序及标准为客人提供就餐服务。

（5）帮助客人解决就餐过程中的各类问题，必要时将客人问题和投诉反映给领班。

（6）当班结束后，与下一班做好交接工作和收尾工作。

（7）注重餐中信息收集，并及时向餐厅领班汇报。

（8）积极参加培训，不断提高服务技能技巧，提高服务质量。

（9）及时完成上级交给的工作任务。

2. 值台员的工作程序及标准

值台员在餐前准备阶段的工作流程及标准详见表4.2.5。

表4.2.5 值台员餐前工作流程及标准

工作流程	服务标准
清洁卫生	做好所辖区域的卫生清洁工作及设备检查工作
物品准备	（1）餐具准备：根据宴会、零点情况备好足够的餐具，并按规定摆放，保持清洁； （2）服务用品准备：准备托盘、保温瓶、菜单、酒单、调味用具、点菜单、笔、开瓶器、打火机等服务所需用具
摆台	按照餐别及相关标准摆台（如是宴会，在开始前约15分钟摆上冷盘）
餐前会	参加餐前会，接受工作任务，并按具体情况予以调整
信息准备	（1）熟悉餐厅菜单、酒单，掌握当餐菜肴及酒水供应情况； （2）了解客人信息，做到"八知""三了解"。"八知"：知台数、人数、宴会标准、开餐时间、菜式品种及出菜顺序、单位或房号、收费办法、邀请对象。"三了解"：了解客人风俗习惯、生活忌讳、特殊需要。如果是外宾，还应了解其国籍、宗教、信仰、禁忌和口味特点
自查	检查自己的仪容仪表，巡视所辖区域检查有无漏项及不合标准之处，及时纠正
迎接客人	于开餐前10分钟，站立于规定位置，随时准备迎接客人

值台员餐中服务的工作流程及标准详见表4.2.6。

表4.2.6 值台员餐中工作流程及标准

工作流程	服务标准
热情迎宾	客人到达时，热情迎宾，礼貌问好
引客入座	协助迎宾员接挂衣帽，引客入座，重要客人的衣帽要凭记忆准确服务
开茶服务	客人入座，斟倒茶水，递送香巾，按照先宾后主的顺序进行。服务员从主宾开始，在客人右侧，顺时针依次将客人的餐巾花撒开，将餐巾的一角压在骨碟下，同时为客人抽去筷套
点菜	（1）点菜：服务员自然站立于宾客身后50cm处，客人点一道菜，服务员复述一遍记入相应的位置，全部菜品点完后，向客人复述一遍菜名及要求，以便得到客人认可； （2）点酒：客人点完菜肴后主动递上酒单，询问客人需要什么酒水，并主动推荐
开单下单	（1）填写菜单、酒单，字迹要工整、清楚、符合规定，注明台号、日期人数等，点菜单通常一式四联，酒水单一式三联； （2）值台员在为客人点菜后，经收银员在点菜单上签字盖章后（留第一联），随即将点菜单的第二、三联送到传菜部，传菜部留第三联，将第二联夹上台号夹交厨房，主厨按照点菜单的顺序控制出菜速度、节奏和质量

续表

工作流程	服务标准
斟酒服务	（1）按客人所点酒水具体情况领用酒水； （2）事先征求客人的意见，当着客人的面开启酒瓶；注意不要弄错客人的酒水；注意随时为客人添加酒水；宾主讲话前，观察客人的酒杯是否已斟满
上菜服务	（1）严格按照上菜服务程序进行，菜肴趁热上，注意与其他服务员协调好，掌握好上菜速度； （2）根据具体情况为客人分让菜肴
撤换客用餐具	（1）及时更换餐具、酒具、用具。把干净的餐具放在托盘的一侧，左手托盘，右手为客人撤换餐具，从主宾位开始，先把用过的餐具撤下，放在托盘的另一边，然后为客人换上干净的餐具，依顺时针方向依次进行； （2）在撤换的时候应注意，用过的餐具和干净的餐具要注意分开，防止交叉污染
撤换菜盘	（1）在中餐宴会中一定要注意保持餐桌清洁，客人就餐时，服务员要注意观察餐桌，每当客人用完一道菜，服务员应将空盘撤下，如遇高档宴会，一般上新菜时就要撤旧菜，撤菜盘时应使用托盘，站在上菜的位置，左手托盘，右手撤盘，不能将托盘放在餐台上收餐具； （2）注意动作要轻而稳，防止餐具出现碰撞声，更要防止菜汁滴在客人身上
撤换烟灰缸	（1）在客人的烟灰缸中有两个烟头或有明显的杂物时，就给客人撤换； （2）撤换时，应用托盘托上干净的烟灰缸，用右手的拇指和中指捏紧一个干净的烟灰缸的外壁，从客人的右侧将干净的烟灰缸覆盖在已用过的脏烟灰缸上； （3）将两个烟灰缸同时移入托盘，然后将洁净的烟灰缸放回餐桌，可以避免烟灰飞扬污染菜点和落到客人身上
斟茶及特殊菜服务	随时为客人续斟茶水；特殊菜要用上洗手盅和香巾

（五）库管员的工作内容及要求

1. 库管员的工作职责

（1）按规定着装，提前 10 分钟到岗，做好所负责区域的卫生及仓储条件控制工作。
（2）负责餐厅酒水及所需物品的领取、发放及统计核对工作。
（3）负责提供当餐的酒水情况，并做好餐后酒水的销售统计工作。
（4）做好每月领用物品的汇总统计及盘点工作。
（5）控制仓库物品的储备，杜绝短缺、积压、过期。
（6）积极参加培训，不断提高服务技能技巧，提高服务质量。
（7）及时完成上级交给的工作任务。

2. 库管员的工作程序及标准

库管员在餐前准备阶段的工作流程及标准详见表 4.2.7。

表 4.2.7　库管员餐前工作流程及标准

工作流程	服务标准
清洁卫生	做好所辖区域的卫生清洁工作及设备检查工作，保持科学的仓储条件
物品准备	（1）检查清点库存物品，根据规定要求领用所需物品； （2）准备记号笔、胶带、表格等工作用品
餐前会	参加餐前会，提供当餐的烟酒供应情况
物品发放	根据客情及有关规定向值台员发放酒水、低值易耗品、布草等

七、中餐服务程序

（一）餐前准备

（1）餐厅卫生标准做好卫生工作。

（2）备齐用餐物品。

（3）中餐零点标准摆台。

（4）准备好各种服务用具。

（5）开班前会。

（6）检查员工仪表仪容。

（二）迎宾领座

1. 迎宾服务

（1）开餐前 5 分钟，迎宾员和服务员各自站在指定的位置上恭候客人的到来。

（2）客人来临时，迎宾员主动迎上前跟客人打招呼。

（3）了解客人是否有预订。

（4）协助客人接拿衣帽并予以妥善保管。

2. 领座服务

（1）迎宾员左手拿菜单或把菜单夹于左手内侧，右手为客人示意并说"请这边来"。

（2）与客人保持 1m 左右的距离，步速与客人保持一致，在楼梯口或拐弯处应稍做停留并提醒客人注意。

（3）将客人领至餐桌前，然后轻声征询客人的意见。

（4）帮助客人拉椅让座。

（5）待所有的客人入座后，迎宾员打开菜单第一页，站在客人右侧双手递呈并说"先生/女士，这是我们的菜单"。

（6）向客人介绍值台员，并祝客人用餐愉快。

3．迎宾服务的注意事项

（1）工作量均匀分布。

（2）遵循女士优先、儿童老人优先的原则，并备好儿童座椅。

（3）迎宾员应掌握餐厅座位的使用情况。

（4）对不同特点的客人安排不同的餐台。

（5）安排餐台时，应尽量让客人靠窗、靠门口落座。

（6）餐厅满座时，要做好候餐客人的接待。

（三）餐前服务

（1）迎宾员为客人递呈菜单后，值台员应及时为客人递送第一道香巾。

（2）值台员在征询客人需喝什么茶时，应介绍本餐厅的茶叶品种。

（3）茶水上来后，服务员站在客人的右侧为客人斟茶。

（4）弄清客人需要的调料，服务员从主宾开始，站在客人的右侧斟倒调料，一般以倒至味碟的 1/3 或 1/2 为宜。

（5）服务员应视客人人数的多少进行餐位的增减，在增减餐位时均要使用托盘。

（6）服务员要做好点菜准备，事先填好点菜单、台号、人数、餐别、工号等项目，留心观察客人的举动。

（四）点菜服务

（1）客人看完菜单或示意点菜时，服务员应立即上前询问 "先生/女士，请问可以点菜了吗"。

（2）服务员介绍菜肴时，应根据客人的喜好及餐厅特色有针对性地介绍菜肴，并注意语言技巧和客人的饮食禁忌。

（3）点菜时服务员应站在客人的左侧，如果客人各自点菜，应从主宾开始，按逆时针方向依次接受点菜。

（4）点菜方法。

① 如果客人使用菜单点菜，服务员应在点菜单上写清日期、台号、进餐人数、开餐时间、服务员姓名，认真记录客人所点的菜肴。

② 使用计算机点菜时，服务员先将点菜的分量、品种、价格、总金额输入计算机系统，打印后交给客人，并通过荧屏显示通知厨房。

③ 客人点完菜之后，服务员应向客人复述一遍所点菜肴以得到客人的确认，然后向客人道谢。

④ 菜单确认后，服务员还应主动征询客人需要什么酒水饮料。

⑤ 点菜的注意事项。

a. 点菜时，服务员应把冷菜、热菜分开填写。

b. 注意客人对点菜的特殊要求。

c. 点菜单一般一式三份或四份，一份交收银台，一份交厨房，一份交传菜员划单用，一份做存根备查。

d. 酒水单一式两份，一份交吧台，一份交收银员。

e. 服务员介绍菜单时，要做好客人的推荐。

f. 服务员帮助客人点菜时，要主动了解客人的饮食习惯和口味要求，同时了解客人的饮食需求。

（五）巡台服务

（1）及时为客人添加酒水，推销饮料。

（2）烟灰缸内有两个以上烟头或有其他杂物时马上撤换。

（3）为客人换骨碟，清理台面，保持台面清洁美观。

（4）撤去客人不用的除玻璃杯之外的所有餐具。

（5）如果上了需用手抓或剥壳的菜肴时，应上洗手盅。

（6）客人停筷后，服务员要主动询问是否需要水果、甜品，并询问客人是否需要将剩下的菜肴打包带走。

（六）结账服务

（1）客人就餐完毕，服务员要及时递上香巾，客人示意结账时，服务员要清点菜单、酒单等，准备为客人结账。

（2）餐厅规范为客人提供结账服务。

（七）送客服务

（1）客人离开时，服务员应主动上前拉椅送客。

（2）服务员应礼貌地提醒客人不要忘记所带物品。

（3）客人要求打包时，服务员应及时提供打包服务。

（4）客人离开餐厅时，迎宾员要将客人送出餐厅。

（八）餐后结束工作

（1）客人离开后，服务员要马上再检查客人是否有物品遗留，如有要及时送还客人或交经理处理。

（2）按规定的要求收拾餐台，重新摆台，准备迎接下一批客人的到来。

中餐服务程序如图 4.2.1 所示。

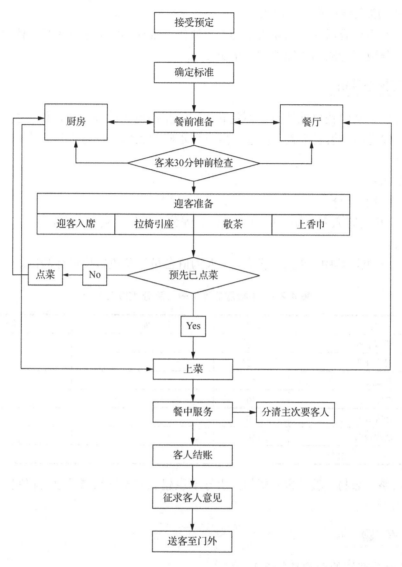

图 4.2.1　中餐服务程序

任务实施

步骤一　情景引入（布置任务，分组）。

模拟餐饮部开例会，教师作为经理宣布预订计划、接待规格及特殊要求的处理，学生进行模拟。

步骤二　工作任务实施。

班级同学自愿分组，每个组 4～5 人，分别扮演就餐客人与服务人员，要求服务人员能够按照中餐服务程序对客人进行中餐服务，并且尽量满足客人提出的其他个性化服务。

步骤三 成果展示及评定反馈。

每个工作小组展示任务的完成过程，教师作为餐饮部经理进行考核，依据中餐服务程序考核，分数高者成为该岗位的合格员工。

学习考核与评价

教师评价，从中找出优缺点、不足和错误，指出努力改善方向，使用表 4.2.8 进行评分，奖励优秀的小组及个人，以进一步掌握正确的工作过程与工作方法、自我监控能力和评价能力。

评分要求：

1．按百分制计分。

2．考查接受客人用餐服务的整个过程后评分，每错 1 处扣 5 分。

测试方法：

10 人为一组，其中，8 人为客人，2 人为值台员，角色转换进行测试。

表 4.2.8　中餐服务评价表（满分 100 分）

项目	分值	赋分	备注
餐前准备	10		
问位开茶	10		
开餐服务	50		
结账收款	10		
送客服务	10		
清理台面	10		
总分			

各小组整理教材、教学参考资料，引导学生建立本学习领域的学习档案，训练学生的工作能力。

思 考 题

1．转台分菜法的要领是什么？

2．中餐与西餐的区别是什么？

【项目推荐阅读书目】

1．樊平，李琦，2022．餐饮服务与管理[M]．2 版．北京：高等教育出版社．

2．汪京强，2021．餐饮服务与管理[M]．3 版．北京：科学出版社．

3．孙娴娴，2021．餐饮服务与管理综合实训[M]．3 版．北京：中国人民大学出版社．

项 目 小 结

　　中餐厅是我国酒店餐饮的主要服务经营场所。在实践中，中餐厅的销售、服务等都要反映中国传统文化特色。通过本项目的学习，了解各种中餐服务的特点及要求，在掌握规范化、标准化的服务程序的基础上，为顾客提供个性化、优质化的产品及服务，以满足客人的需求，实现餐厅的经营目标。

项目三 西餐服务

项目描述 —••••••

对于高星级的酒店而言，西餐厅是必不可少的一个部分。西餐不仅包括西欧国家的饮食菜肴，同时还包括东欧各国，也包括美洲、大洋洲、中东、中亚、南亚次大陆以及非洲等国的饮食。本项目主要介绍西餐特点、西餐服务方式、西餐服务等相关知识。

项目目标 —••••••

※ 能力目标

- 能够准时到岗，接受部长的任务分配。
- 能够负责开餐前的准备工作，按照规格要求布置餐厅和餐桌、摆台及补充各种物品。
- 能够按照餐厅规定的服务标准和程序做好对客服务工作。
- 能够主动征询客人对菜肴和服务的意见，接受客人的投诉并及时向餐厅部长汇报。
- 能够负责餐厅环境、家具、台面、地面的整洁和清洁卫生工作。
- 能够积极参加餐厅组织的各种培训活动，不断提高服务技能和技巧。
- 能够完成上级布置的其他各项工作。

※ 知识目标

- 了解西餐厅的经营特点和服务方式。
- 熟知西餐服务环节、开餐服务环节、就餐服务环节、餐后服务环节。
- 了解西餐宴会服务环节。
- 熟知西餐餐台花艺插制的主要步骤、动作要领及注意事项。

※ 素质目标

- 工作主动、热情、认真，责任心较强。
- 掌握餐厅的服务规程，了解餐厅各种菜肴的基本特点和简单的烹制方法。
- 具有熟练的服务技能技巧和一定的应变能力，能妥善处理服务中出现的一般性问题。
- 掌握一定外语，经过餐饮服务培训，有一定的日常外语会话能力。
- 身体健康，仪表端庄，遵守餐厅的各种规章制度。

工作任务 西 餐 服 务

任务分析

根据行业专家对西餐厅服务所涵盖岗位群的任务和职业能力的分析，采用任务引领、实践导向为教材编写的指导思想，并依据学生的认知规律，按完成西餐服务工作任务的标准要求和操作程序设计教学活动内容，使学生在技能训练中加深对专业知识和技能的理解和应用。本任务主要学习西餐的操作程序及动作要领，同学们掌握熟练后，将对以后的就业有很大的作用。

任务布置

通过图片及教师的讲解，使学生熟悉西餐菜特点，了解西餐厅特色，掌握西餐厅服务程序。及时了解客人需求，模拟在客人就餐时及时为客人提供服务。

相关知识

一、西餐的特点

首先，西餐极重视各类营养成分的搭配组合，充分考虑人体对各种营养（糖类、脂肪、蛋白质、维生素）和热量的需求来安排菜肴或加工烹调。经典西餐如图 4.3.1 和图 4.3.2 所示。

其次，选料精细，用料广泛。西餐烹饪在选料时十分精细、考究，而且选料十分广泛。例如，美国菜常用水果制作菜肴或饭点，咸里带甜；意大利菜则会将各类面食制作成菜肴，各种面片、面条、面花都能制成美味的席上佳肴；而法国菜，选料更为广泛，诸如蜗牛、洋百合、椰树芯等均可入菜。

再次，讲究调味，注重色泽。西餐烹调的调味品大多不同于中餐的，如酸奶油、桂叶、柠檬等都是常用的调味品。法国菜还注重用酒调味，在烹调时普遍用酒，不同菜肴用不同的酒做调料；德国菜则多以啤酒调味，在色泽的搭配上则讲究对比、明快，因而色泽鲜艳，能刺激食欲。

最后，工艺严谨，器皿讲究。西餐的烹调方法很多，常用的有煎、烩、烤、焖等十几种，而且十分注重工艺流程，讲究科学化、程序化，工序严谨。烹调的炊具与餐具均有不同于中餐的特点。特别是餐具，除瓷制品外，水晶、玻璃及各类金属制餐具占很大比重。

图 4.3.1　经典西餐（1）　　　　　　　图 4.3.2　经典西餐（2）

二、西餐礼仪

（一）西餐桌上的礼仪概述

在欧洲，吃饭是备受重视的一件事，因为它同时提供了两种广受赞赏的美学享受——美食与交谈。除了口感精致之外，用餐时酒、菜的搭配，优雅的用餐礼仪，调整和放松心态，享受环境和美食，正确使用餐具、酒具都是进入美食的先修课。

需要注意的是，在西方去吃饭一般都要事先预约。在预约时，需要特别注意以下几点：首先要说明人数和时间，其次要表明是否要吸烟区或视野良好的座位。如果是生日或其他特别的日子，可以告知宴会的目的和预算。在预订时间到达，是基本的礼貌，有急事时要提前通知，取消定位一定要道歉。

穿着得体是欧美人的常识，去高档的西餐厅，男士要穿整洁；女士要穿晚礼服或套装和有跟的鞋子，女士化妆要稍重，因为餐厅内的光线较暗，如果指定穿正式的服装，男士必须打领带，进入餐厅时，男士应先开门，请女士进入，应请女士走在前面。入座、点酒都应请女士来品尝和决定。在社交场合，无论天气如何炎热，不能当众解开纽扣脱下衣服。小型便宴，如主人请客人宽衣，男宾可脱下外衣搭在椅背上。

一般西餐厅从中午 11 点半开始营业。如果客人早到了可以先在酒吧喝点酒，然后再进入主餐厅。

就座后可以不急于点菜，有什么问题可以直接问服务生，他们一般非常乐意回答你提出的任何问题。

就餐时间太早、匆匆吃完就走、在餐桌上大声讲话、衣着不讲究、主菜吃得太慢影响下一道菜，或只点开胃菜不点主菜和甜点都是不礼貌的行为。

高档西餐的开胃菜虽然分量很小，却很精致，值得慢慢品尝。

餐后可以选择甜点或奶酪、咖啡、茶等，不同的国家会有不同的消费习惯，一定要多加赞美和表示感谢。

吃西餐在很大程度上讲究情调：大理石的壁炉、熠熠闪光的水晶灯、银色的烛台、缤纷的美酒，再加上人们优雅迷人的举止，这本身就是一幅动人的油画。为了您在初尝西餐时举止更加娴熟，熟悉这些进餐礼仪，是非常重要的。

（二）进餐礼仪

就座时，身体要端正，手肘不要放在桌面上，不可跷足，与餐桌的距离以便于使用餐具为佳。餐台上已摆好的餐具不要随意摆弄，将餐巾对折轻轻放在膝上。

入座后，主人招呼，即可开始进餐。

使用刀叉进餐时，从外侧往内侧取用刀叉，要左手持叉，右手持刀；切东西时，左手拿叉按住食物，右手执刀将其锯切成小块，然后用叉子送入口中。使用刀时，刀刃不可向外。进餐中放下刀叉时，应摆成"八"字形，分别放在餐盘边上。刀刃朝向自身，表示还要继续吃。每吃完一道菜，将刀叉并拢放在盘中。如果在谈话，可以拿着刀叉，无须放下。不用刀时，也可以用右手持叉，但若需要手势时，应放下刀叉，千万不可手执刀叉在空中挥舞摇晃，也不要一手拿刀或叉，而另一只手拿餐巾擦嘴，也不可一手拿酒杯，另一只手拿叉取菜。要记住，任何时候，都不可将刀叉的一端放在盘上，另一端放在桌上。

每次送入口中的食物不宜过多，在咀嚼时不要说话，更不可主动与人谈话。

取菜时，不要盛得过多。盘中食物吃完后，可以再取。如果是由招待员分菜，需增添时，待招待员送上时再取。对不合口味的菜，勿显露出难堪的表情。

吃东西要文雅。闭嘴咀嚼，喝汤不要啜，吃东西不要发出声音。如果汤、菜太热，可稍待凉后再吃，切勿用嘴吹。嘴内的鱼刺、骨头不要直接外吐，用餐巾掩嘴，用手取出，或轻轻吐在叉上，放在菜盘内。

吃剩的菜，用过的餐具牙签，都应放在盘内，勿置桌上。嘴内有食物时，切勿说话。剔牙时，用手或餐巾遮口。

无论是做主人、陪客或宾客，都应与同桌的人交谈，特别是左右邻座。邻座如不相识，可先自我介绍。

（三）各类西餐食品的用餐方法

1. 饮酒与食物的搭配

饮酒时应该搭配食用什么食物，时常困扰着人们。饮酒时选择适当的食品似乎已经形成了一定的规律。但是，随着现代的社会中新食品和新型酒类的不断涌现，也形成了新的搭配形式。

饮酒如何搭配食物：首先生活因个人喜好不同，饮酒和食物也可随个人口味随意搭配。其次，可根据食物与酒类之间的影响和相互作用来搭配。再者，饮酒时搭配食物重要的是根据口味而定。食物和酒类可以分为 4 种口味，这也就界定了酒和食物搭配的范围，即酸、甜、苦和咸味。

2. 喝汤

不能吸着喝。先用汤匙由后往前将汤舀起，汤匙的底部放在下唇的位置将汤送入口中。汤匙与嘴部呈 45° 较好。身体上的半部略微前倾。碗中的汤剩下不多时，可用手指将碗略微抬高。如果汤用有握环的碗装，可直接拿住握环端起来喝。

3. 调味品

食用马萝卜酱，薄荷胶，葡萄干胶，芥末，苹果酱，酸果萝酱时，要先用汤匙将其舀入盘子里。然后用叉子叉肉抹油食用。液体酱汁如薄荷，樱桃或杏鸭酱，要直接浇到肉上面。浇得最好要少些，这样不会影响肉的整体的味道。吃蛋卷和饼干用的果胶，果酱和蜜饯要用汤匙舀到黄油盘子的一边，然后用刀平抹在面包或蛋卷小块上。如果没有汤匙，用刀取果胶前，先在盘子边上擦一擦。吃咖喱菜时，可把花生，椰子，酸辣酱等调料放到盘子里混合后配咖喱食用。酸辣酱也可作为配菜吃，不用混合。

4. 盐和胡椒粉

先品尝食物，后加盐和胡椒粉。先放盐或胡椒粉是对厨师不礼貌的表现。如果桌上有盐罐，使用里面的盐匙，如果没有，就用干净的刀尖取用。蘸过盐的食物要放在自己的黄油盘里或餐盘里的一边。如果为你提供一个专人盐罐，你可以用手捏取。

5. 色拉

按照传统，色拉要用叉子来吃，但是如果色拉的块太大，就应切开以免从叉子上掉下来。以前吃色拉和水果用的钢刀又锈又黑。现在不锈钢刀的使用改变了这种状况。吃冰山莴苣一般要使用刀和叉。当色拉作为主食吃的时候，不要把它放在餐盘里。要放在自己的黄油盘里，靠在主盘旁。通常用一块面包或蛋卷把叉子上的色拉推在盘子里。

6. 黄油

往面包、蛋卷、饼干或土司上抹黄油要用刀，而且小块面包只能抹少量的黄油。不要往蔬菜上抹黄油。在吃面包或蛋卷时，往上抹黄油之前，先把其切成两半或小块。小饼干用不着弄碎、使用盘中的黄油刀，抹油应在盘子里或盘子上部进行，把黄油刀稍靠右边放，刀柄放在盘边外面以保持清洁。热土司和小面包要马上抹油。不必把面包条掰碎，可在其一面抹黄油。把丹麦糕点（甜蛋卷）切成两半或四半。随抹随吃。

如何用手拿着吃

提示：如果你不知道该不该用手拿着吃，就跟着主人做。记住，食物用浅盘上来时，吃前先放入自己的盘子。下面是一些可以用手拿着吃的食物：带芯的玉米，肋骨，带壳的蛤蚌和牡蛎，龙虾，三明治，干蛋糕，小甜饼，某些水果，脆熏肉，蛙腿，鸡翅和排骨（非正式场合），土豆条或炸薯片，小萝卜，橄榄和芹菜等。

---

7. 三明治

小的三明治和烤面包是用手拿着吃的，大点的吃前先切开。配卤汁吃的热三明治需要用刀和叉。

8. 熏肉

熏肉吃法很简单，吃带肥肉的熏肉要使用刀和叉；如果熏肉很脆，则先用叉子将肉叉碎，再用手拿着吃。

9. 甜点

（1）冰激凌：吃冰激凌一般使用小勺。当和蛋糕或馅饼一起吃或作为主餐的一部分时，要使用一把甜点叉和一把甜点勺。

（2）馅饼：吃水果馅饼通常要使用叉子。如果主人为你提供一把叉子和一把甜点勺，那么就用叉子固定馅饼，用甜点勺挖着吃。吃馅饼要用叉子，除非馅饼是带冰激凌的，这种情况下，叉、勺都要使用。如果吃的是奶油馅饼，最好用叉而不要用手，以防止馅料从另一头漏出。

（3）煮梨：使用勺和叉。用叉竖直把梨固定，用勺把梨挖成方便食用的小块。叉子还可用来旋转煮梨，以使挖食梨肉。如果只有一把勺子，就用手旋转盘子，把梨核留在盘里，用勺把糖汁舀出。

（4）果汁冰糕：如果作为肉食的配餐食用可以用叉，如果是作为甜点食用，使用勺子。

（5）炖制水果：吃炖制水果要使用勺子，不过你可以用叉子来稳住大块水果。把樱桃、梅干、李脯的核体面地吐到勺里，放在盘边。

10. 带骨食物

（1）鸟类：先把翅膀和腿切下，然后借助刀和叉来吃身体部分。可以用手拿着吃翅膀和腿，但不能拿身体部分。

（2）鸡肉：先吃鸡的一半。把鸡腿和鸡翅用刀叉从连接处分开。然后用叉稳住鸡腿

（鸡脯或鸡翅），用刀把肉切成适当大小的片，每次只切两三片。如果场合很正式，不能使和刀叉取用的，干脆别动。如果是在非正式场合，你可以用手拿取小块骨头，但只能使用一只手。

（3）肉排：用叉子或尖刀插入牛肉、猪肉或羊肉排的中心。如果排骨上有纸袖，可用手抓住，来切骨头上的肉，这样就不会使手油腻。在正式场合或者在饭店就餐时，即使包有纸袖也不能用手拿着骨头啃着吃。这些多余的东西基本上是用来作装饰的，而没有让你暴吃一顿的意思。另外，在非正式场合，只有骨头上没有汤时才可以拿起来啃着吃。

（4）鱼：鱼肉极嫩易碎，因此餐厅常不备餐刀而备专用的汤匙。这种汤匙比一般喝汤用的稍大而且较平，不但可切分菜肴，还能将菜和调味汁一起舀起来吃。若要吃其他混合的青菜类食物，使用叉子为好。对于鱼骨头，首先用刀在鱼鳃附近刺一条直线，刀尖不要刺透，刺入一半即可。将鱼的上半身挑开后，从头开始，将刀放在鱼骨下方，往鱼尾方向划开。把鱼骨剔掉并挪到盘子的一角。最后再把鱼尾切掉。如果嘴里吃进了小骨头，用拇指和食指捏出。

11. 面包

先用两手撕成小块，再用左手拿来吃。吃硬面包时，用手撕不仅费力而且面包屑会掉满地，此时可用刀先切成两半，再用手撕成块来吃。使用刀时，应先把刀刺入中央部分，往靠近自己身体的部分切下，再将面包转过来切断另一半。切时可用将面包固定，避免发出声响。

（四）喝酒的姿势与方法

酒类服务通常是由服务员负责，先将少量倒入酒杯中，让客人鉴别一下品质是否有误，只需把它当成一种形式，喝一小口并回答 Good。接着，侍者会来倒酒，这时，不要动手去拿酒杯，而应把酒杯放在桌上由侍者去倒。正确的握杯姿势是用手指握杯脚，为避免手的温度使酒温增高，应用大拇指、中指和食指握住杯脚，小指放在杯子的底台固定。喝酒时，绝对不能吸着喝而是倾斜酒杯，将酒放在舌头上喝。轻轻摇动酒杯让酒与空气接触以增加酒味的醇香，但不要猛烈摇晃杯子。此外，一饮而尽、边喝边透过酒杯看人、拿着酒杯边说话边喝酒、吃东西时喝酒、口红印在酒杯沿上等，都是失礼的行为。不要用手指擦杯沿上的口红印，用面巾纸擦较好。

（五）餐具的使用

中餐的餐具主要是碗、筷，西餐则是刀、叉、盘子。通常，宴请外国人吃中餐，亦以中餐西吃为多，既摆碗筷，又设刀叉。刀叉的使用是右手持刀，左手持叉，将食物切成小块，然后用叉送入嘴内。欧洲人使用时不换手，即从切割到送食均以左手持叉。美国人则切割后，把刀放下，右手持叉送食入口。就餐时，按刀叉顺序由外往里取用。每道菜吃完后，将刀叉并拢排放盘内，以示吃完。如未吃完，则摆成八字或交叉摆，刀口应向内。吃鸡、龙虾时，经主人示意，可以用手撕开吃，否则可用刀叉把肉割下，切成小块吃。切带骨头或硬壳的肉食时，叉子一定要把肉叉牢，刀紧贴叉边下切，以免滑开。切菜时，注意不要用力过猛撞击盘子而发出声音。不容易叉的食品，或不易上叉的食品，可用刀把它轻轻推上叉。除喝汤外，不用匙进食。汤用深盘或小碗盛放，喝汤时用汤匙由内往外舀起送入嘴，即将喝尽，可将盘向外略托起。吃带有腥味的食品，如鱼、虾、野味等均配有柠檬，可用手将汁挤出滴在食品上，以去腥味。

综上，基本原则是右手持刀或汤匙，左手拿叉。若有两把以上，应由最外面的一把依次向内取用。刀叉的拿法是轻握尾端，食指按在柄上。汤匙则是用握笔的方式拿即可。如果感觉不方便，可以换右手拿叉，但更换频繁则显得粗野。吃体积较大的蔬菜时，可用刀叉来折叠、分切；较软的食物可放在叉子平面上，用刀整理一下。

（六）遇到意外情况

宴会进行中，发生异常情况时，如用力过猛，使刀叉撞击盘子，发出声响，或餐具摔落地上，或打翻酒水等，应沉着冷静。餐具碰出声音，可轻轻向邻座（或向主人）说一声"对不起"。餐具掉落可由招待员送一套。酒水打翻溅到邻座身上，应表示歉意，并协助擦干；如对方是妇女，只要把干净餐巾或手帕递上即可，由她自己擦干。

三、各国菜肴的主要特点

（一）英式菜肴——简洁与礼仪并重

英国的饮食烹饪，享有家庭美肴之称。英式菜肴的主要特点是：油少、清淡，调味时较少用酒，调味品大都放在餐台上由客人自己选用。烹调讲究鲜嫩，口味清淡，选料注重海鲜及各式蔬菜，菜量要求少而精。英式菜肴的烹调方法多以蒸、煮、烧、熏见长。

英式菜肴的名菜有：鸡丁沙拉、烤大虾苏夫力、薯烩羊肉、烤羊马鞍、冬至布丁、明治排等。

（二）美式菜肴——营养快捷

美式菜肴是在英式菜肴的基础上发展起来的，继承了英式菜肴简单、清淡的特点，口味咸中带甜。美国人一般对辣味不感兴趣，喜欢铁扒类的菜肴，常用水果作为配料与菜肴一起烹制，如菠萝焗火腿、菜果烤鸭；喜欢吃各种新鲜蔬菜和各式水果。美国人对饮食要求并不高，只要求营养、快捷。

美式菜肴的名菜有：烤火鸡、橘子烧野鸭、美式牛扒、苹果沙拉等。

（三）法式菜肴——西菜之首

法国人一向以善于吃并精于吃而闻名，法式大餐至今仍名列世界西菜之首。

法式菜肴的主要特点是：选料广泛（如蜗牛、鹅肝都是法式菜肴中的美味），加工精细，烹调考究，滋味有浓有淡，花色品种多；法式菜还比较讲究吃半熟或生食，如牛排、羊腿以半熟鲜嫩为特点，海味的蚝也可生吃，烧野鸭一般六成熟即可食用等；法式菜肴重视调味，调味品种类多样；法式菜肴可以用酒来调味，什么样的菜选用什么酒都有严格的规定，如清汤用葡萄酒，海味品用白兰地，甜品用各式甜酒或白兰地等；法国菜多喜欢使用奶酪，且品种多样，因为法国人十分喜爱吃奶酪、水果和各种新鲜蔬菜。

法式菜肴的名菜有：马赛鱼羹、鹅肝排、巴黎龙虾、红酒山鸡、沙福罗鸡、鸡肝牛排等。

（四）俄式菜肴——西菜经典

俄国人喜食热食，爱吃鱼肉、肉末、鸡蛋和蔬菜制成的小包子和肉饼等，各式小吃颇有盛名。

俄式菜肴的主要特点是：口味较重，喜欢用油，制作方法较为简单；口味以酸、甜、辣、咸为主，酸黄瓜、酸白菜往往是酒店或家庭餐桌上的必备食品；烹调方法以烤、熏、腌为特色。俄式菜肴在西餐中影响较大，一些地处寒带的北欧国家和中欧南斯拉夫民族人们日常生活习惯与俄罗斯人相似，大多喜欢腌制各种鱼肉、熏肉、香肠、火腿以及酸菜、酸黄瓜等。

俄式菜肴的名菜有：什锦冷盘、鱼子酱、酸黄瓜汤、冷苹果汤、鱼肉包子、黄油鸡卷等。

（五）意式菜肴——西菜始祖

意大利曾是欧洲的政治、经济、文化中心，就西餐烹饪来讲，意大利可谓西菜始祖，可以与法国、英国媲美。

意式菜肴的主要特点是：原汁原味，以味浓著称；烹调注重炸、熏等，以炒、煎、炸、烩等方法见长。

意大利人喜爱面食，做法吃法甚多，其制作面条有独到之处，各种形状、颜色、味道的面条至少有几十种，如字母形、贝壳形、实心面条、通心面条等。意大利人还喜食意式馄饨、意式饺子等。

意式菜肴的名菜有：通心粉素菜汤、焗馄饨、奶酪焗通心粉、肉末通心粉等。

（六）德式菜肴——啤酒、自助

德国人对饮食并不讲究，喜欢吃水果、奶酪、香肠、酸菜、土豆等，不求浮华只求实惠营养，首先发明自助快餐。德国人喜欢喝啤酒，每年的慕尼黑啤酒节大约要消耗 100 万公升的啤酒。

四、西餐用具

（一）服务用具

服务用具主要有：

①长柄汤勺；②服务用鱼叉、鱼刀；③切割叉和切割刀；④糖夹；⑤蜗牛夹；⑥冰夹；⑦蛋糕托；⑧糕饼夹；⑨通心面夹；⑩冰激凌匙；⑪龙虾钳；⑫龙虾叉；⑬奶酪刀；⑭蜗牛叉；⑮色拉服务叉；⑯色拉服务匙；⑰蛋糕刀；⑱蔬菜斗，又称沙司斗；⑲坚果捏碎器；⑳橘子模；㉑盅。

此外，还有一些形状比较大的服务用具，如方暖锅、椭圆形暖锅、大汤锅、食物盆、酒篮和面包篮等。

（二）客用餐具

1. 餐刀

餐刀主要分为：①鱼刀与鱼叉；②正餐刀和主餐叉；③黄油刀；④甜品刀。

2. 匙

匙主要分为：①冰激凌匙；②汤匙；③汁匙；④咖啡匙；⑤茶匙；⑥甜品匙。

3. 餐叉

餐叉主要分为：①海鲜叉；②鱼叉；③正餐叉；④龙虾叉；⑤蜗牛叉；⑥生蚝叉；⑦点心叉；⑧甜品叉。

（三）餐桌服务用品

餐桌服务用品主要分为：①洗手盅；②芥末盅；③胡椒磨；④盐瓶；⑤胡椒瓶；⑥带盖的黄油碟；⑦酒瓶垫；⑧油醋架。

五、西餐服务的一般程序

西餐服务的一般程序主要分为以下几步：

（1）迎宾、引座。

（2）上鸡尾酒、餐前小吃。

（3）递送菜单，接受点菜。

西餐座次安排

（4）递送酒单，接受点酒。

（5）开胃菜服务。

（6）汤类服务。

（7）色拉服务。

（8）主菜服务。

（9）水果与奶酪服务。

（10）甜点服务。

（11）餐后饮料服务。

（12）香烟服务。

（13）结账送客。

六、西餐服务方式

经过多年的发展，各国和各地区都形成了自己的西餐服务特色。西餐服务常采用的方法有法式服务、俄式服务、美式服务、英式服务、综合式服务和自助式服务等。

（一）法式服务

1. 法式服务的特点

在西餐服务中，传统的法式服务是最豪华、最细致和最周密的服务。通常，法式服务用于法国餐厅，即扒房。法国餐厅装饰豪华和高雅，以欧洲宫殿式为特色，餐具常采用高质量的瓷器和银器，酒具常采用水晶杯。通常采用手推车或旁桌现场为顾客提供加热、调味菜肴及切割菜肴等服务。在法式服务中，服务台的准备工作很重要，通常在营业前就会做好服务台的一切准备工作。法式服务注重服务程序和礼节礼貌，注重服务表演，注重吸引客人的注意力，服务周到，每位顾客都能得到充分的照顾。但是，法式服务节奏缓慢，需要较多的人力，用餐费用高。餐厅空间利用率和餐位周转率都比较低。

2. 法式服务的方法

（1）法式服务的摆台。法式服务的餐桌上先铺上海绵桌垫，再铺上桌布，这样可以防止桌布与餐桌间的滑动，也可以减少餐具与餐桌之间的碰撞声。摆装饰盘，装饰盘常采用高级的瓷器或银器等。将装饰盘的中线对准餐椅的中线，装饰盘距离餐桌边缘 1～2cm。装饰盘的上面放餐巾；装饰盘的左边放餐叉，餐叉的左边放面包盘，面包盘上放黄油刀；装饰盘的右边放餐刀，刀刃朝向左方，餐刀的右边常放一个汤匙，餐刀的上方放各种酒杯和水杯；装饰盘的上方摆甜品的刀和匙。

（2）传统的二人合作式服务。传统的法式服务是一种最周到的服务方式，由两名服务员共同为一桌客人服务。其中一名为经验丰富的正服务员，另一名是助理服务员，也可称为服务员助手。正服务员请顾客入座，接受顾客点菜，为顾客斟酒上饮料，在顾客面前烹制菜肴，为菜肴调味，分割菜肴、装盘、递送账单等。助理服务员帮助服务员现场烹调，把装好菜肴的餐盘送到客人面前，撤餐具和收拾餐台等。在法式服务中，正服务员在客人面前表演一些简单菜肴的烹制或切割菜肴和装盘服务，而助理服务员则用右手从客人右侧送上每一道菜。通常，面包、黄油和配菜从客人左侧送上，因为它们不属于一道单独的菜肴；从客人右侧用右手斟酒或上饮料，从客人右侧撤出空盘。

（3）上汤服务。当客人点汤后，助理服务员将汤以银盆端进餐厅，然后将汤置于熟调炉上加热和调味，其加工的汤一定要比客人需要量多些，以方便服务。当助理服务员把热汤端给客人时，应将汤盆置于垫盘的上方，并使用一条叠成正方形的餐巾，这条餐巾能使服务员端盘时不烫手，同时可以避免服务员把大拇指压在垫盘的上面，汤由正服务员从银盆用大汤匙将汤装入顾客的汤盘后，再由助理服务员用右手从客人右侧服务。

（4）主菜服务。主菜的服务与汤的服务大致相同，正服务员将现场烹调的菜肴，分别盛入每一位客人的主菜盘内，然后由助理服务员端给客人。例如，当为顾客提供牛排服务时，助理服务员从厨房端出烹调半熟的牛肉、马铃薯及蔬菜等，由正服务员在客人面前调配作料，把牛肉再加热烹调，然后切块并将菜肴放在餐盘中，正服务员这时应注意客人的表示，看客人需要多大的牛排。同时，应该配上沙拉，服务员应当用左手从客人左侧将沙拉放在餐桌上。

（二）俄式服务

1. 俄式服务的特点

俄式服务是西餐普遍采用的一种服务方法。俄式服务的餐桌摆台与法式服务的餐桌摆台几乎相同。但是，它的服务方法不同于法式服务。俄式服务讲究优美文雅的风度，将装有整齐和美观菜肴的大浅盘端给所有顾客过目，让顾客欣赏厨师的装饰和手艺，并且也可以刺激顾客的食欲。俄式服务，每一个餐桌只需要一个服务员，服务的方式简单快速，服务时不需要较大的空间。因此，它的效率和餐厅空间的利用率都比较高。由于俄式服务使用了大量的银器，并且服务员将菜肴分给每一个顾客，使每一位顾客都能得到尊重和较周到的服务，因此也增添了餐厅的气氛。由于俄式服务是大浅盘里分菜，因此，可以将剩下的，没分完的菜肴送回厨房，从而不至于浪费。俄式服务的银器投资很大，如果使用和保管不当会影响餐厅的经济效益。在俄式服务中，最大的问题是最后分到菜肴的顾客，看到大银盘中的菜肴所剩无几，会有一些影响食欲的感觉。

2. 俄式服务的方法

（1）分发餐盘。服务员先用右手从客人右侧送上相应的空盘、开胃菜盘、主菜盘、甜菜盘等。需要注意，冷菜上冷盘，即未加热的餐盘，热菜上热盘，即加过温的餐盘，以便保持食物的温度。上空盘依照顺时针方向操作。

（2）运送菜肴。菜肴在厨房全部制熟，每桌的每一道菜肴放在一个大浅盘中，然后服务员从厨房中将装好的菜肴大银盘用肩上托的方法送到顾客餐桌旁，热菜盖上盖子，站立于客人餐桌旁。

（3）分发菜肴。服务员用左手以胸前托盘的方法，用右手操作服务叉和服务匙从客人的左侧分菜。分菜时以逆时针方向进行，斟酒、斟饮料和撤盘都在客人右侧。

（三）美式服务

1. 美式服务的特点

美式服务是简单和快捷的餐饮服务方式，一名服务员可以看数张餐台。美式服务简单，速度快，餐具和人工成本都比较低，空间利用率及餐位周转达率都比较高。美式服务是西餐零点和西餐宴会理想的服务方式，广泛用于咖啡厅和西餐宴会厅。

（1）美式服务的餐桌上先铺上海绵桌垫，再铺上桌布，这样可以防止桌布与餐桌音质的滑动，也可以减少餐具与餐桌之间的碰撞声。桌布的四周至少要垂下30cm。但是，台布不能太长，否则会影响顾客入席。有些咖啡厅会在台布上铺上较小的方形台布，这样，重新摆台时，只要更换小型的台布就可以了，可以节约大台布的洗涤次数。同时，也起到装饰餐台的作用。通常，每两个顾客使用糖盅、盐盅和胡椒瓶各一个。

（2）将叠好的餐巾摆在餐台上，它的中线对准餐椅的中线，餐巾的底部离餐桌边缘1cm。两把餐叉摆在餐巾的左侧，叉尖朝上，叉柄的底部与餐巾对齐。在餐巾的右侧，从餐巾向外，依次摆放餐刀、黄油刀、两个茶匙。刀刃向左，刀尖向上，刀柄的底部朝下，与餐巾平行。面包盘放在餐叉的上方。水杯和酒杯放在餐刀的上方，距刀尖1cm，杯口朝下，待顾客到餐桌时，将水杯翻过来，斟倒凉水。

2. 美式服务的方法

在美式服务中，菜肴由厨师在厨房烹制好，装好盘。餐厅服务员用托盘将菜肴从厨房运送到餐厅的服务桌上。热菜要盖上盖子，并且在顾客面前打开盘盖。传统的美式服务，上菜时服务员在客人左侧，用左手从客人左边送上菜肴，从客人右侧撤掉用过的餐盘和餐具，从顾客的右侧斟倒酒水。目前，许多餐厅的美式服务上菜时从顾客的右边，用右手，顺时针进行。

（四）英式服务

英式服务又称家庭式服务，其服务方法是服务员从厨房将烹制好的菜肴传送到餐厅，由顾客中的主人亲自动手切肉装盘，并配上蔬菜，服务员把装盘的菜肴依次端送给每一位客人。调味品、沙司和配菜都摆放在餐桌上，由顾客自取或相互传递。英式服务家庭的气氛很浓，许多服务工作由客人自己动手，用餐的节奏较缓慢。在美国，家庭式餐厅很流行，这种家庭式的餐厅常采用英式服务。

（五）综合式服务

综合式服务是一种融合法式服务、俄式服务和美式服务的综合服务方式。许多西餐宴会的服务会采用这种服务方式。通常用美式服务上开胃品和沙拉；用俄式或法式服务上汤或主菜；用法式或俄式服务上甜点。不同的餐厅或不同的餐次选用的服务方式组合也不同，这与餐厅的种类和特色、顾客的消费水平、餐厅的销售方式有着密切的联系。

（六）自助式服务

自助式服务是指把事先准备好的菜肴摆在餐台上，客人进入餐厅后支付一餐的费用，便可自己动手选择符合自己口味的菜点，然后拿到餐桌上用餐。这种用餐方式称为自助餐。餐厅服务员的工作主要是餐前布置、餐中撤掉用过的餐具和酒杯、补充餐台上的菜肴等。

西餐服务方式

任务实施

步骤一 情景引入（布置任务，分组）。

教师作为餐厅经理，模拟召开餐饮部开例会，宣布预订计划、接待规格及特殊要求的处理，学生模拟进行西餐服务。

步骤二 工作任务实施。

班级同学自愿分组，每个组 4～5 人，分别扮演就餐客人与服务人员，要求服务人员能够按照西餐服务程序对客人进行西餐服务，并且尽量满足客人提出的其他个性化服务。

步骤三 成果展示及评定反馈。

每个工作小组展示任务的完成过程，教师作为餐饮部经理进行考核，依据西餐操作程序考核，分数高者成为该岗位的合格员工。

学习考核与评价

教师评价，从中找出优缺点、不足和错误，指出努力改善方向，按照表 4.3.1 进行评分，奖励优秀的小组及个人，以进一步掌握正确的工作过程与工作方法、自我监控能力和评价能力。

评分要求：

1. 按百分制计分。

2．以西餐零点服务为标准，综合测试。

3．操作程序、步骤无误，考查整个西餐零点服务过程，每错一项扣 5 分。

4．时间以某一组模拟时间为准，起始到终止，超过 1 分钟扣 1 分。

测试方法：

6 名同学为一组，其中，2 人为服务员，另外 4 人为客人，角色转换进行西餐零点服务测试。

表 4.3.1　西餐服务评价表（满分 100 分）

项目	分值	赋分	备注
接受预订	10		
确认客人预订并引领客人入位	10		
向客人呈递菜单	5		
订单前的工作	10		
接受订单并将订单送交厨房	10		
推荐并服务佐餐葡萄酒	10		
重新摆换餐具	15		
食品服务	20		
甜点服务	5		
结账并送客	5		
总分			

各小组整理教材、教学参考资料，引导学生建立本学习领域的学习档案，训练学生的工作能力。

思 考 题

1．西餐上菜的顺序和操作要领是什么？

2．西餐的服务方式有哪些？

【项目推荐阅读书目】

1．樊平，李琦，2022．餐饮服务与管理[M]．2 版．北京：高等教育出版社．

2．汪京强，2021．餐饮服务与管理[M]．3 版．北京：科学出版社．

3．孙娴娴，2021．餐饮服务与管理综合实训[M]．3 版．北京：中国人民大学出版社．

项 目 小 结

　　本项目主要从西餐服务角度出发，介绍了西餐的基础知识及主要服务方式，着重阐述了西餐服务程序和标准。作为优秀餐厅服务员，必须了解西餐文化及相关基础知识，掌握西餐服务的接待环节，在标准化、程序化、规范化上下功夫，才能提供真正令顾客满意的服务。

项目四　宾客投诉的处理

▌项目描述 ─•••••

目前，世界各地的现代化酒店都极为重视客人的投诉工作，把它作为搜集客人意见的重要来源，通常在每个餐厅、房间都摆上顾客意见书，酒店的管理人员通过处理投诉，可以了解客人的需要和整个服务质量的趋向。如果顾客对酒店的硬件设备或者服务不满意，他就不会成为满意的顾客，并且不会再光临我们的酒店。顾客投诉使酒店有机会去发现并改善问题，重新赢得顾客。因此处理投诉时专业性和时效性是非常重要的。

▌项目目标 ─•••••

※　**能力目标**

- 能够迅速、熟练处理客人的书面投诉。
- 能够迅速、熟练处理客人的电话投诉。
- 能够迅速、熟练处理客人的当面投诉。

※　**知识目标**

- 了解客人投诉的类型。
- 了解造成客人投诉的主要原因。
- 熟悉处理客人投诉的一般程序。

※　**素质目标**

- 具备餐饮从业人员基本素质，能够熟练、正确进行餐饮企业管理。
- 树立良好的餐饮服务人员职业形象。
- 具有良好的餐饮管理意识与技能，能够按照管理程序处理客人投诉。
- 具有较好的身体素质、较强的责任心及开拓创新精神。

工作任务 宾客投诉的处理

任务分析

发生顾客投诉时，应当由当班资深的经理或主管出面处理。不是任何一个酒店工作人员都可以处理顾客投诉的。我们应该按照一定的步骤去进行，以确保顾客投诉能得到及时有效的处理。无论处理面对面的，还是电话的等不同形式的投诉，这些步骤都同样适用。

任务布置

（1）结合多媒体、教学视频，教师讲解客人投诉的成因和类型，强调基层管理人员在餐饮服务过程中处理客人投诉的重要性。

（2）模拟餐饮服务现场各种宾客投诉的控制与管理。

相关知识

在处理各种宾客投诉时，酒店工作人员应保持冷静、耐心、微笑，采取果断、灵活而又令客人乐意接受的方式，妥善、及时地解决宾客投诉，在不损害酒店利益的前提下，既能让宾客感受到酒店的诚意，又能让宾客觉得在酒店内受到重视，变不满意为满意，从而为争取更多的回头客，带来更多的社会效益和经济效益。

一、宾客投诉的各类内容

（一）宾客对设施设备的投诉

酒店的设施设备主要包括空调、照明、水电、家具等。即使酒店建立了各种设施设备的检查、维修、保养制度，也只能减少此类问题的发生，而不能保证消除所有设施设备潜在的问题。服务员在受理客人有关设施设备的投诉时，最好的办法是立即去实地观察，然后根据情况，采取措施。事后，再次与客人电话联系，以确认客人的要求已得到了满足。

（二）对服务态度的投诉

宾客对服务员服务态度的投诉，主要包括：粗鲁的语言，不负责任的答复或行为，冷冰冰的态度，若无其事、爱理不理的接待方式，过分的热情，待客不主动，不热情，不注意语言修养，冲撞客人，挖苦、辱骂客人；拿物品给客人不是"递"而是"扔"或

"丢"；毫无根据地乱怀疑客人取走酒店物品，或者误以为他们没有结账就离开。

（三）对服务质量的投诉

宾客对服务质量的投诉一般包括：服务员没有照客人的要求提供服务，电话无人接听，取送物品不及时甚至送错，未经客人同意私闯客人房间，不尊重客人的风俗习惯，忘记或弄错客人交代办理的事情，损坏、遗失客人的物品，房间床铺不干净、不换床单，房间/浴缸内有头发丝或污垢等。

（四）对异常事件的投诉

异常事件一般包括：停电、停水、偷窃、伤病、醉酒、电梯卡人、房内反锁等。对于这类情况引起的投诉，要求服务员尽量在力所能及的范围内帮助解决，做好解释工作、协调工作、善后处理工作。

二、宾客投诉处理分析

（一）处理客人口头投诉

（1）要认真、耐心听取任何一位客人的投诉，表现出高度的负责态度，代表酒店向客人表示歉意与感谢。

（2）注意倾听客人投诉的具体内容（如发生的时间、地点、经过、涉及人员等），并及时填写客人投诉记录表。如果客人情绪激动，要有技巧性地将客人请到合适的地方进行交谈。

（3）在听取客人的意见时，避免怀有敌视情绪与客人争论，对客人的遭遇应适时表示理解并不失时机地表示歉意，让客人感到酒店是重视、理解其意见并且愿意尽力帮助他解决问题。

（4）在听取客人投诉时，要保持头脑冷静，在没有查明事件原因及经过的情况下，不可随便代表酒店承担责任，待弄清事情原委后，再做出判断。

（5）与有关部门联系，对客人所投诉的事件进行调查处理，或随客人到出事地点处理问题，把将要采取的措施及所需要的时间告知客人并征求客人的同意。

（6）恰到好处地回答客人的疑问，如有可能，给客人提供几种处理问题的机会。

（7）对超过权限或解决不了的问题，要及时与上级联系以得到指令，不能无把握、无根据地向客人提出任何保证，以妨事务的进一步处理。

（8）将客人的投诉意见及时通知有关部门，使问题得到及时妥善的解决。

（9）代表酒店管理部门采取补救措施，如赠送水果、礼品、致歉信等，礼貌性地向投诉者致歉，使客人感到酒店的诚意，变不满意为满意。

（10）对于一些无理取闹的客人，在处理过程中要做到不卑不亢，坚持原则，但也应注意态度、语言、举止要有礼貌，并根据实际情况采取有效措施。

（11）将客人的投诉及处理经过详细记录，加强培训，避免类似的情况重复出现。

（二）处理客人书面投诉

（1）认真阅读客人的投诉信件，了解客人的不满之处。

（2）约见被投诉服务点的负责人，了解事情具体情况。

（3）如果客人尚未离店，应尽快与客人联系，当面与宾客沟通。

（4）若客人已离店，则应代表酒店给客人写一封致歉信，在得到总经理的许可后再通过传真、邮寄或 E-mail 及时发送至客人手中。

（5）填写客人投诉记录表并发送到相关部门。

三、顾客投诉处理的原则

（一）投诉回复语言要礼貌

客人向服务员询问或投诉时，绝不能说：不、不懂、不行、不对、不会、不知道、不是我管的；而要实行"一次到位法"，即客人的问题在你这里一次获得解决，绝不能以不是自己部门的事为由往外推诿。如果遇到自己解决不了的事，应婉转地请客人稍等，同时立即向上级或值班经理询问，从而给客人以满意的答复。

（二）承认宾客投诉的事实，认真听取意见

为了很好地了解宾客所提出的问题，必须认真地听取宾客的叙述，使客人感到酒店管理者十分重视客人的问题。倾听者要注视着客人，不时点头示意，让客人明白我们在认真听取他的意见，而且听取客人意见的代表要不时地说："我理解，我明白，我们一定认真处理这件事情！"

为了使宾客能逐渐消气息怒，酒店部门主管或值班经理可以用自己的语言重复客人的投诉或抱怨内容，若遇上极其认真的投诉客人，在听取客人意见时，还应做好详细意见的记录，以示对客人的尊重及对反映问题的重视。

（三）保持冷静

在投诉时，客人总觉得是有理的。酒店工作人员不要反驳客人的意见，不要与客人争辩。为了不影响其他客人，可将客人请到办公室内或相对安静的场所，最好一对一地倾听客人的投诉，私下交谈更容易使客人平静。

（四）表示同情和歉意

首先要让客人理解，你是非常关心对方的居住环境以及所受服务是否令人满意。如果客人在交谈问题时表示得十分认真，作为代表酒店的领导或处理投诉事件的当事人，要不时地表示对客人的同情，如我们非常抱歉地听到此事，我们理解您现在的心情！谢谢您告诉我们这件事！对于发生这类事件，我们感到很遗憾！我完全能理解您的心情！等等。

如果客人投诉的事情属实，酒店要对此负责并要给予一定的补偿，这时我们要向客人表示歉意并说："我们非常抱歉，先生（女士），我们将对此事负责，感谢您对我们酒店提出的宝贵意见！"

（五）同意客人要求决定采取措施，给予足够的关心

当客人的抱怨和投诉属实，要表示同情和理解，同时当决定采取行动纠正错误时，一定要让客人知道并同意你将采取的处理决定及具体措施内容。

如果客人不知道或不同意你的处理决定，就不要盲目采取行动。首先，你要十分有礼貌地通知客人你将要采取的措施，并尽可能让客人同意你的行动计划；这样你才会有机会使客人的抱怨变为理解甚至满意，并使客人产生感激的心情。

（六）感谢客人的批评指教

任何一位明智的服务型企业的各级领导甚至是服务员都要经常感谢那些对企业服务水平或服务设施水准提出批评指导意见的客人，因为这些批评指导意见或是抱怨，甚至投诉会协助企业提高管理水平和服务质量。

假如客人遇到不满意的服务，他不告诉我们，也不做任何投诉；但是，作为光顾过我们酒店的客人，会讲给他的朋友和身边的人，这样就会极大地影响酒店的未来客源市场，影响酒店的声誉。为此，凡是对我们提出批评、抱怨甚至投诉的客人，我们不仅要欢迎，而且更要感谢。

（七）不转移目标

处理投诉时，把注意力集中在客人提出的问题上，不随便引申，不嫁罪于人，不推卸责任，绝不能怪罪客人。

（八）记录要点

把客人投诉的要点记录下来，这样不但可以使客人讲话的速度放慢，缓和客人的情绪，还可以使客人确信，酒店对他所反映的问题是重视的。此外，记录的资料还可以作为解决问题的根据。

（九）快速采取行动，补偿客人投诉损失

当客人完全同意你所采取的补救改进措施时，你就要立即行动，一定不要拖延时间。

耽误时间只会进一步引起客人不满。此外，时间和效率就是对客人的最大尊重，也是客人此时的最大需求，否则就是对客人的漠视。

（十）要落实、监督、检查补偿客人投诉的具体措施

首先，要确保改进措施的进展情况；其次，要使服务水准及服务设施均处在最佳状态；再次，使用电话或当面拜访宾客了解客人的满意程度。

四、宾客投诉的原因

（一）主观原因

1. 不尊重宾客

（1）不尊重客人是引起宾客投诉的主要原因。对宾客不尊重主要表现在以下几点：对客人不主动、不热情，不主动称呼客人，或以"喂"代替称呼；在工作时间与同事聊天、忙私事、打私人电话等，当客人到来时，态度冷淡、爱理不理，或客人多次招呼也没有反应；有时接待外宾热情，接待中国人冷淡。

（2）不注意语言修养，冲撞客人。

（3）挖苦、辱骂客人。对客人评头论足、挖苦客人。例如，客人点菜选来选去最后选了低价菜，而服务员却挖苦，"早知道你是穷鬼"等粗话辱骂客人。

（4）不尊重客人的风俗习惯。例如，给不吃牛肉的泰国、印度客人上牛肉做的菜品；在海员吃饭时将菜碟的鱼翻身；给法国客人生日送黄菊花；在日本客人的餐桌上摆放荷花等。

（5）毫无根据地怀疑客人带走餐厅的物品，或误认为客人没付清账就离开等。

（6）在餐厅里大声喧哗、高声谈笑、打电话等，影响客人就餐。

2. 工作不负责

（1）工作不主动。例如，不及时更换餐具、烟灰缸，不及时续添酒水等。

（2）忘记或弄错客人交办的事情。例如，将客人的菜单写错，或遗失客人的菜单，或上菜慢、上错菜、上漏菜、结账拖拉等。

（3）损坏客人的物品。例如，服务人员上菜时不小心将菜汁或汤弄脏客人的文件、衣物等。

（4）清洁卫生马虎，食品、用具不洁。例如，服务人员卫生习惯不好，工服脏了不换洗，随地吐痰、丢烟头；边工作边吃东西、抽烟；食品不洁、菜品变质，或上桌的菜品有虫子、头发、杂物；服务人员送菜上台时将手插入菜里、汤里等。

（二）客观原因

引起客人投诉的客观原因有多种，诸如，设备损坏没有及时修好，餐厅中的桌椅不牢固摔倒客人，餐桌椅钉头暴露划伤客人或划破客人衣裤，收费不合理，在结账处发现应付款项有出入，引起客人的误会，在餐厅遗失了物品等。另外还有由于客人本人情绪不佳或客人出言不逊而引起的纠纷，或由于客人饮酒过量，不能冷静、正确地处理问题而引起投诉等。

宾客投诉的一般心理包括求尊重的心理、求发泄的心理以及求补偿的心理等。

处理宾客投诉要做到以下几点：

（1）耐心倾听，让其发泄，弄清真相。

（2）诚恳道歉，不予争辩或埋怨别的部门。

（3）尊重宾客，重视投诉。

（4）了解投诉内容，提出处理方案。

（5）超过职权范围的处理要及时向上级汇报。

对于挑剔的宾客，要做好以下服务：

（1）有耐心。要认真地听清客人所挑剔的事情。当客人抱怨不休时，一定要有礼貌，不得打断客人的话，绝对不允许与客人争论。

（2）在听客人说话时，不能将自己的愿望、想法或酒店方的规定强加于客人，也不允许为此而影响工作。

（3）对客人提出的要求，应在酒店利益不受损害的情况下，尽量予以满足。

（4）记录下挑剔客人的名字、饮食习惯等情况，以便日后把工作提前做好。

（5）对挑剔的客人的服务质量与水准要保持一致，不得打折扣。

宾客对菜肴提出质疑时如何处理？

客人对菜肴提出的任何质疑有两种可能性：一是菜肴本身有问题；二是客人对该菜肴的特点不是十分了解。对此，服务人员应该采取两种截然不同的处理方法。如果是因为菜肴本身质量有问题，服务人员不要在客人面前做任何解释，应诚恳向客人道歉并立即征询客人的意见，是否更换菜肴还是减免该菜肴的费用，并将客人的意见马上报告经理。如果是因为客人对菜肴的特点产生误会，服务人员可以向客人简单介绍菜肴的制作特点和口味特点；倘若客人不给机会予以解释，可以向客人推荐其他菜肴，以后再做解释。处理这类质疑时，千万不能以辩出是非曲直为目的，要从客人的角度考虑问题，给客人最大的尊重。

顾客投诉处理

任务实施

步骤一 情景引入（布置任务，分组）。

由领班负责将本班组学员进行分工，分别轮流扮演客人与基层管理人员在餐饮一体化教室进行情景模拟，完成宾客投诉处理场景的模拟。

步骤二 工作任务实施。

一家酒店或餐厅无论管理得多么严格、经营得如何好，客人的投诉都是不可避免的。由于客人来自四面八方，每位客人都有各自的生活方式和习惯，再加上心情、年龄等因素，总会有令客人感到不满意或处理不当的地方，服务人员在服务工作中要使每一位客人每时每刻都感到愉快也是有一定难度的，但应随时准备好接待投诉。

步骤三 成果展示及评定反馈。

每个工作小组展示任务的完成过程，由其他小组和老师共同给予打分，在全部实施完毕后由教师进行点评。

学习考核与评价

1. 教师评价，从中找出优缺点、不足和错误，指出努力改进方向，按照表4.4.1进行评分，奖励优秀的小组及个人，以进一步掌握正确的工作过程与工作方法，训练学生的工作能力、自我监控能力和评价能力。

表4.4.1 宾客投诉的处理评价表（满分100分）

评分项目	4分	8分	12分	16分	20分
耐心倾听	○	○	○	○	○
态度诚恳	○	○	○	○	○
迅速受理	○	○	○	○	○
语言得体	○	○	○	○	○
合理补偿	○	○	○	○	○
总分					

2. 各小组整理教材、教学参考资料，引导学生建立本学习领域的学习档案，训练学生的工作能力。

思 考 题

1. 客人点了一道菜，厨房正常烹制出品，结果被客人投诉口味与上次不同，经查证实际并无出入，这时客人要求退单，你将如何处理？

2. 客人在餐厅用餐时丢失财物，你已查证服务员未按要求提醒客人自行看管财物，且未按要求给客人衣物加套椅套，这时客人要求餐厅赔偿，并拒绝买单，你将如何处理？

【项目推荐阅读书目】

1．樊平，李琦，2022．餐饮服务与管理[M]．2版．北京：高等教育出版社．

2．汪京强，2021．餐饮服务与管理[M]．3版．北京：科学出版社．

3．孙娴娴，2021．餐饮服务与管理综合实训[M]．3版．北京：中国人民大学出版社．

项 目 小 结

本项目主要学习造成宾客投诉现象的成因及一般处理程序，如何能迅速、正确处理好客人的投诉将是一名餐饮服务人员合格与否的重要衡量标准。处理投诉的目的是让顾客满意，处理的结果是客人仍不满意就相当于你什么都没做，而能用最小的成本让顾客由投诉到对我们的赞扬是最成功的处理。

参 考 文 献

樊平，李琦，2022．餐饮服务与管理[M]．2版．北京：高等教育出版社．

范运铭，2019．现代酒店管理[M]．2版．北京：首都经济贸易大学出版社．

何玮，2022．前厅服务与数字化运营[M]．北京：清华大学出版社

胡善珍，2020．现代推销：理论、实务、案例、实训[M]．3版．北京：高等教育出版社．

黄金火，陈新武，2018．现代推销技术[M]．4版．北京：高等教育出版社．

江美亮，2016．酒店精细化管理实战手册[M]．北京：人民邮电出版社．

李红梅，2022．现代推销实务[M]．6版．北京：电子工业出版社．

李丽，伍剑琴，2023．酒店人力资源管理[M]．武汉：华中科技大学出版社．

刘晓琳，孙赫，2020．酒店市场营销[M]．2版．北京：中国旅游出版社．

孟庆杰，陈学清，唐飞，2020．饭店业导论[M]．2版．北京：中国旅游出版社．

仇学琴，2023．酒店前厅客房服务与管理[M]．北京：机械工业出版社．

孙娴娴，2021．餐饮服务与管理综合实训[M]．3版．北京：中国人民大学出版社．

汪京强，2021．餐饮服务与管理[M]．3版．北京：科学出版社．

汪晓梅，2020．酒店人力资源管理[M]．北京：中国轻工业出版社．

魏洁文，姜国华，2021．酒店人力资源管理实务[M]．2版．北京：中国人民大学出版社．

谢玉峰，2016．酒店前厅客房服务与管理[M]．郑州：郑州大学出版社．

颜文华，2023．旅游市场营销（课程思政版）[M]．武汉：华中科技大学出版社．

詹姆斯·R．埃文斯（James R. Evans），威廉·M．林赛（William M. Lindsay），2010．质量管理与质量控制[M]．7版．北京：中国人民大学出版社．

张红卫，张娓，2022．酒店质量管理原理与实务[M]．北京：北京大学出版社．

赵伟丽，2020．酒店市场营销[M]．3版．北京：北京大学出版社．